08 Biblioteca di Architettura **Skira**

Gregotti Associati

Frammenti
di costruzioni

with English text

Skira

Editor
Luca Molinari

Redazione / Editing
Anna Albano

Traduzione / Translation
Susan Wise

Impaginazione / Layout
Paola Ranzini

In copertina / Cover
Stadio di calcio e rugby /
Rugby and soccer stadium
Nîmes, 1986-1987

Nessuna parte di questo
libro può essere riprodotta
o trasmessa in qualsiasi
forma o con qualsiasi
mezzo elettronico,
meccanico o altro senza
l'autorizzazione scritta
dei proprietari dei diritti
e dell'editore.

This book is subject to the
condition that no part
of it shall be reproduced
or otherwise circulated
in any form or by any
electronic, mechanic or
other means without the
prior consent
in writing of the right
holders
and the publisher.

© 2001 Skira, Milano
Tutti i diritti riservati
All rights reserved

Finito di stampare
nel mese di maggio 2001
a cura di Skira,
Ginevra-Milano
Printed in Italy

Gregotti Associati

1953-1968
Vittorio Gregotti
Lodovico Meneghetti
Giotto Stoppino

1969-1974
Vittorio Gregotti

1974-1980
Pierluigi Cerri
Vittorio Gregotti
Hiromichi Matsui
Pierluigi Nicolin
Bruno Viganò

1981-1997
Augusto Cagnardi
Pierluigi Cerri
Vittorio Gregotti

1998-2000
Augusto Cagnardi
Vittorio Gregotti
Michele Reginaldi

Spartaco Azzola
Cristina Calligaris
Paoloemilio Colao
Luciano Claut
Michela Destefanis
Giuseppe Donato
Simona Franzino
Gaetano Gramegna
Tomaso Macchi Cassia
Augusta Mazzarolli
Maurizio Pavani
Carlo Pirola
Maurizio Trovatelli
Associati

I novantuno frammenti di architettura
che presentiamo sono raggruppati secondo cinque
diverse sequenze. La prima è costituita
da una serie di dettagli frontali, la seconda da parti
di costruzioni dal meccanismo complesso, la terza
è fondata sulla visione in profondità, la quarta
è costituita da visioni diagonali ravvicinate;
nella quinta sequenza si introduce il tema
del confronto tra frammento e paesaggio.

The ninty-one fragments of architecture we are
presenting are arranged in five different sequences.
The first features a series of frontal details, the
second parts of constructions having a complex
mechanism, the third is based on views in depth,
the fourth is made up of close-up diagonal views;
the fifth sequence introduces the theme of the
comparison between fragment and landscape.

Questo libro è stato redatto a cura di
Guido Morpurgo ed Emilia Ceribelli

Sommario / Contents

9 Premessa
13 Foreword
   Vittorio Gregotti

16 1. Dettagli frontali / Frontal details
70 2. Parti complesse / Complex elements
112 3. In profondità / In depth
148 4. Visione diagonale / Diagonal view
190 5. Frammento e paesaggio / Fragment and landscape

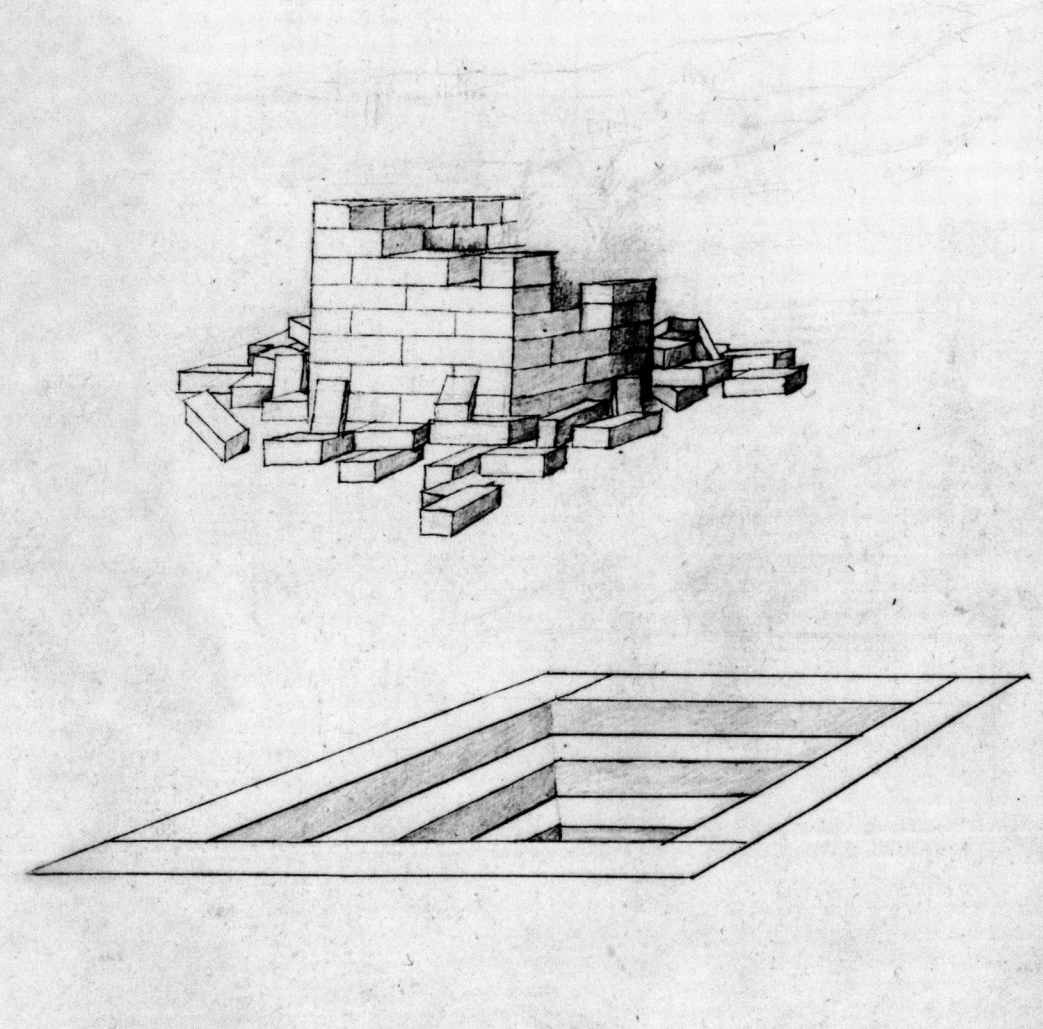

Vittorio Gregotti

Premessa

Quale senso può avere l'operazione di collezionare novantuno frammenti di costruzioni diverse distribuite su un arco di quarant'anni di lavoro se non quello di prendere le misure dei sentimenti che le separano e le uniscono?

Costruire un edificio significa fabbricare, congegnare, comporre, ordinare e formare mettendo insieme varie parti dotate di diverse ragioni affinché siano opportunamente disposte al loro interno e in una conveniente relazione reciproca. Ma significa anche costruire con l'edificazione un punto di vista sulla nostra disciplina e sulla sua storia utilizzando le ragioni del progetto e, attraverso di esso, dire del modo di essere di un frammento della nostra realtà collettiva e soggettiva.

Questa collezione sembra invece voler isolare, con operazione arbitraria, un particolare aspetto di ogni costruzione, non per perorare la causa della frammentazione come principio compositivo ma per verificare la possibilità di una continuità fatta di diversi capitoli, una sorta di mimesi di una narrazione.

La sequenza delle immagini assume pertanto in questo volume un ruolo importante; è un progetto di scrittura costruito riordinando frammenti sparsi lungo esperienze diverse. Non vi è dubbio che l'insieme delle carte (o dei floppy disk) che documentano un progetto di architettura lo rappresentano alla comprensione del costruttore, fissano gli ordini per la sua esecuzione, può essere considerato con buona ragione una scrittura, con le proprie regole grammaticali e sintattiche, come un testo o una notazione musicale e, come questi, aperto a una oscillazione interpretativa anche importante.

Tuttavia la scrittura architettonica può anche essere intesa come alcunché di coincidente con la costruzione stessa che propone a chi la percepisce (e talvolta la abita) un testo da decifrare, frequentandola iterativamente un po' come si fa con la poesia, che si scopre rileggendola o addirittura mandandola a memoria.

L'esplorazione di un testo possiede senz'altro uno sviluppo narrativo nel tempo che l'architettura, arte non narrativa, pratica raramente; purtuttavia, anche il testo architettonico fonda per mezzo dell'opera una scrittura e nello stesso tempo le regole che la istituiscono. La narrazione si instaura dopo, attraverso alle diverse letture che di essa è possibile fare nel tempo, e attraverso alle congiunzioni e sequenze di diverse opere.

Ma nelle incertezze e nei cambiamenti rapidi e deterritorializzati del mondo contemporaneo è necessario, io credo, opporsi alla tentazione di abbandonarsi sia a un intransparente culto della propria personalità sia alle convenienze dei variabili venti delle mode omogeneamente planetarie, per cercare invece di proporre differenze necessarie rispetto a esse, differenze che siano volta a volta connesse alle condizioni del problema specifico e al dialogo fra tali condizioni e i fondamenti della nostra arte edificatoria. Sembra quindi temerario pensare di costruire una scrittura architettonica attraverso molti edifici diversi

Jacopo Bellini,
*Landscape with Well
Paesaggio con pozzo*
British Museum,
fol. 28b

e molti anni. Forse non è neanche auspicabile, poiché ognuno di essi ha rappresentato una complicata avventura di dispute, di opinioni, di contrasti, di entusiasmi e di fatiche: in qualche modo una occasione unica con una propria tensione verso una verità limitata e specifica, dotata, si spera, di una propria necessità di coesione interna, di una propria proporzionata ragione.

Naturalmente sono riconoscibili nei diversi frammenti di costruzione trasferimenti di esperienze, tracce che provengono dalla risoluzione di problemi analoghi precedenti, autoreinterpretazioni che tracciano in ogni modo il filo di continuità di un lavoro, al di là del variare nel tempo dei soggetti coinvolti.

L'architettura è una pratica artistica collettiva (come peraltro lo era anche la pittura sino alla metà del XVIII secolo) e in qualche modo la continuità di una "bottega", cioè di un metodo, di un'area di scelte formali, di assunzioni solidali di responsabilità, rappresenta forse un filo più resistente delle singole personalità.

Resta il fatto che questo piccolo volume si presenta come profondamente antididattico. La cosa, anche la parte della cosa, è consegnata senza le consuete spiegazioni, senza che sia resa esplicita la ricetta di cucina, senza che siano raccontate le storie degli infiniti riadattamenti che accompagnano sempre una soluzione architettonica, senza nemmeno descrivere le coordinate generali a cui il caso fa riferimento. Essa si offre, cioè, come un indizio, un avvio offerto a una interpretazione possibile, a una riutilizzazione eventuale da parte di altri (ma anche di noi stessi) che, in condizioni diverse, ne raccolgano un'eco, ne tradiscano origini e principi per altri fini. Ma anche questo è un modo di essere dell'architettura, della sua tradizione.

Nella scelta dei frammenti di costruzione che presentiamo vi è certamente anche un'influenza del gusto del taglio fotografico dei nostri anni, che sempre nasconde e trasforma la realtà architettonica facendole assumere sensi diversi. Peraltro i casi di falsificazione nelle pubblicazioni di architettura sono frequenti e da questo bisogna guardarsi cercando di rendere obiettiva la figura che si presenta. Questo rimanda talvolta al discorso progettuale che li ha prodotti, alla sua rappresentazione per proiezioni ortogonali, oppure forza la rappresentazione verso il gusto del momento: sovente priva l'architettura della sua relazione con le misure del corpo umano e del suo comportamento. Tuttavia isolare questi frammenti è un modo di verificare la capacità morfologica della tettonica che li ha costruiti per capire se essa possa distaccarsi dal suo processo di costituzione per divenire origine di altri significati, indagare se quei frammenti possano provocare dialoghi diversi, anche al di là delle intenzioni che li hanno costruiti, a partire proprio dal silenzio che l'isolamento di questi frammenti propone.

Molte volte è stato osservato come l'architettura sia pratica artistica non descrittiva, il cui meccanismo di costituzione è l'idea stessa di costruzione come essa emerge in una situazione specifica. Quindi non imitazione delle cose, ma nuova cosa capace di produrre con la sua presenza significati, interpretazioni e discorsi attraverso la sua lingua silenziosa.

Sottolineare la relazione tra architettura e silenzio è, prima di tutto, fare appello a uno degli aspetti della specificità dei suoi strumenti espressivi, anzi discutere in generale dell'idea stessa di specificità e dei suoi limiti nella produzione creativa.

Ma con questa affermazione non si possono certo ignorare i modi nei quali si attua la trasformazione in solida costruzione dei sentimenti, delle volontà, delle memorie e dei desideri, i modi, cioè, coi quali essi divengono materiali per l'organizzazione e l'invenzione del progetto di architettura specifico, come esso passi attraverso al filtro della soggettività e della relazione di questa con il mondo storico concreto anche quando si sforza di costruire un'opera dal linguaggio universale. Si fa riferimento quindi, anche per l'architettura, al luogo che la metafora dell'eloquenza, come espressione e come convincimento, occupa nella pratica dell'arte; persino alla possibilità dell'esistenza non tanto di un linguaggio narrativo dell'architettura quanto di un linguaggio narrativo che si nasconderebbe nei mezzi stessi dell'architettura e nel suo processo di formazione: anche se il risultato deve bruciarne le parole.

Il silenzio dell'architettura non è dunque un programma di perdita della parola, di afasia, ma di ritorno di essa in uno dei suoi luoghi più propri: e non solo per quanto attiene alla condizione della modernità.

L'architettura è dunque scuola del silenzio, prima di tutto nel suo compiersi in quanto progetto, e attraverso di esso opera.

Alle sue spalle è tutto il complicato e rumoroso affollarsi di intenzioni, speranze, ambizioni, perversità personali e collettive: vi è tutta la volontà di narrare, esprimere, criticare, vi è la folla delle immagini e delle memorie che popolano la nostra mente. Vi è la riflessione sulla tradizione della disciplina, i monumenti della sua arte, gli insegnamenti del mestiere. Su tutto ciò si sovrappone, rumorosa e complicata, la vicenda stessa del progetto, delle ragioni e delle esigenze del suo processo di formazione, delle sue preoccupazioni economiche, tecniche, istituzionali, dei consensi e delle opposizioni, degli scarti, dei cambiamenti delle opinioni e delle necessità che ne accompagnano il nascere. Vi è la lunga fatica del lavoro e la paziente costruzione della fedeltà all'opera.

È questo indispensabile materiale che deve essere bruciato nel progetto, ed è solo con le sue ceneri che si costruisce l'architettura.

Proprio perché il progetto è modo di emergere nel presente dei fondamenti della nostra disciplina e loro dialogo nell'oggi con il problema e il contesto specifico, il discorso che instaura questo dialogo deve essere agito proponendo quelle ceneri come materiale da costruzione. Quelle ceneri conservano, certamente unificate dall'annerimento dessiccante del fuoco, figure o ricordi di figure, parti staccate di un naufragio, materiali semiformati, tracce della volontà di connettere e costruire, e non solo polvere.

Ciò che fa l'eloquenza dell'architettura è che queste tracce restano confitte silenziosamente in ogni sua parte, anche quando sono state dimenticate le ragioni e le contraddizioni della loro costituzione in quanto contenuti e il modo di essere state tracce architettonicamente ricomposte.

Infine il richiamo che in questi frammenti di costruzioni viene fatto al valore del lavoro materiale come indistinguibile, nella pratica artistica dell'architettura, dal pensiero, e quindi anche il riferimento al valore della tettonica come forma della stabilità e, nello stesso tempo, dell'interrogazione sui fini delle azioni, sul senso e sulla gerarchia delle scelte, è un invito alla resistenza contro il prevalere dell'aleatorio, della novità indifferente, contro l'idea stessa del mercato come valore globale. Una resistenza destinata a riemergere probabilmente tra molti anni, ma indispensabile alla sopravvivenza delle nostre discipline.

È tutto questo che speriamo emerga dalla presentazione di questi novantuno frammenti di costruzione.

Vittorio Gregotti

Foreword

What would be the point of collecting ninty-one fragments of various constructions over a range of forty years of work, if not to try to measure the feelings that distinguish and unite them?

Constructing a building means making, contriving, composing, ordering and structuring, by the combination of various parts that have different premises, so they are appropriately placed internally in a proper relationship among themselves. But it also means constructing with the building a point of view about our discipline and its history by using the premises of the design and, through it, saying something about our collective and subjective reality.

Instead, this series aims at setting apart only one particular aspect of each construction, not to plead the cause of fragmentation as a compositional principle but to corroborate, in a continuity running through several chapters, a kind of mimesis of a single narration.

So the sequence of images plays an important part here; it is a writing design built by putting back in order fragments scattered throughout different experiences. Obviously the sum of papers (or floppy disks) documenting an architectural design, representing it for the builder's understanding, setting up the orders for its execution, can be rightly considered a form of writing, with its own grammatical and syntactic rules, like a text or a musical partition and, as they are, open to even significant interpretative fluctuations.

However, architectural writing can also be understood as something coinciding with construction itself, that suggests to whoever perceives it (and sometimes lives in it) a text to be deciphered, going back to it over and over a bit as we do with poetry, which we discover when rereading it or even learning it by heart.

Exploring a text does indeed have a narrative unfolding in time that architecture, a non-narrative art, rarely practices; yet even the architectural text forms through the work a writing, and at the same time the rules that establish it. Narration comes later, through the various readings of it that can be done in time, and through the conjunctions and sequences of several works.

But amidst the uncertainties and the swift, deterritorialised changes of the contemporary world I feel we must counter the temptation to abandon ourselves either to a non-transparent cult of our own personality or to the conveniences of the shifting winds of homogeneously planetary fads, endeavouring instead to offer differences necessary as regards to these, differences in turn connected with the conditions of the specific problem and with the dialogue among them and the foundations of our art of building.

So it would seem bold to imagine building an architectural writing through many different buildings and over many years. And maybe it is not even desirable since each of them was a complicated story about differences of opinion, clashes, enthusiasms and efforts: in a way a unique occasion with its own straining towards a limited, specific truth, endowed, we hope, with its own necessity of inner cohesion, its own proportionate premises.

Of course in the different fragments of construction you can recognise transfers of experience, traces coming from the solving of previous problems, self-reinterpretations that in any case evidence a work's thread of continuity, beyond the varying in time of the subjects involved.

Architecture is a collective artistic practice (just as painting used to be, up to the middle of the eighteenth century) and somehow the pursuance of a 'workshop', that is of a method, of an area of formal choices, of sharing responsibilities, maybe representing a more lasting thread than single personalities.

The fact remains that this little book appears thoroughly antididactic. The thing, even a part of the thing, is given without the usual explanations, without explicating the cooking recipe, without telling the stories of the endless readapting that are always part of an architectural solution, without even describing the general co-ordinates the case refers to. That is, it presents itself like a clue, a starting point proposed for a possible interpretation, for an eventual re-utilisation by others (but even by us) who, in different conditions, grasp its echo, translate its origins and principles to other ends. But that too is architecture's way of being, its tradition.

The choice of fragments of construction we are presenting certainly also reflects the influence of our times' fondness for the photographic way of seeing, which always conceals and transforms architectural reality, giving it different meanings. What's more the instances of falsifications in architecture books are frequent and we should guard ourselves from that by striving to make the figure we present objective. Sometimes it recalls the designing reasoning that produced them, or its representation in orthogonal projections or else forces the representation towards the taste of the moment: often it deprives architecture of its connection with the measurements of the human body and its behaviour. Yet isolating these fragments is a way to verify the morphological capacity of the tectonics that built them in order to understand if it can be detached from its formation process to give rise to other meanings, to question whether these fragments can stimulate different dialogues, even beyond the intentions that built them, precisely from the silence the isolation of these fragments offers.

It has often been observed that architecture is a non-descriptive artistic practice, whose formation mechanism is the very notion of construction as it springs from a specific situation. Hence not an imitation of things but a new thing capable of producing by its presence meanings, interpretations and reasonings in its silent language.

Emphasising the connection between architecture and silence means first of all appealing to one of the aspects of the specificity of its expressive instruments, indeed even broadly discussing the very notion of specificity and its limits in creative production.

But with this statement we obviously cannot ignore how the transformation of feelings, will, memories and desires into a solid creation comes about, how, I mean, they become materials for the organisation and invention of the specific architectural design, how the latter is filtered by subjectivity and its connection with the concrete historical world with its own convictions, even when striving to build a work having a universal language. So in architecture too you refer to the place the metaphor of eloquence, as expression and conviction, occupies in the practice of art; even to the possibility of the existence less of architecture's narrative language than of a narrative language that would be hidden in architecture's very means and formative process: even if the result were to burn its words.

Therefore the silence of architecture is not a scheduled loss of speech, an aphasia, but its return to one of its most appropriate places: and not only insofar as it pertains to the condition of modernity.

So architecture is a school of silence, first of all in its being achieved as design, and through that, as work.

Behind it lies all the complicated, noisy throng of intentions, hopes, ambitions, personal and collective perversities: there is all the will to tell, to express, to criticise, there is the crowd of images and memories that fill our mind. There is the reflection on the discipline's tradition, the monuments of its art, the teachings of the craft. To all this is added, noisy and complicated, the very story of the design, of the premises and demands of its formative process, of its economic, technical, institutional concerns, of agreements and oppositions, of discards, changes of opinions and requirements that are a part of its birth. There is the long effort of work and the patient construction of loyalty to the work.

That is the indispensable material that must be burned in the design, and it is only with its ashes that architecture is built.

Precisely because the design is a way to surface in the present of our discipline's foundations and their dialogue with the problem and the specific context, the reasoning that begins such a dialogue must consist in offering those ashes as building material. Those ashes preserve, certainly fused by the desiccated blackening of fire, figures or memories of figures, traces of the will to connect and construct, and not merely dust.

Through the eloquence of architecture, those traces remain silently fixed in every part of it, even when the premises and contradictions of their constitution have been forgotten, insofar as contents and way of being have been architecturally recomposed.

Last, these fragments of constructions, by reminding us of the value of material work as being inseparable, in the artistic practice of architecture, from thought, and therefore also referring to the value of tectonics as form of stability and, at the same time, of examining the purposes of actions, the meaning and hierarchy of choices, invite us to resist the rule of randomness, of irrelevant novelty, and even the notion of the market as global value. A resistance which will probably resurface many years from now, but which is essential to the survival of our discipline.

All this is what we hope the presentation of these ninety-one fragments of construction will display.

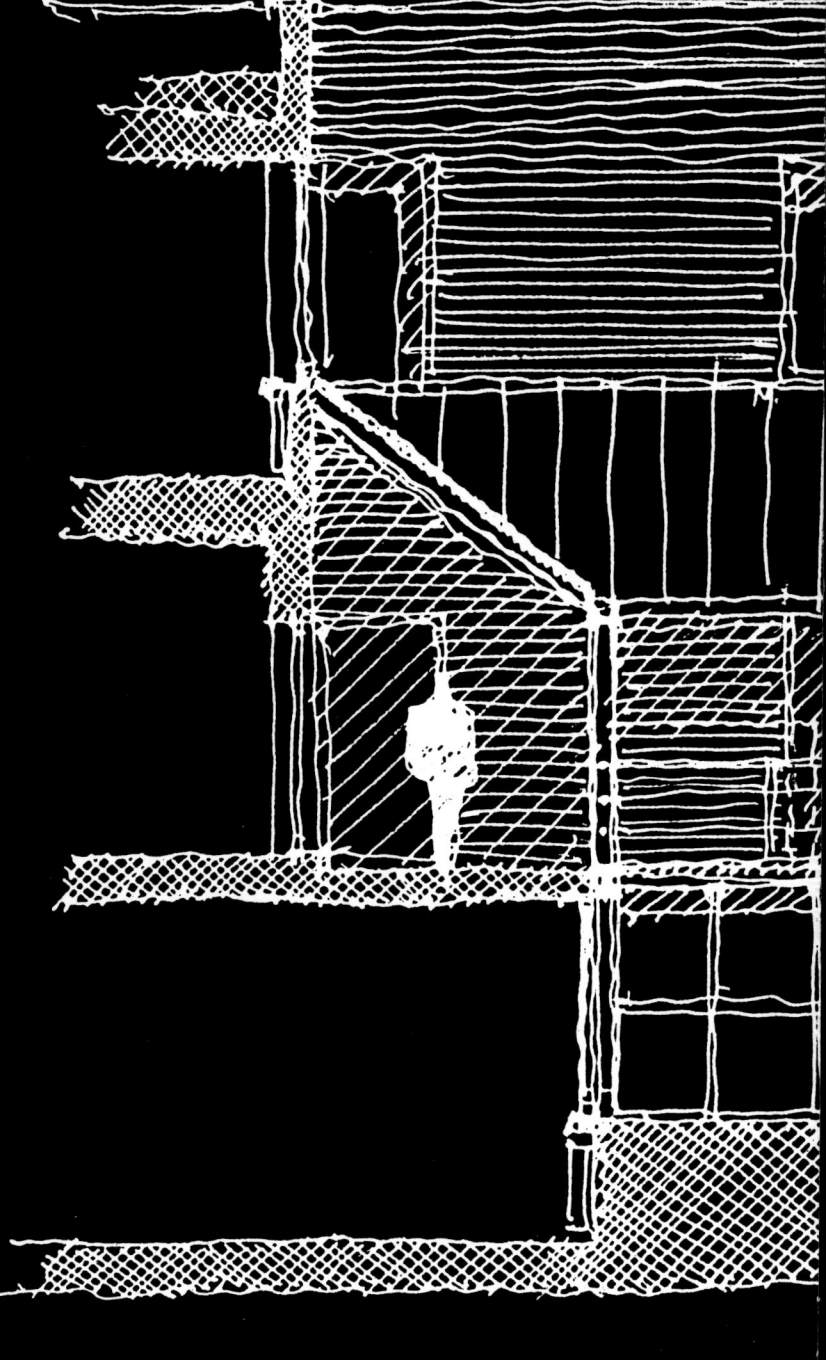

Stadio di calcio e rugby
Rugby and soccer stadium
Nîmes, 1986-1987

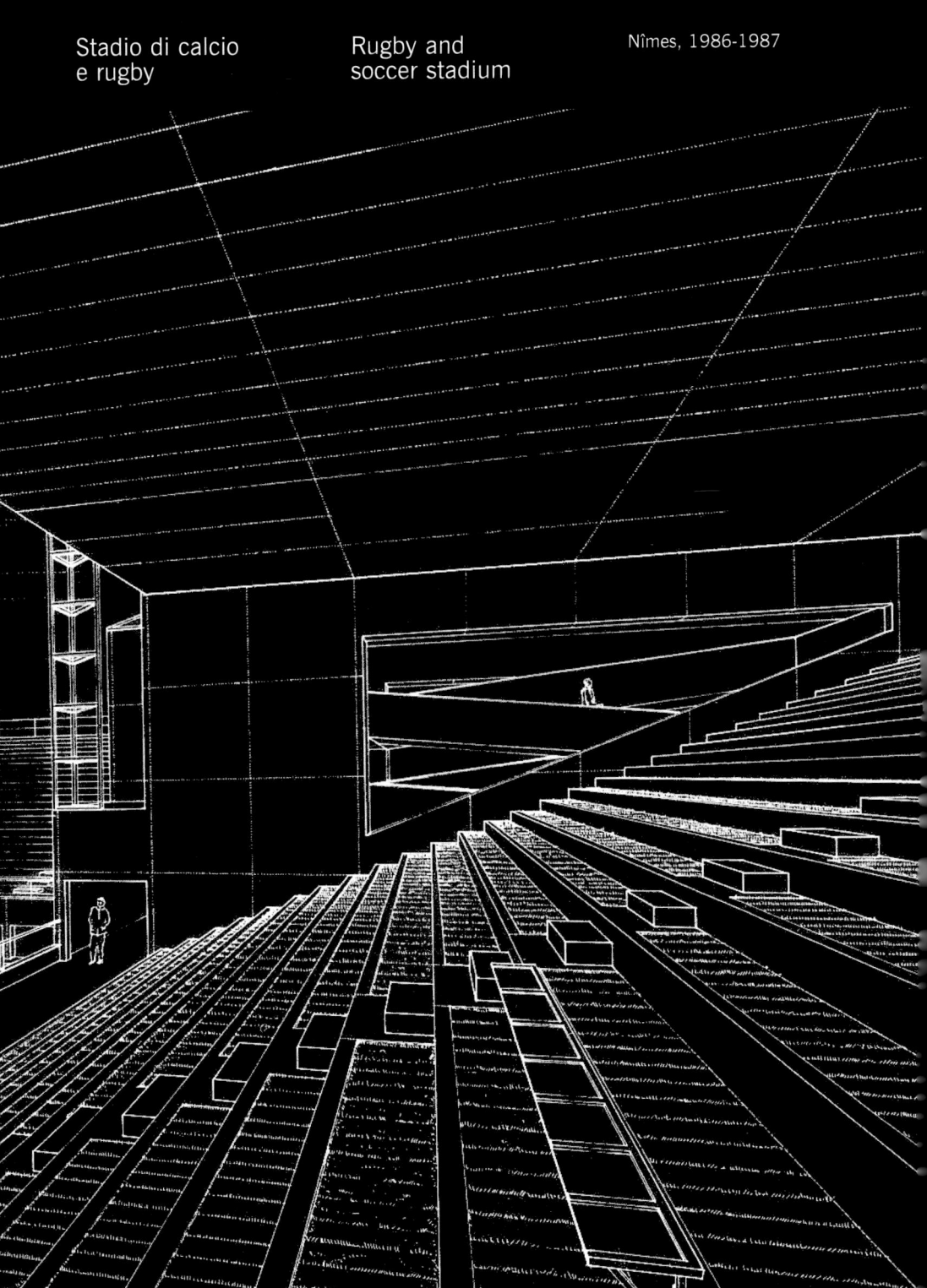

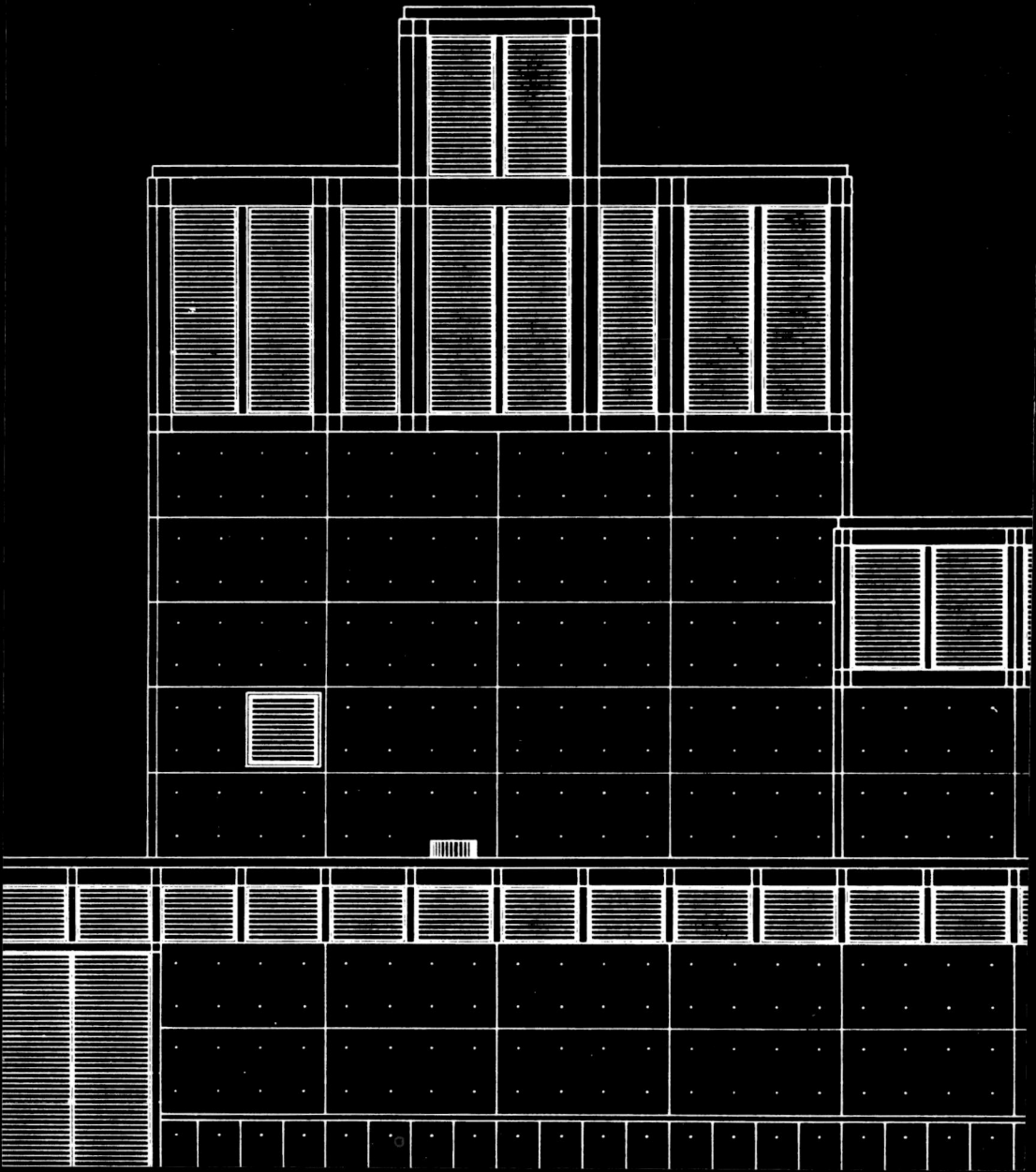

Centro di ricerche
ENEA

ENEA
research centre

Portici (Napoli)
1984-1986

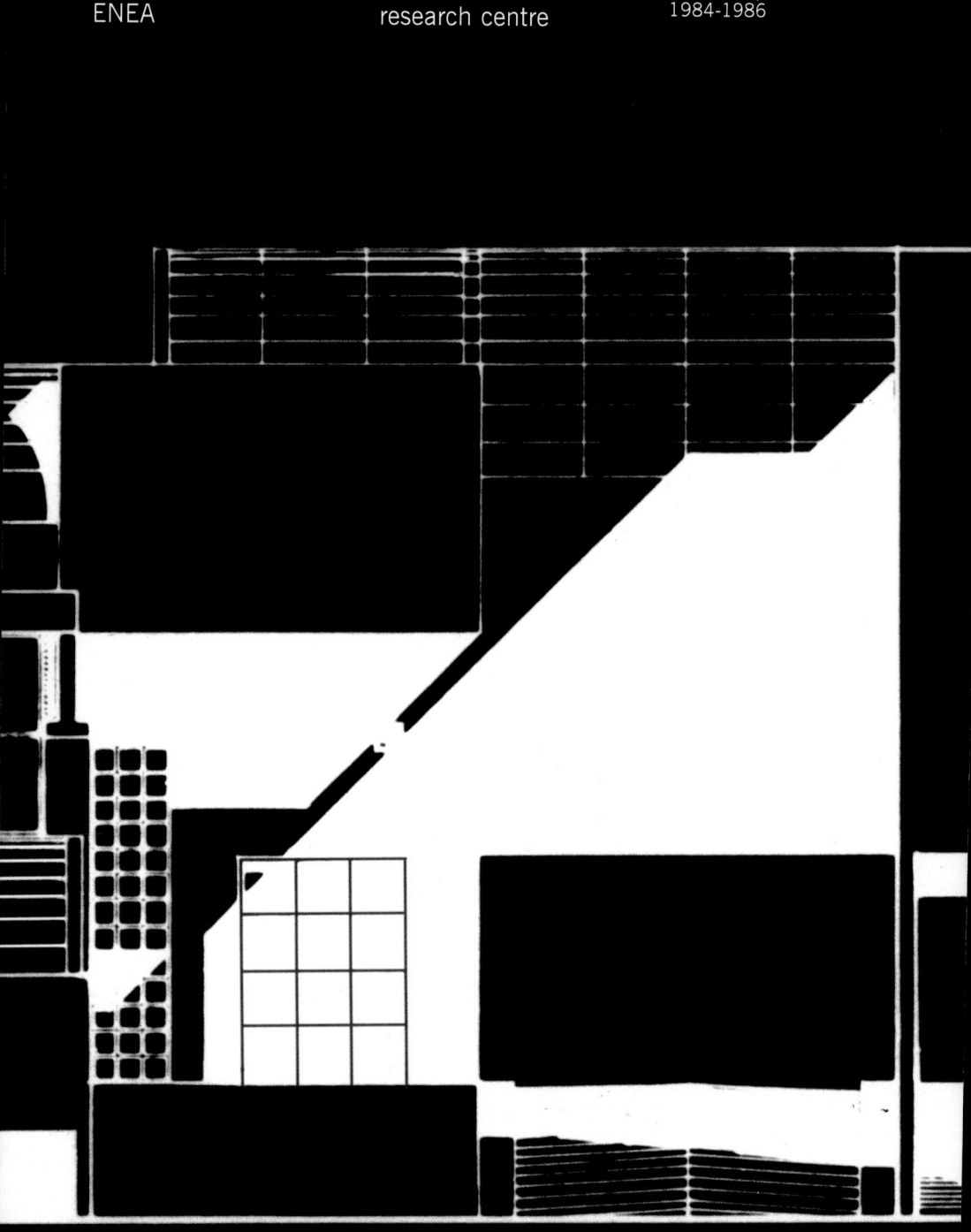

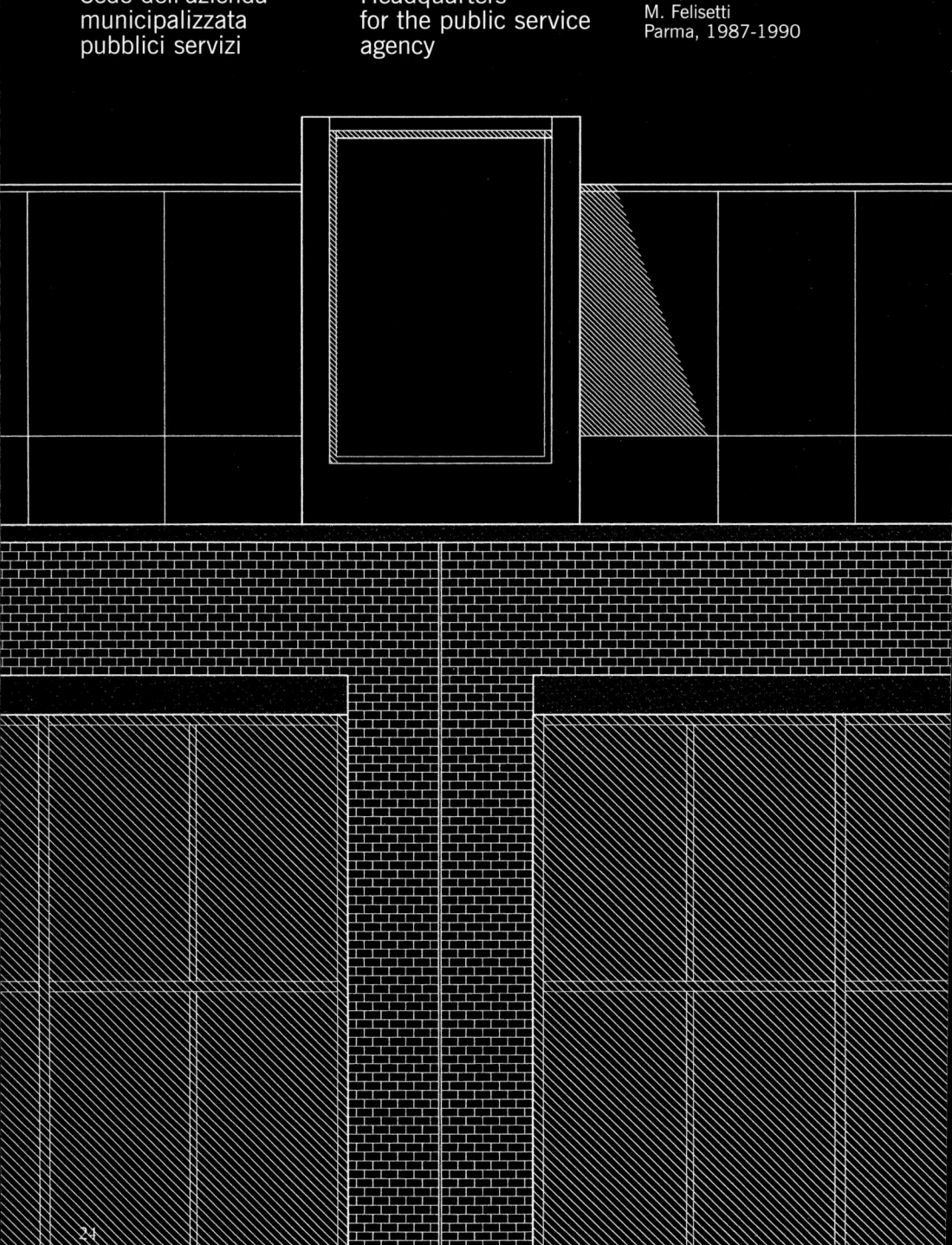

Sede dell'azienda municipalizzata pubblici servizi

Headquarters for the public service agency

Con / with F. Mascellani
M. Felisetti
Parma, 1987-1990

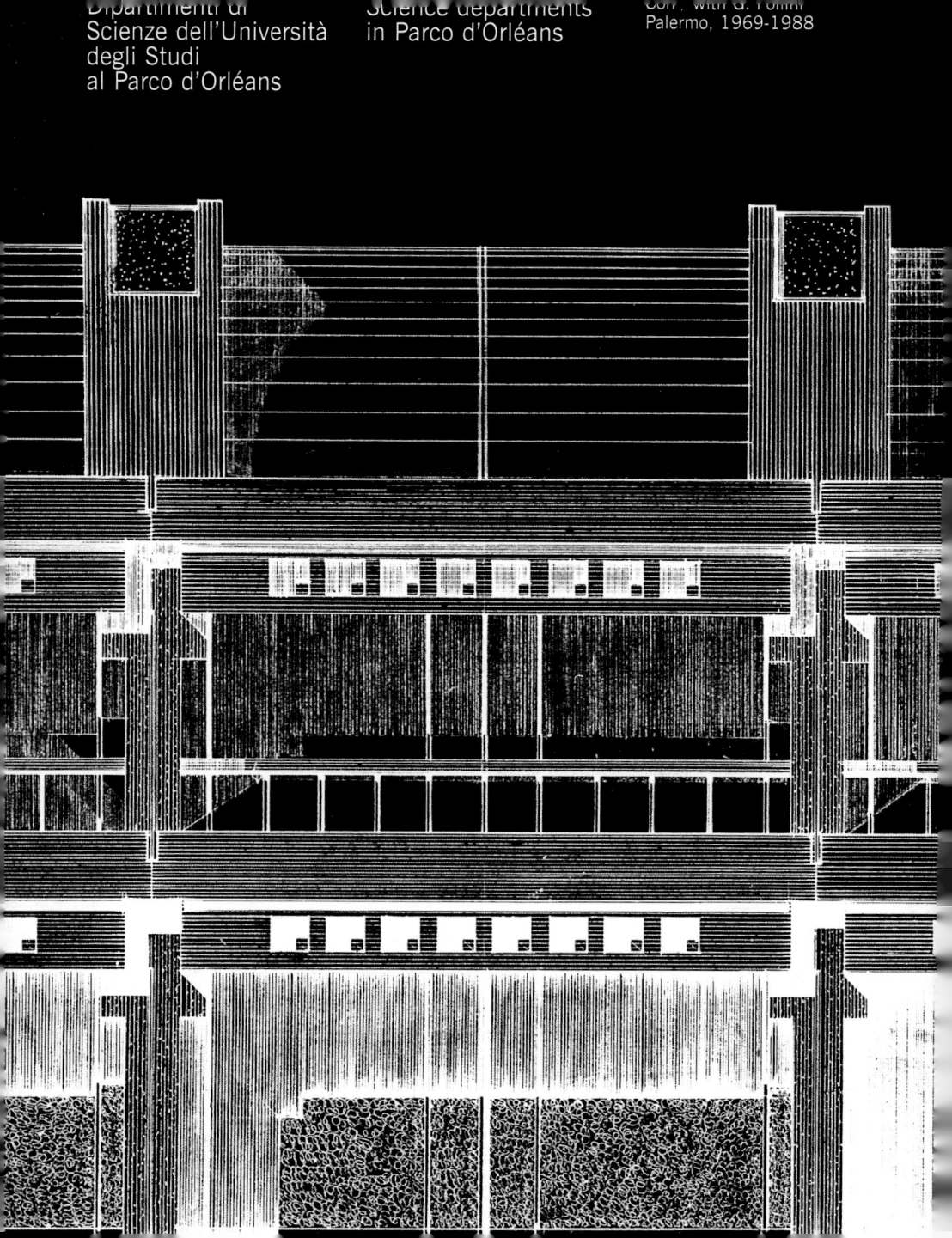

Dipartimenti di
Scienze dell'Università
degli Studi
al Parco d'Orléans

Science departments
in Parco d'Orléans

Corr. with G. Tomai
Palermo, 1969-1988

Edifici per abitazione in cooperativa

Residential buildings

Con / with L. Meneghetti, G. Stoppino
Milano, 1962-1964

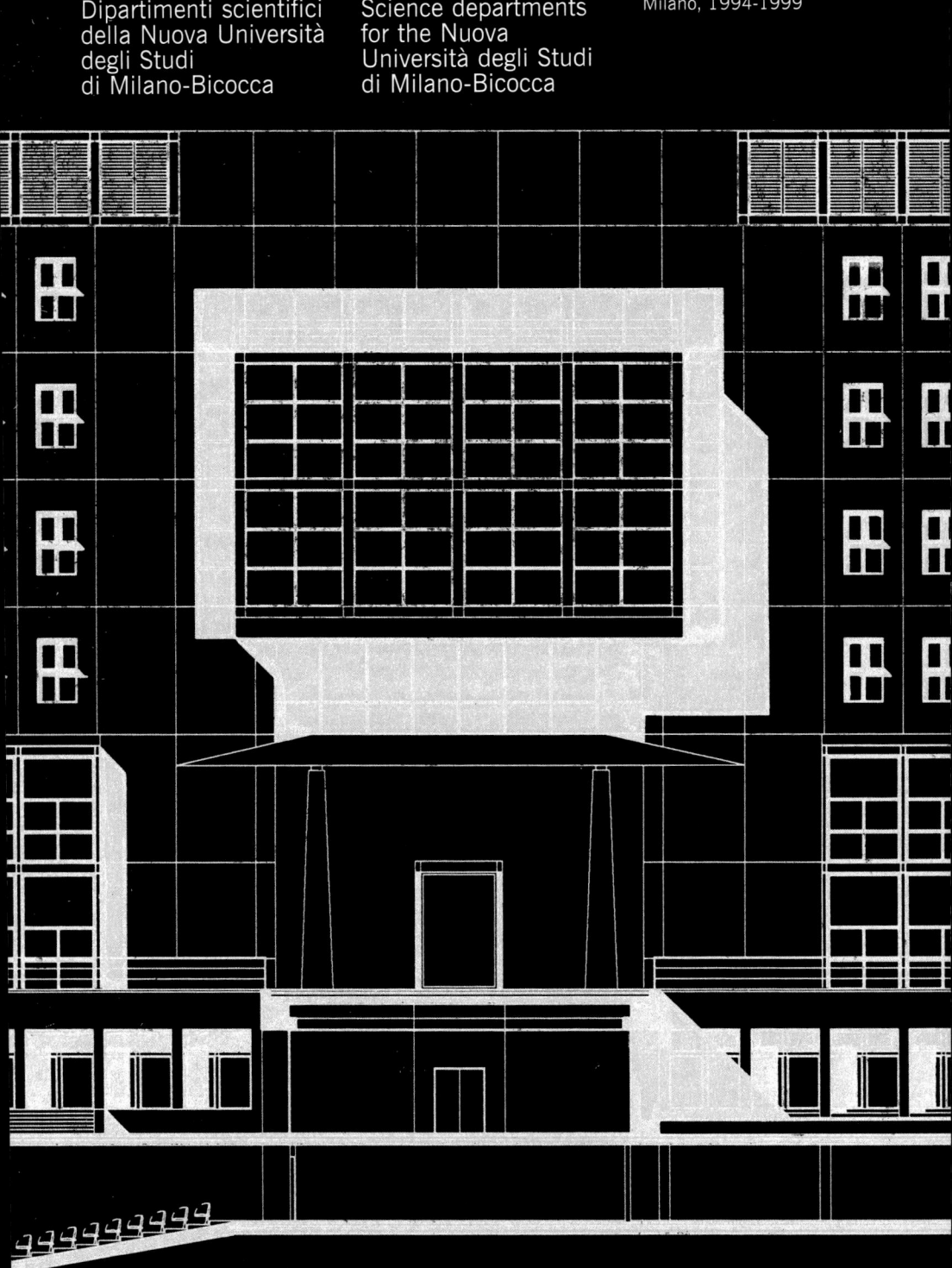

Dipartimenti scientifici della Nuova Università degli Studi di Milano-Bicocca

Science departments for the Nuova Università degli Studi di Milano-Bicocca

Milano, 1994-1999

| Casa a corte in Lützowstraße | Residential housing in Lützowstraße | Berlin, 1984-1986 |

Biblioteca comunale Public library Menfi (Agrigento) 1984-1992

Centro di ricerche ENEA alla Casaccia
ENEA research centre in Casaccia
Roma, 1985-1988

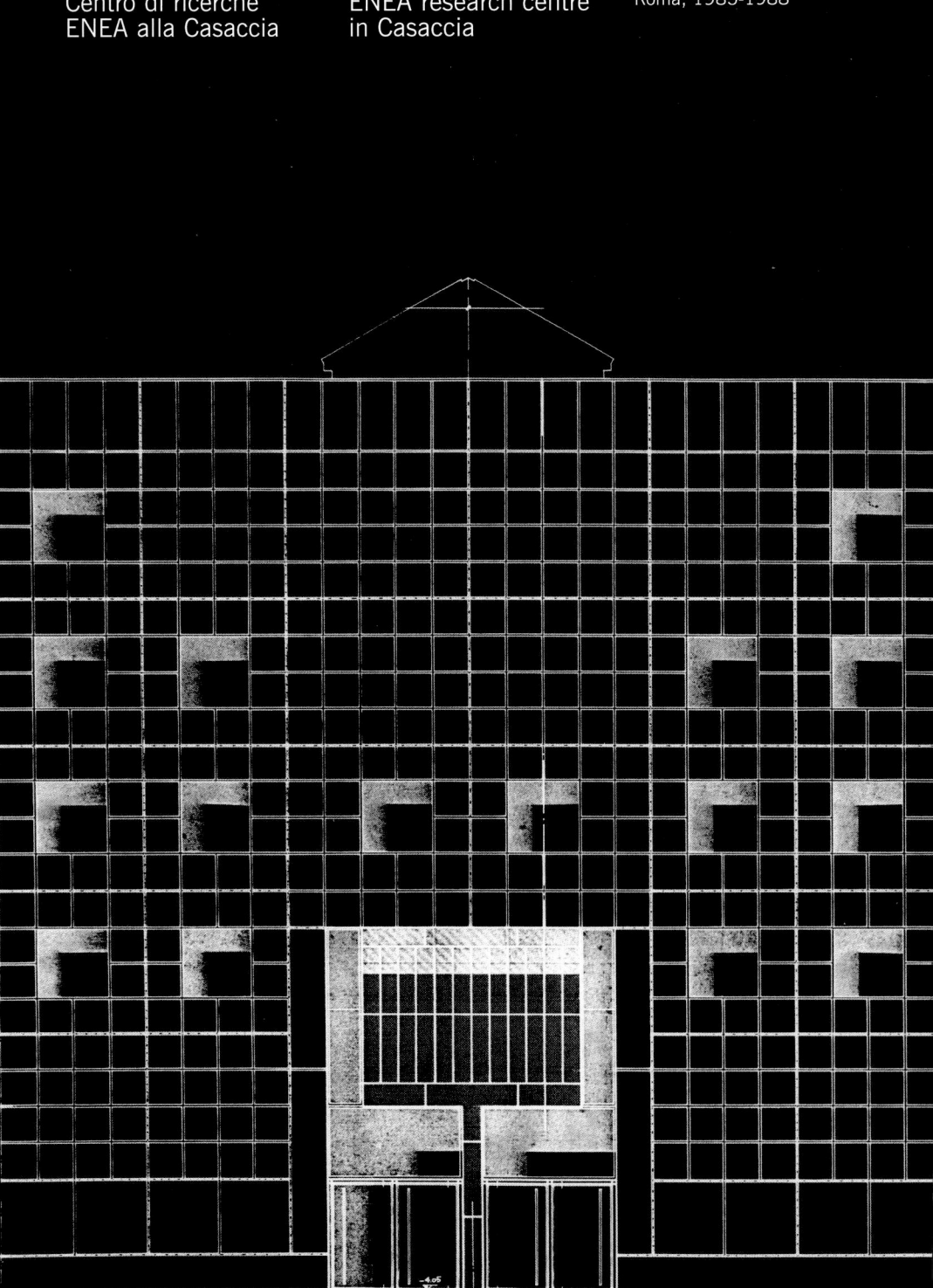

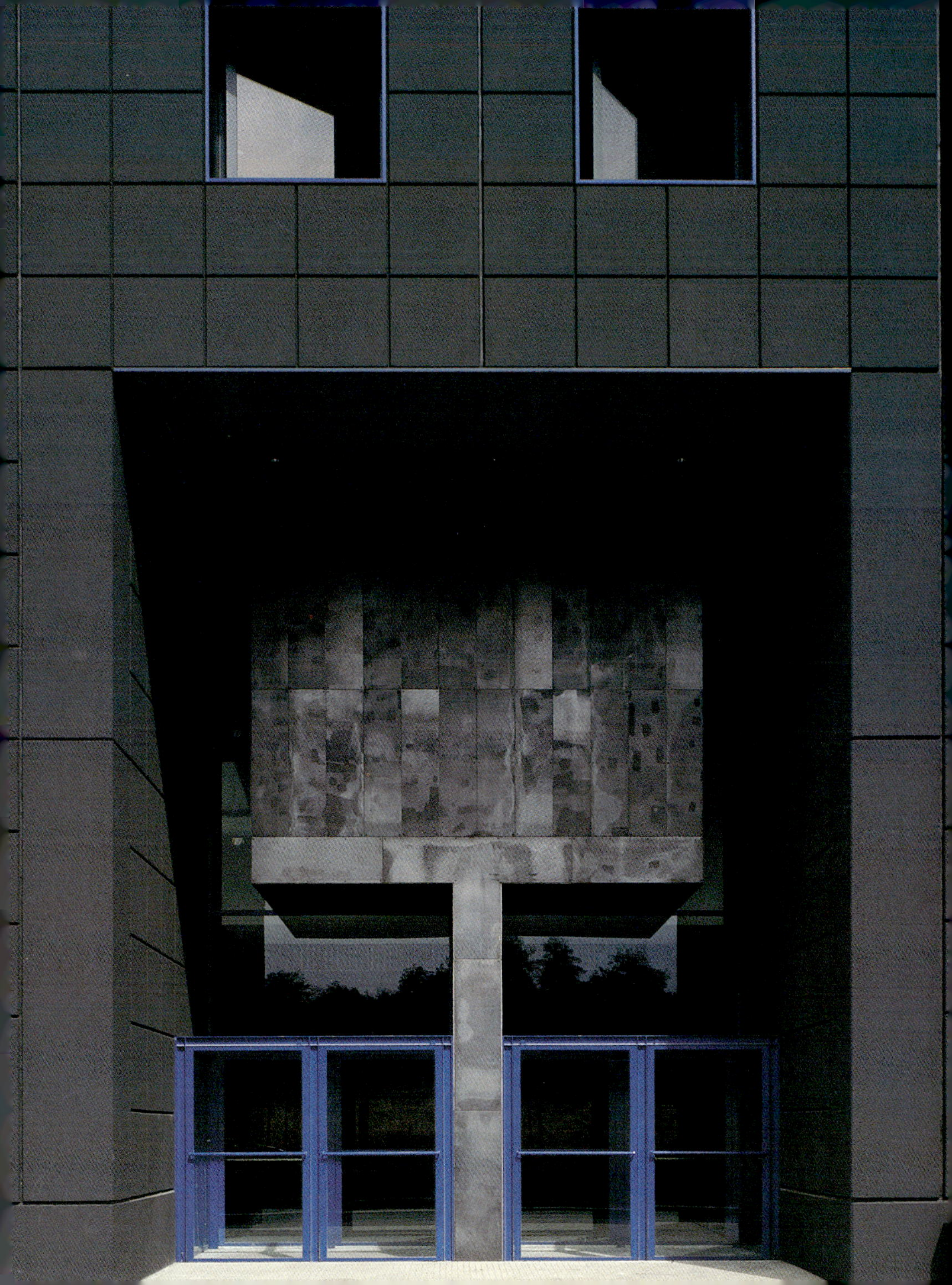

Case d'affitto V.F.G.   Rental housing V.F.G.

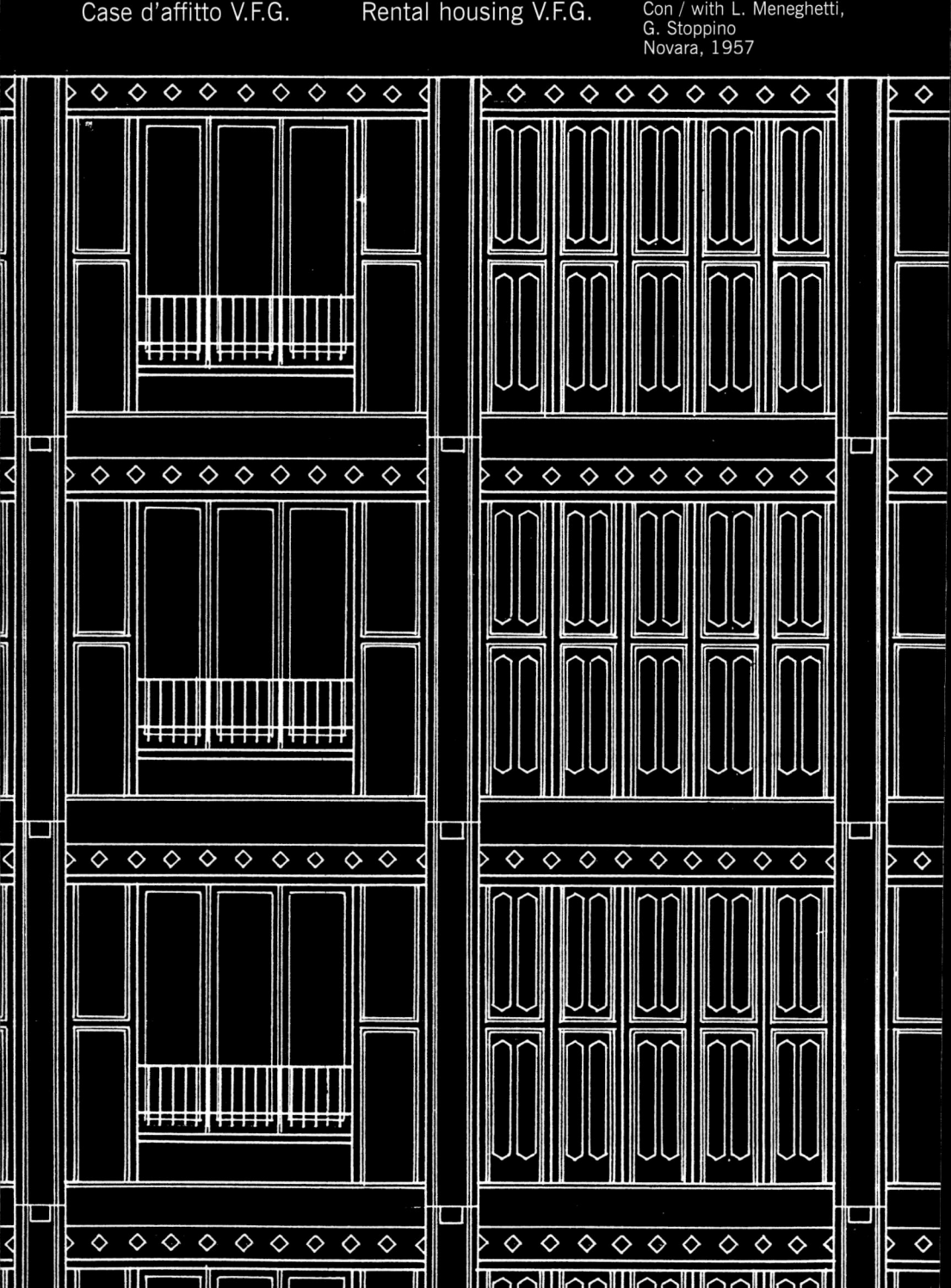

Con / with L. Meneghetti,
G. Stoppino
Novara, 1957

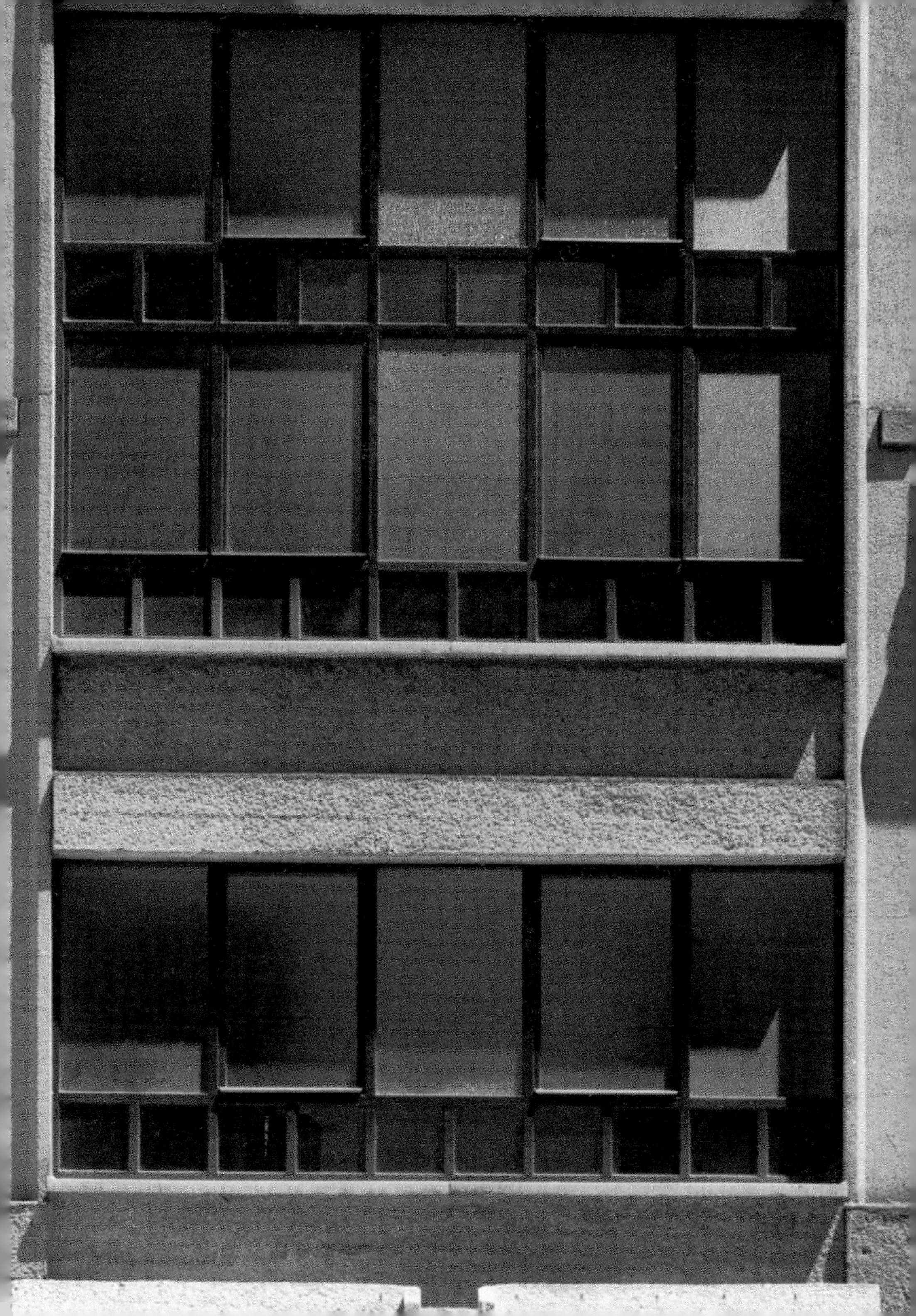

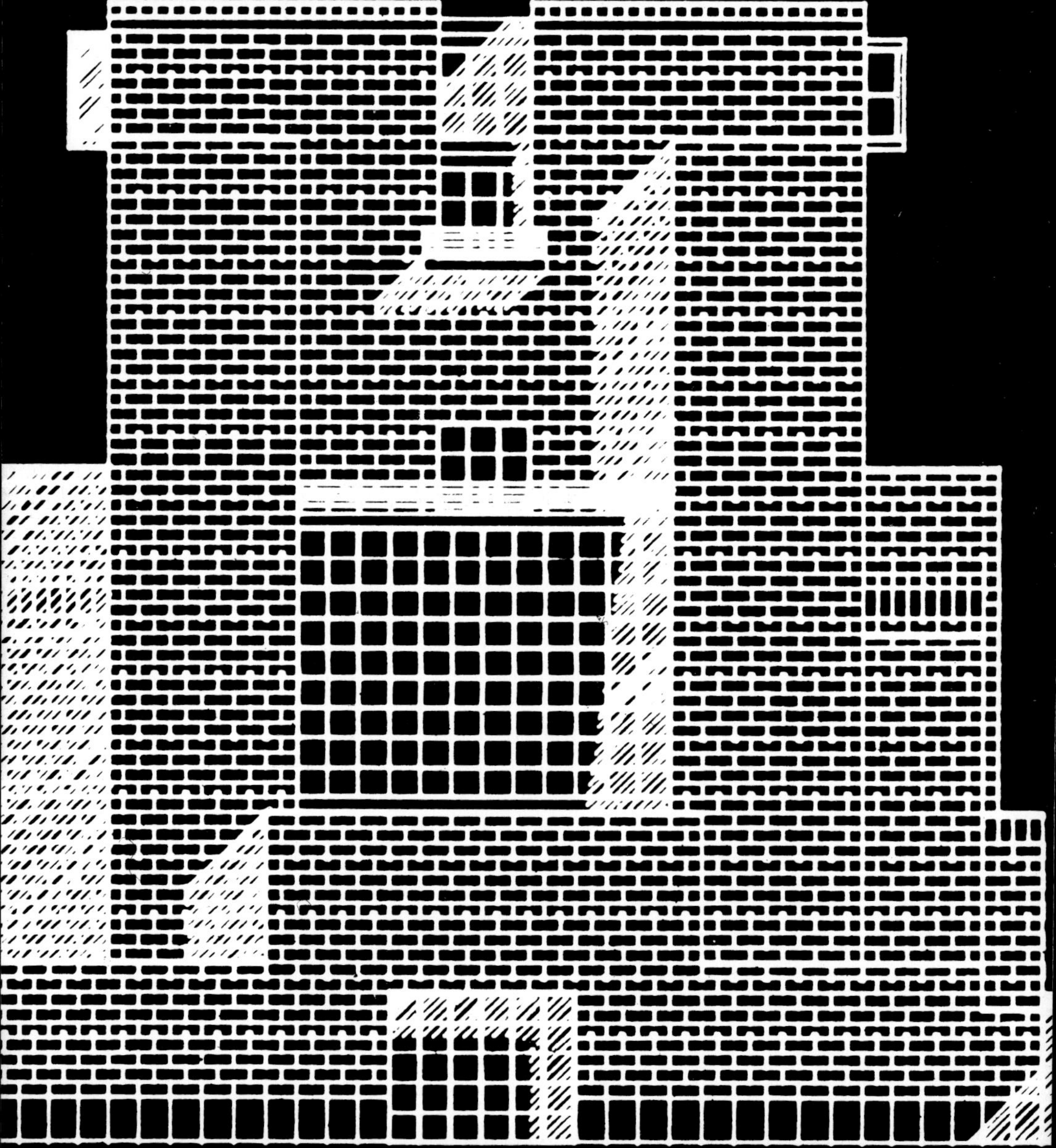

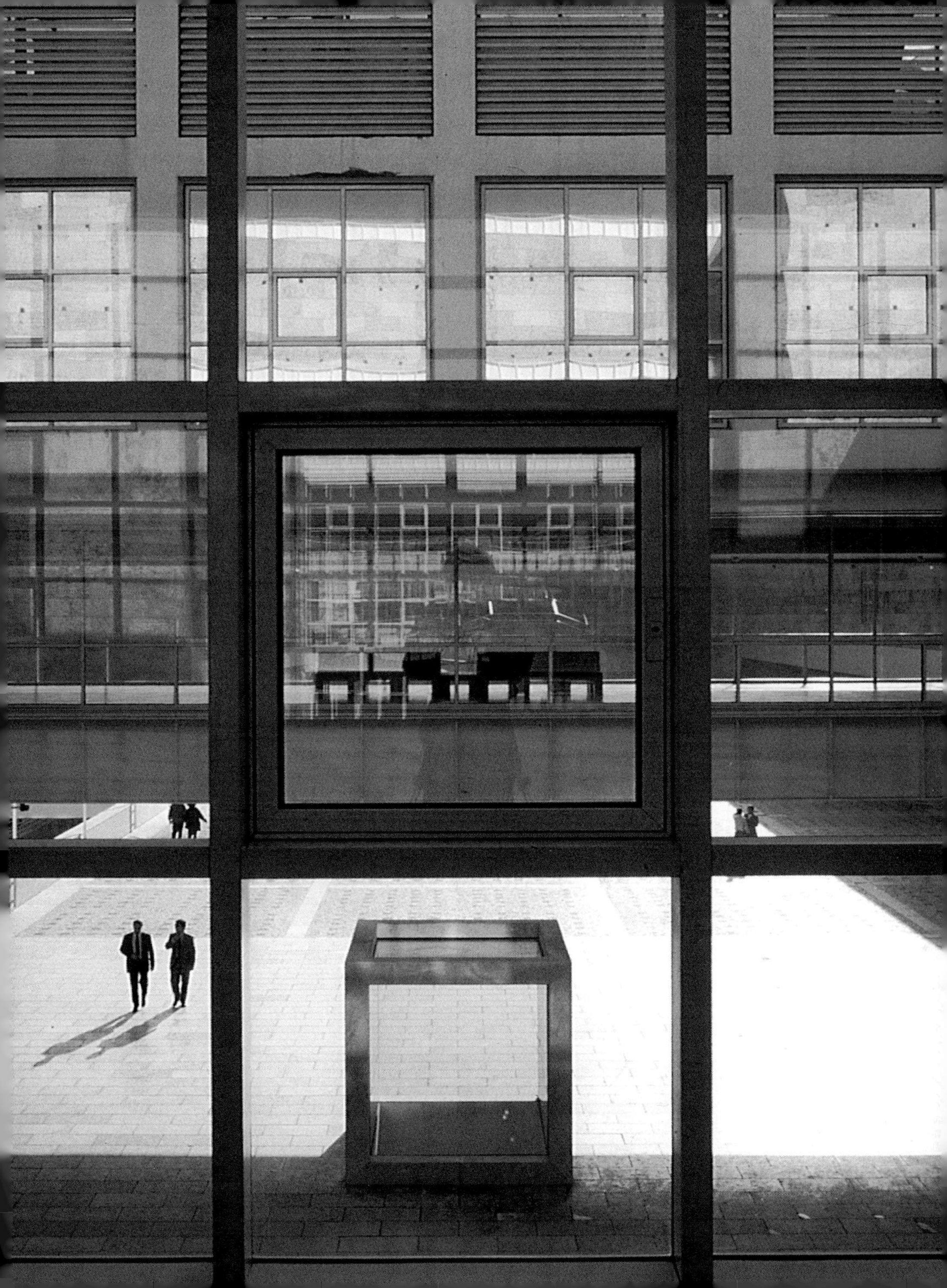

Quartiere per abitazioni a Cannaregio

Residential development in Cannaregio

Venezia, 1981-2000

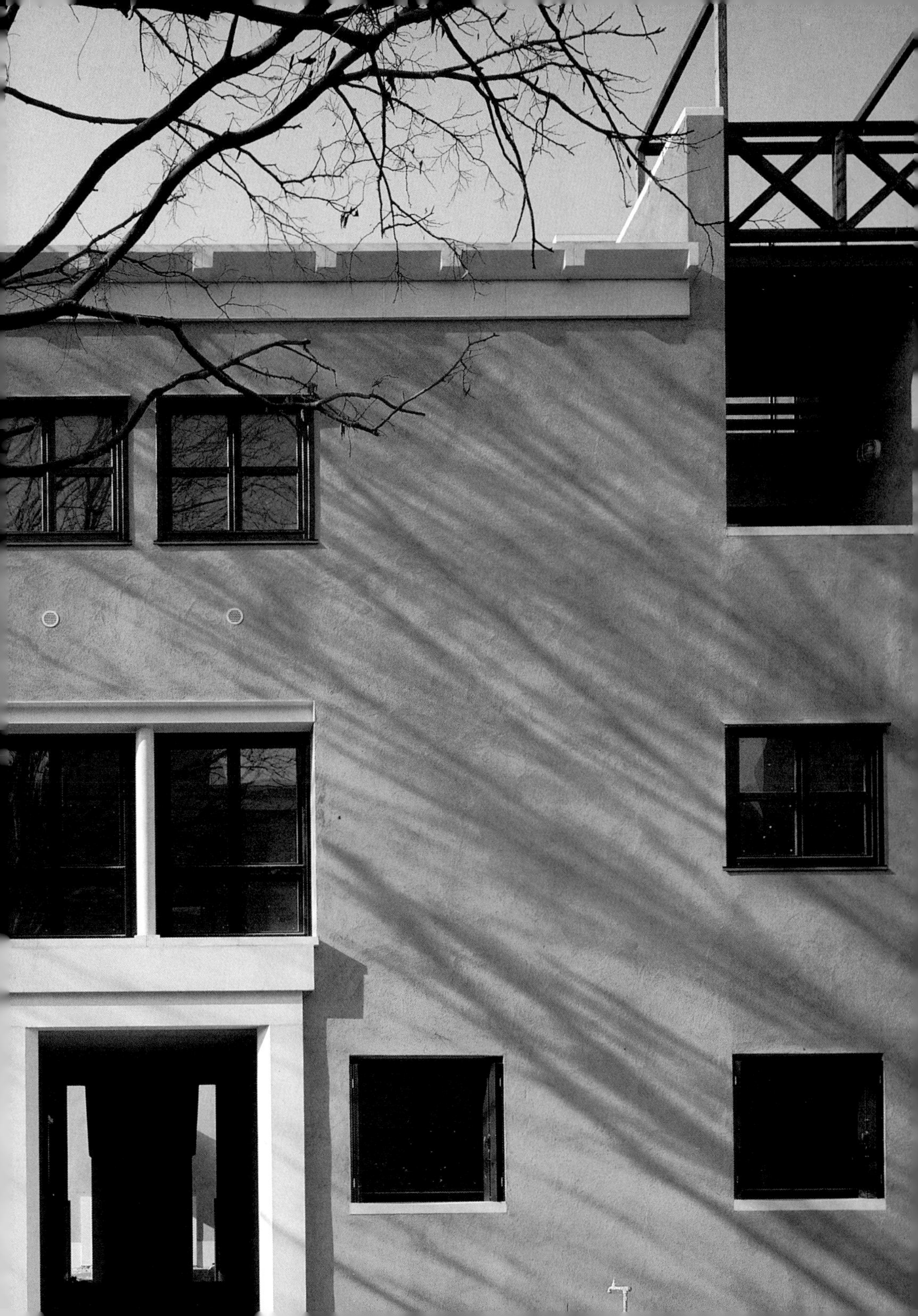

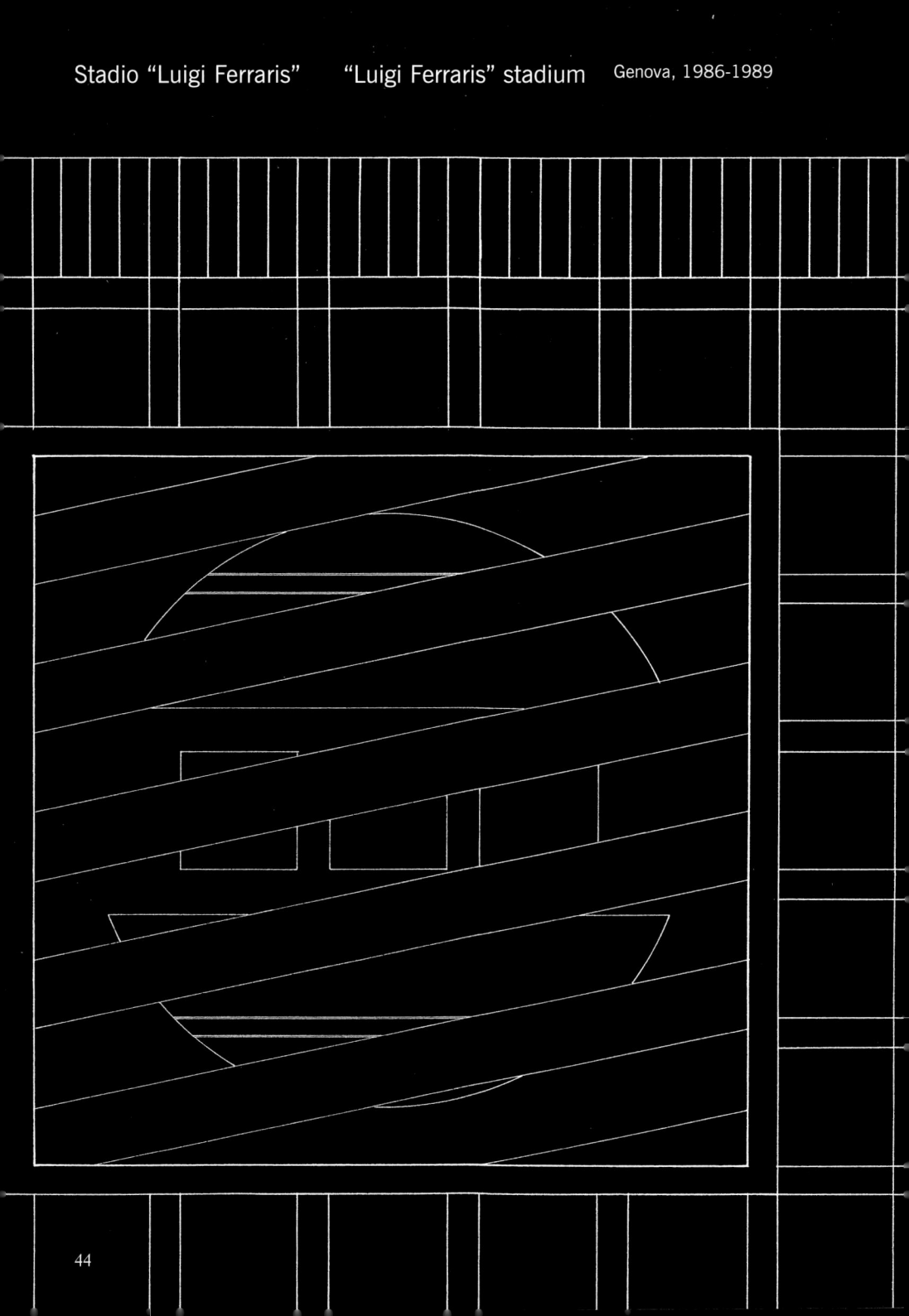

Stadio "Luigi Ferraris"   "Luigi Ferraris" stadium   Genova, 1986-1989

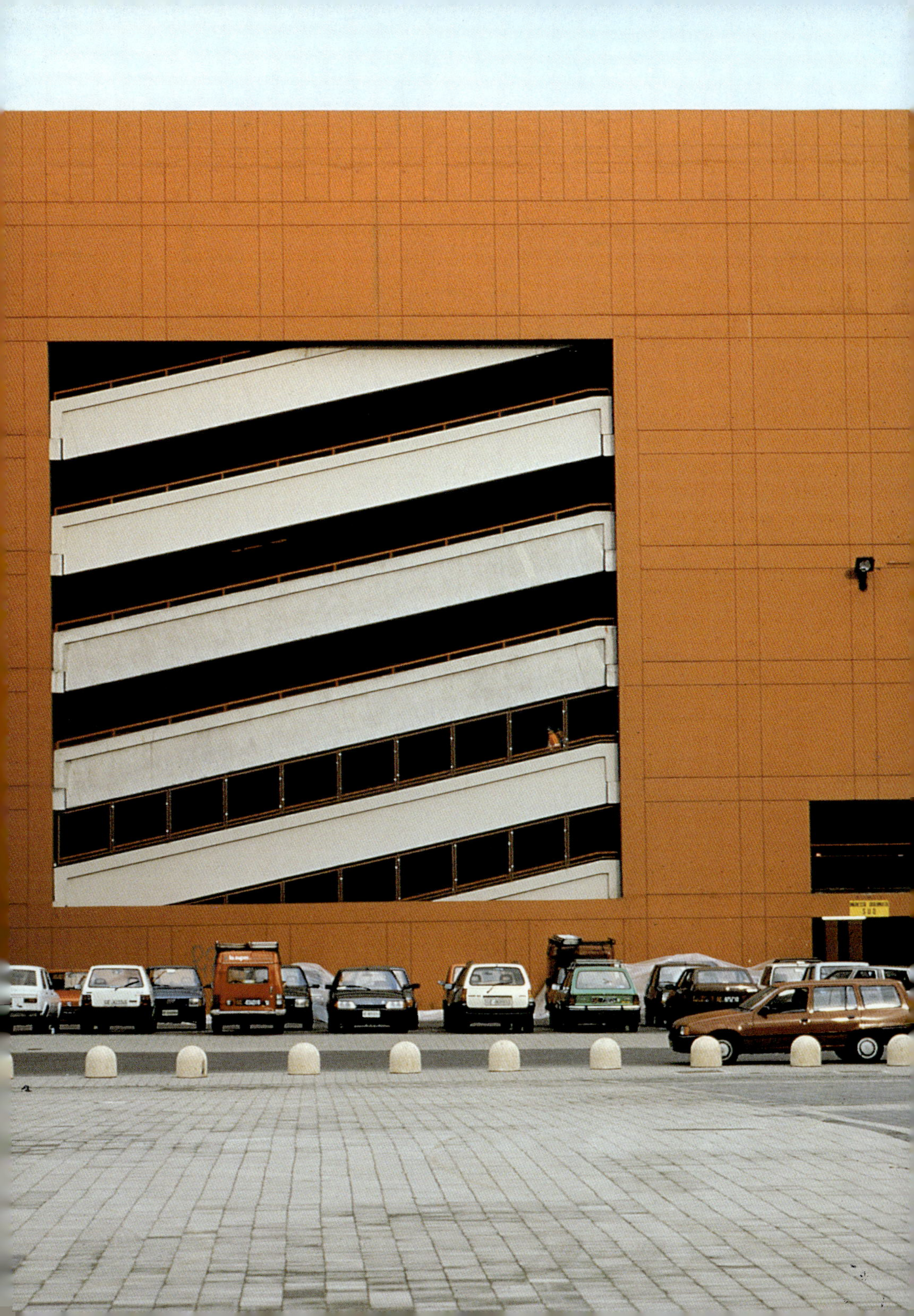

Palazzetto dello Sport   Sports complex   Nîmes, 1989-1991

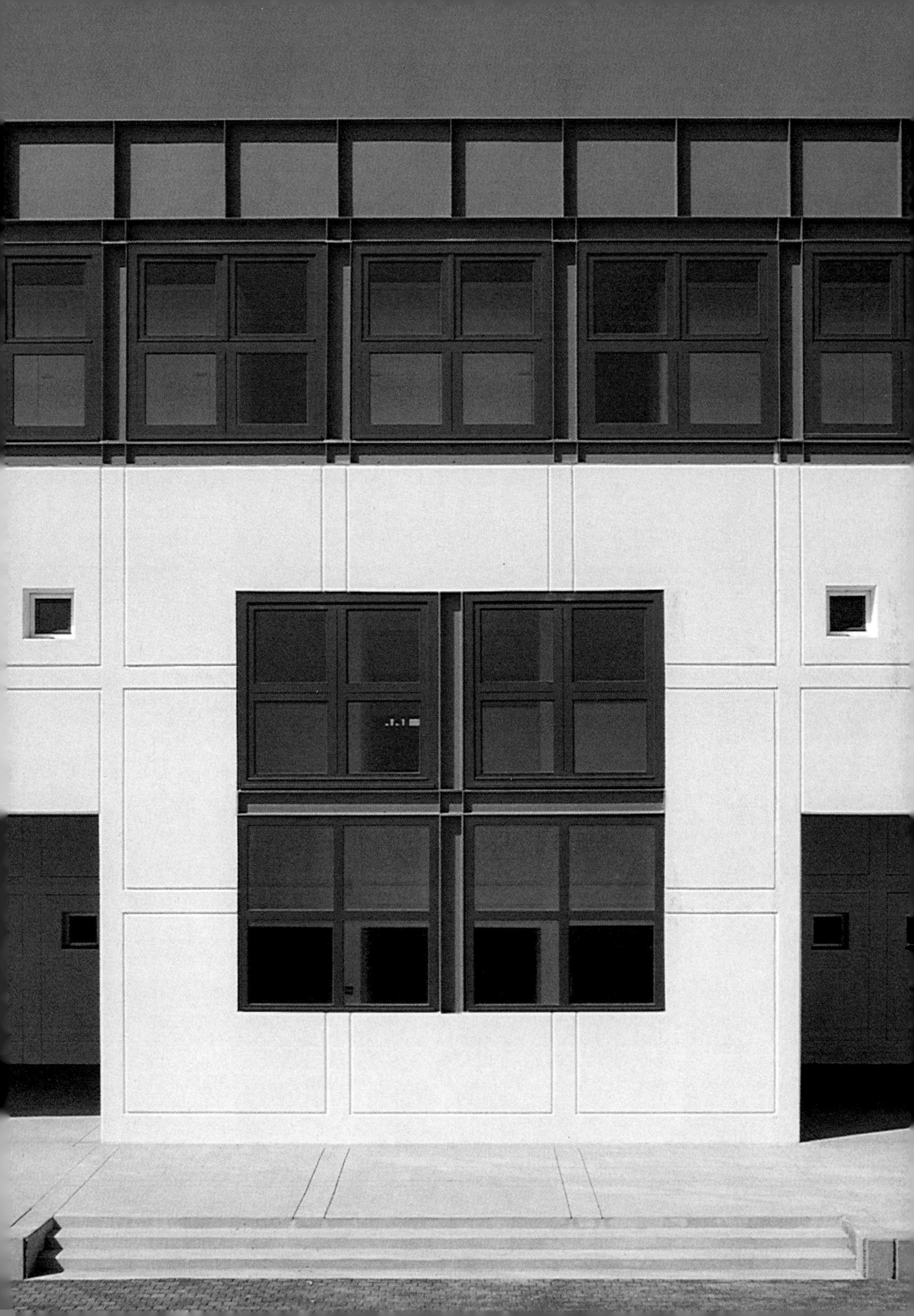

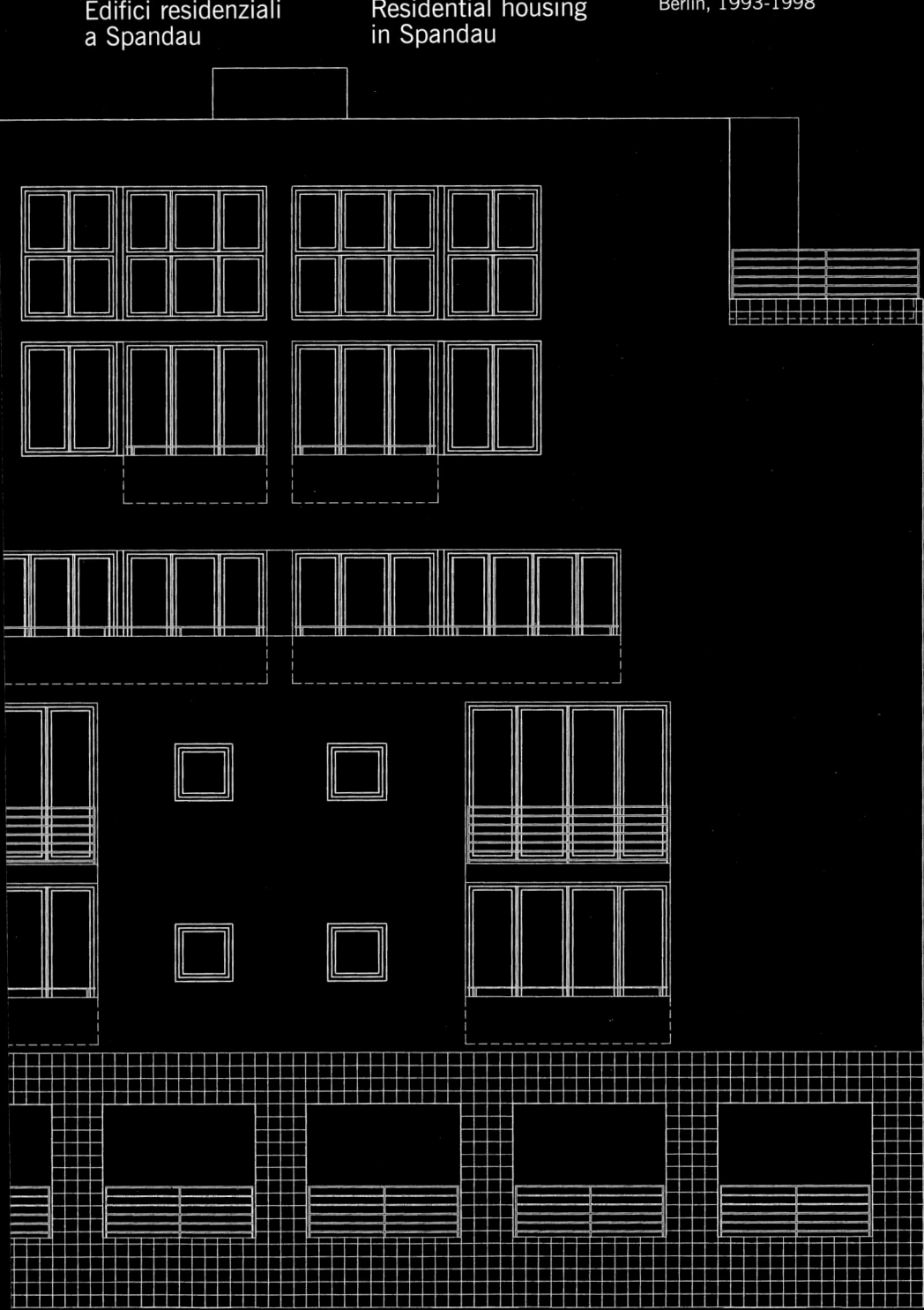

Edifici residenziali a Spandau
Residential housing in Spandau
Berlin, 1993-1998

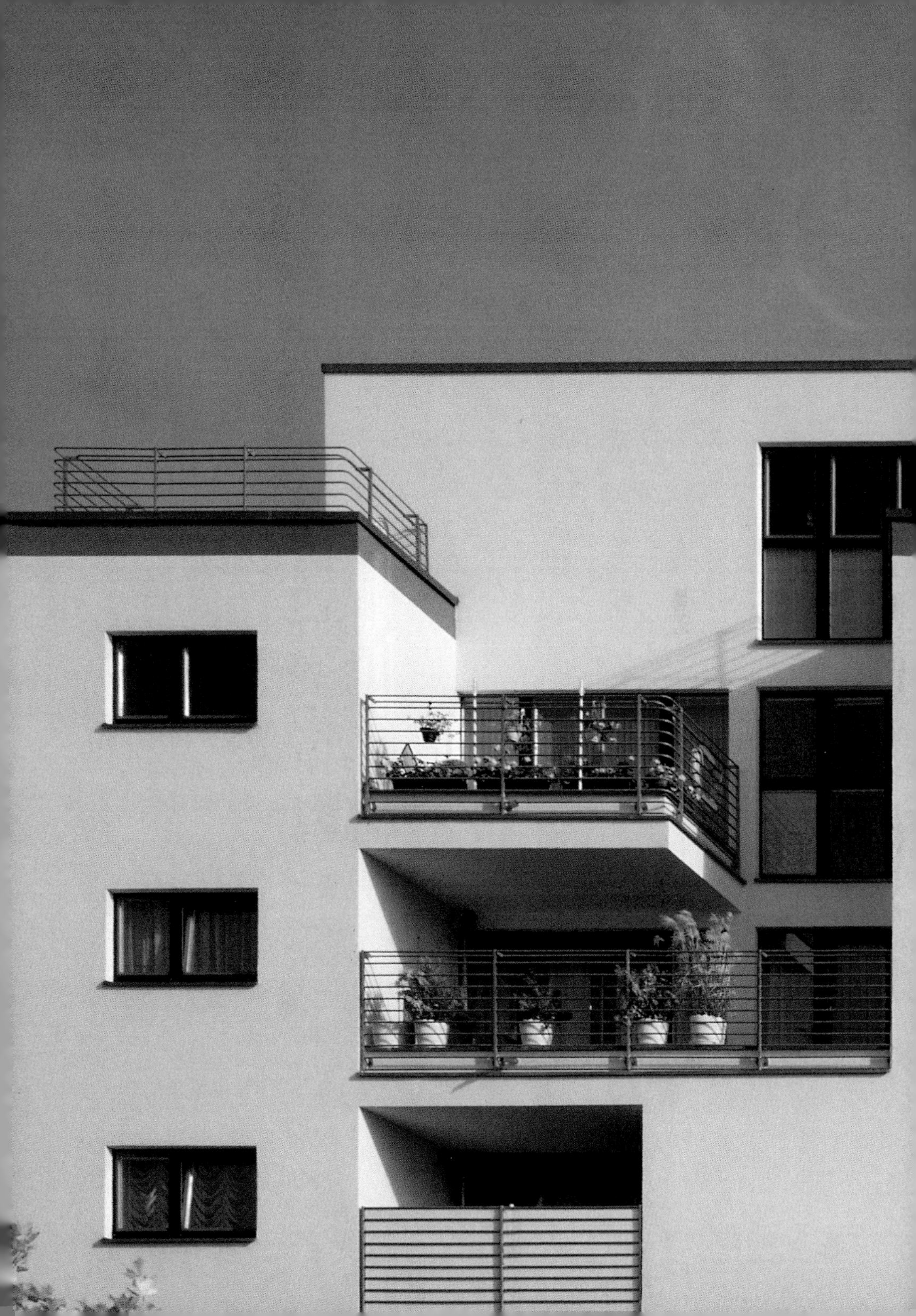

Dipartimenti di
Scienze dell'Università
degli Studi
al Parco d'Orléans

Science departments
in Parco d'Orléans

Con / with G. Pollini
Palermo, 1969-1988

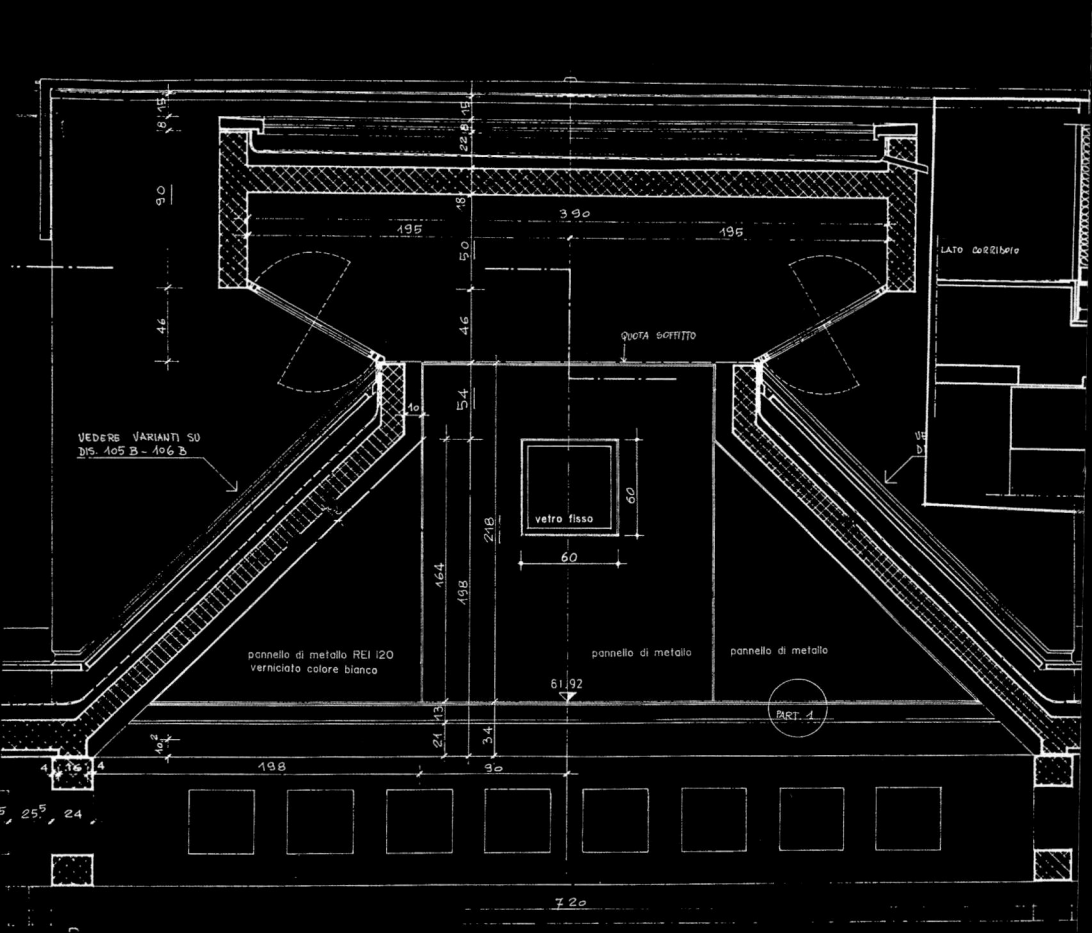

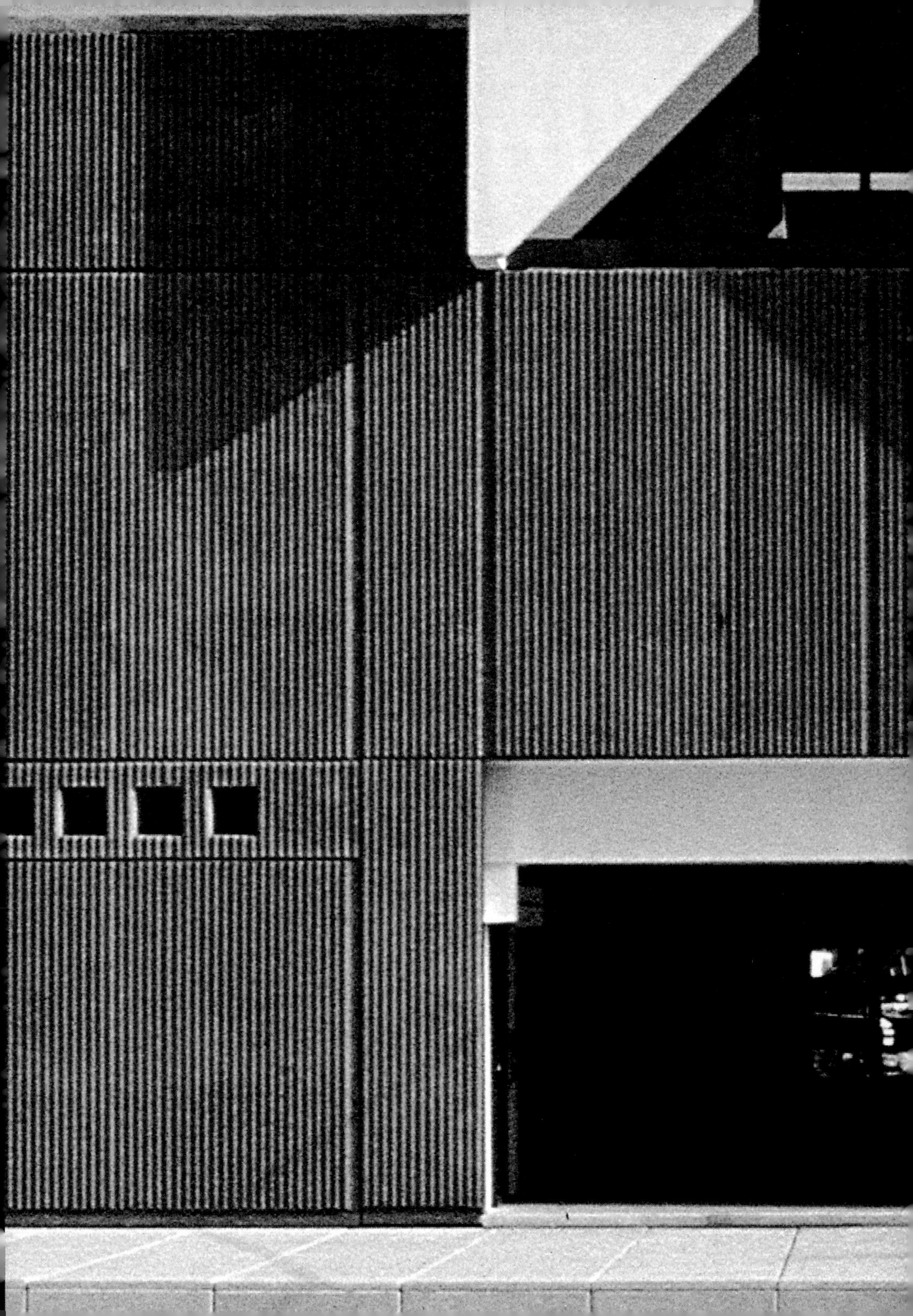

Edifici per abitazione in cooperativa Residential buildings Con / with L. Meneghetti, G. Stoppino
Milano, 1962-1964

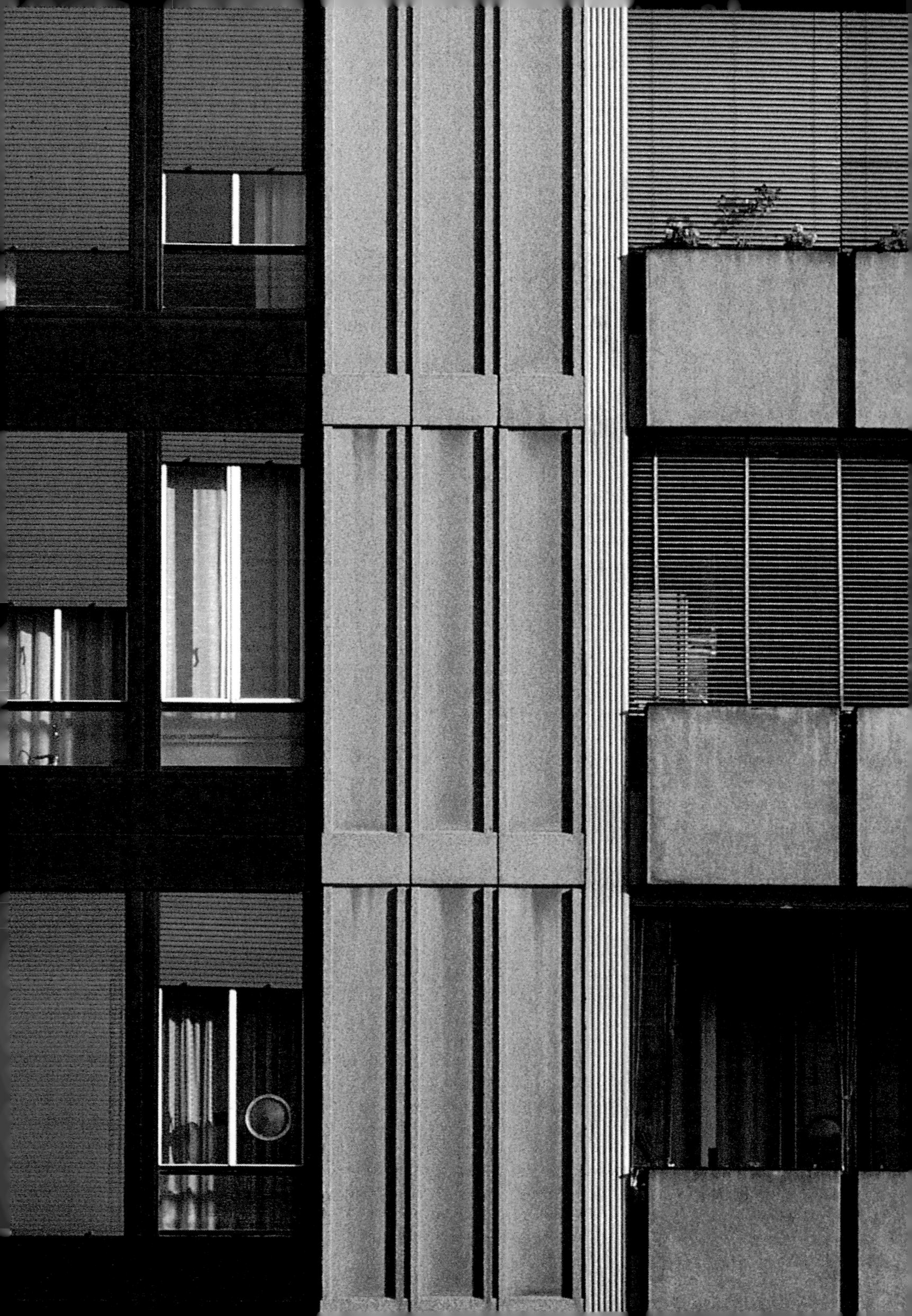

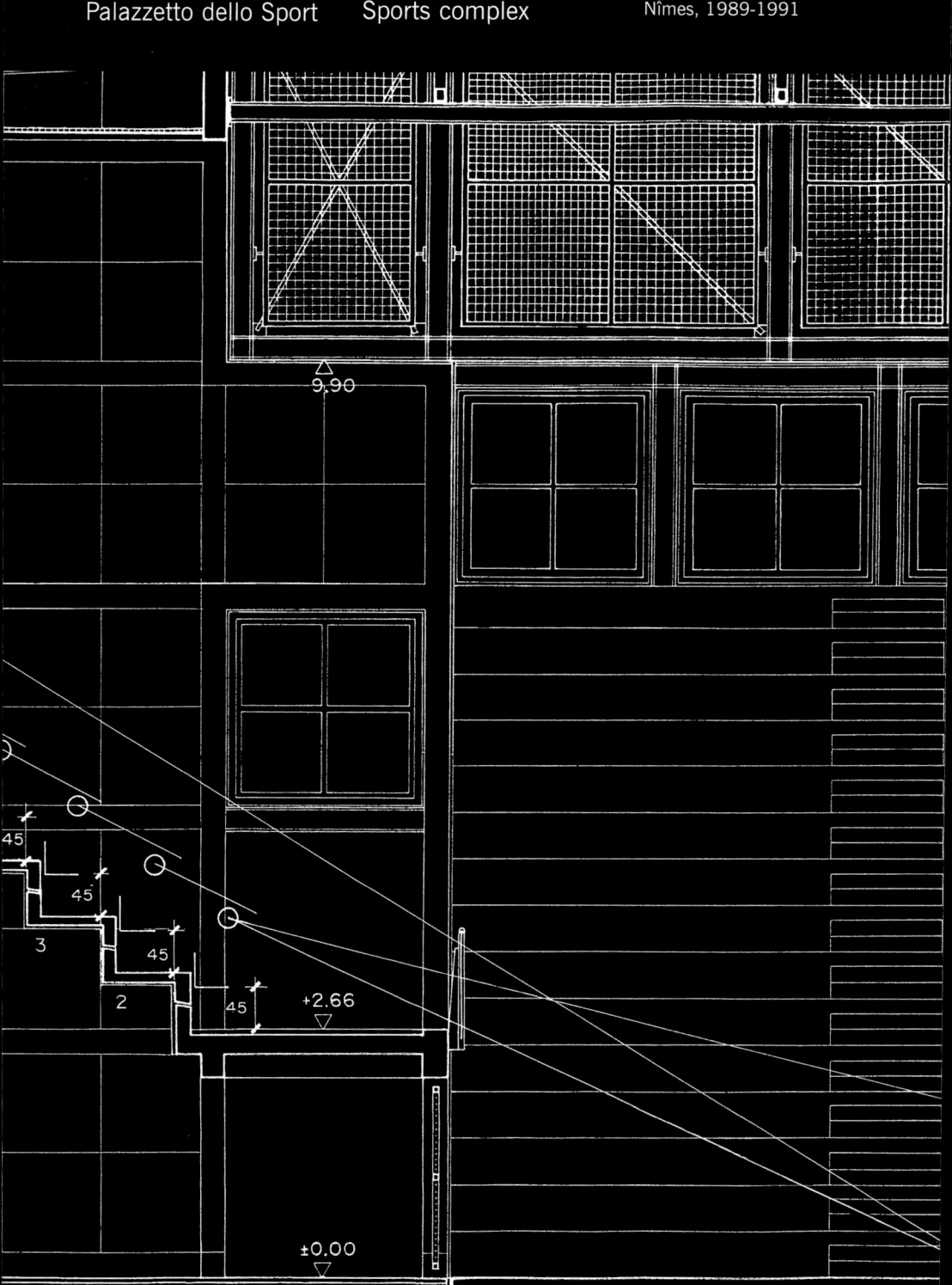

Palazzetto dello Sport   Sports complex   Nîmes, 1989-1991

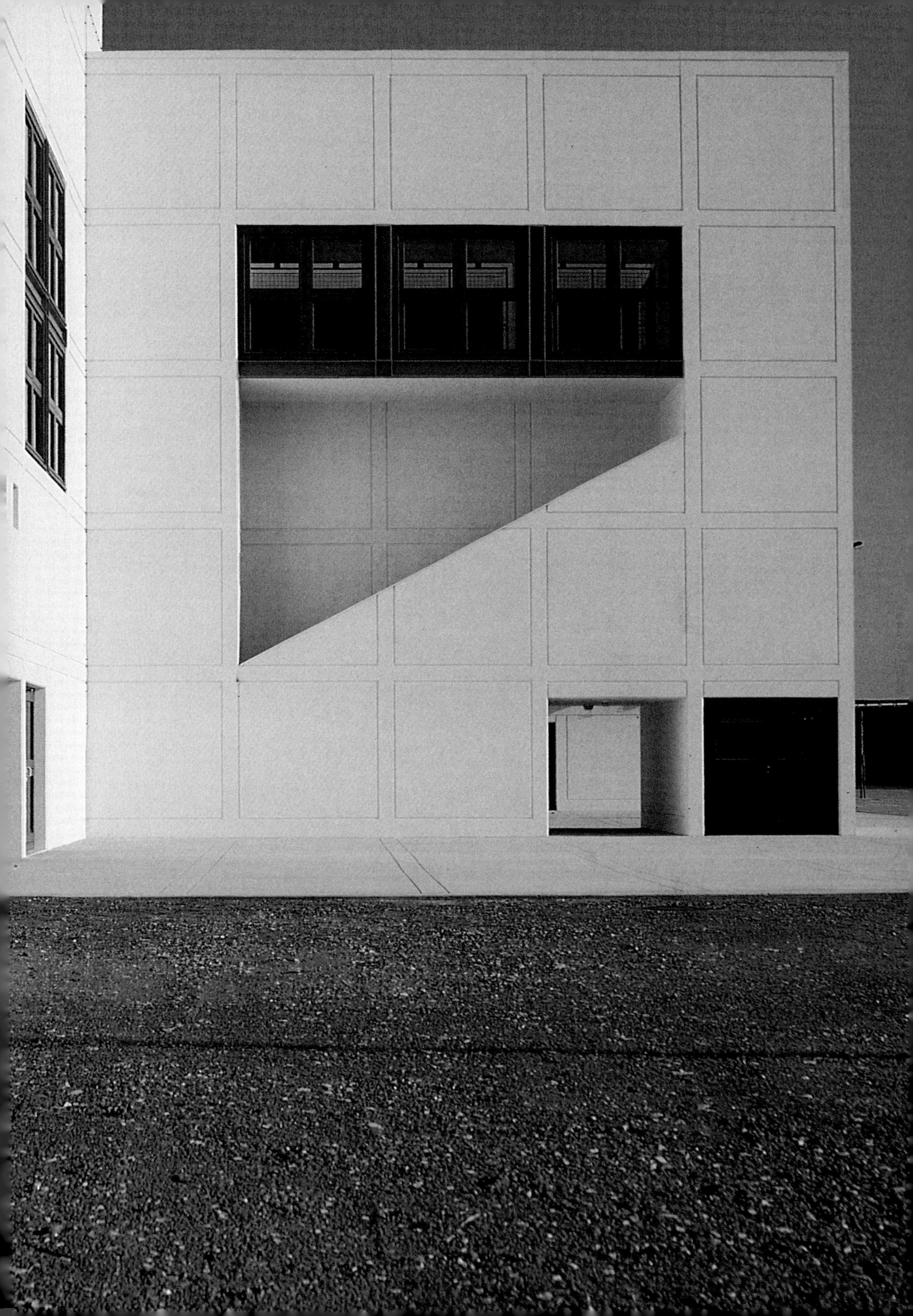

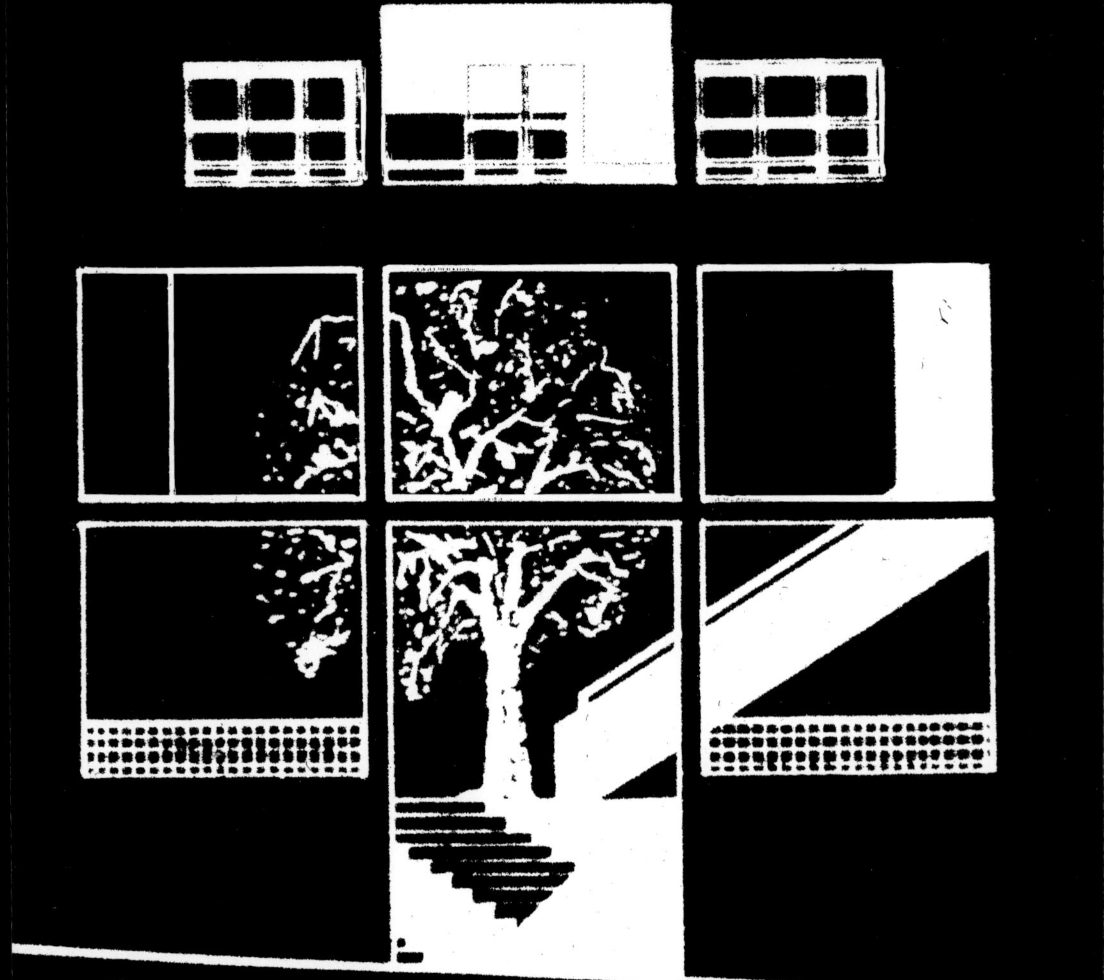

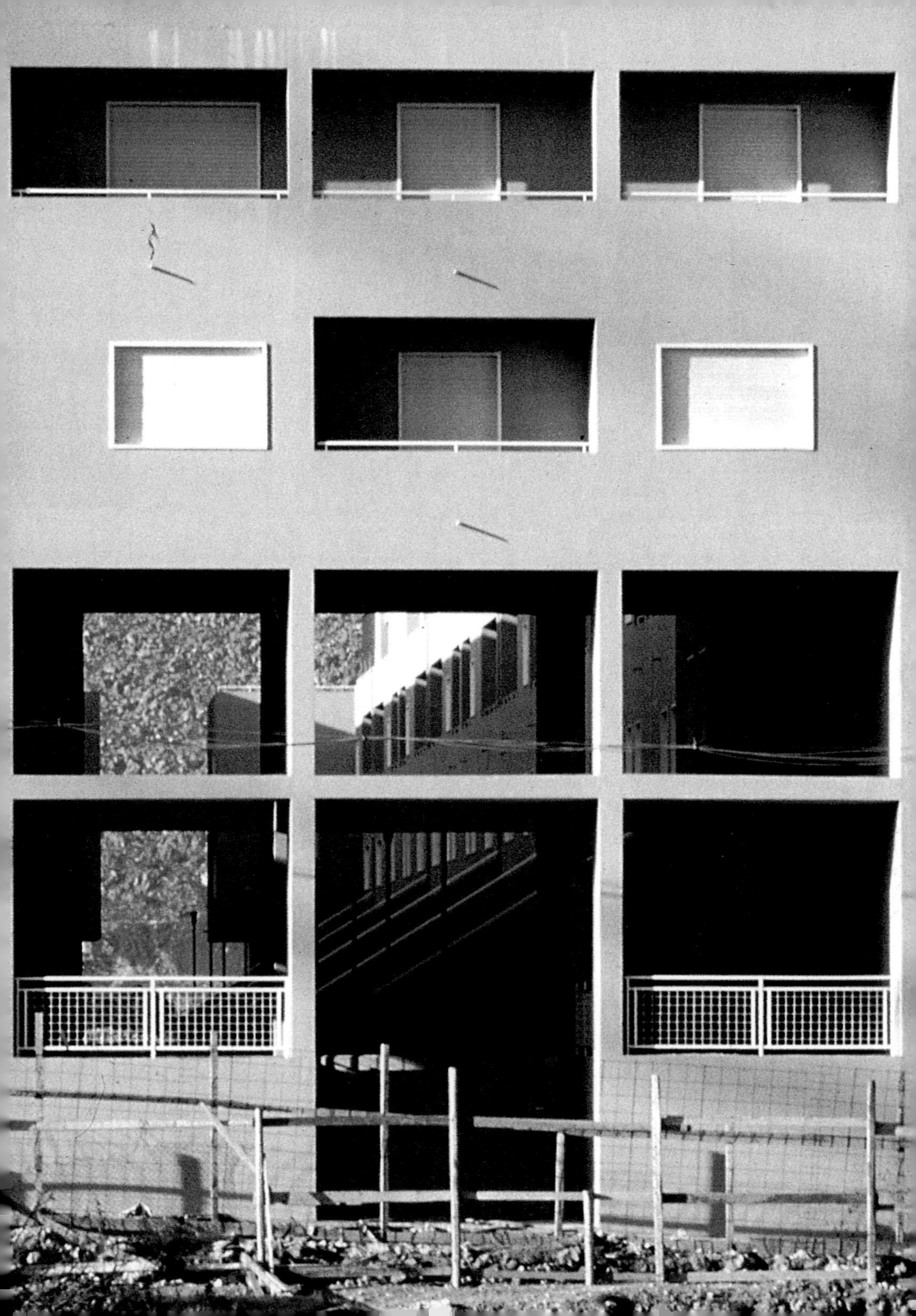

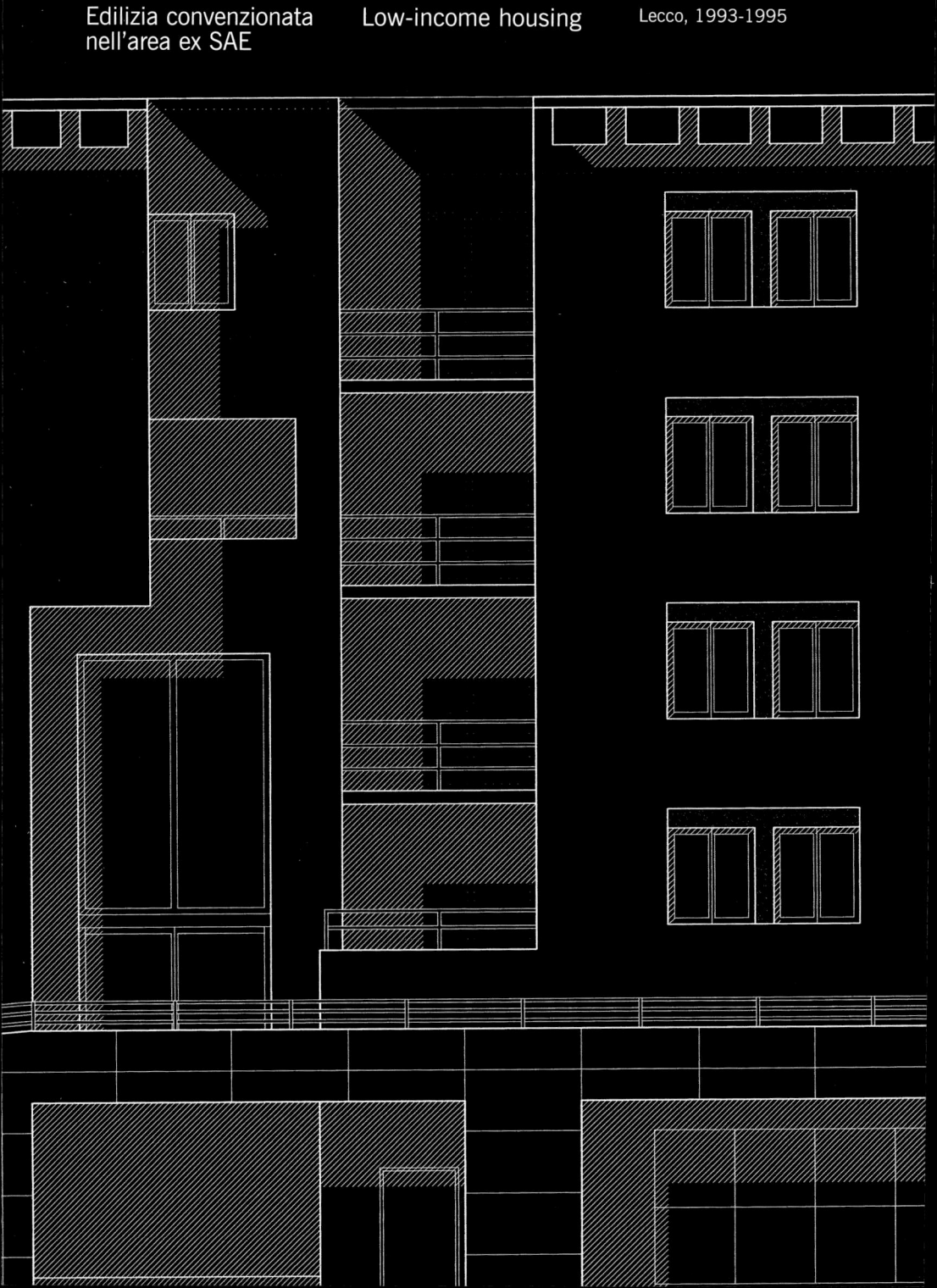

Edilizia convenzionata nell'area ex SAE — Low-income housing — Lecco, 1993-1995

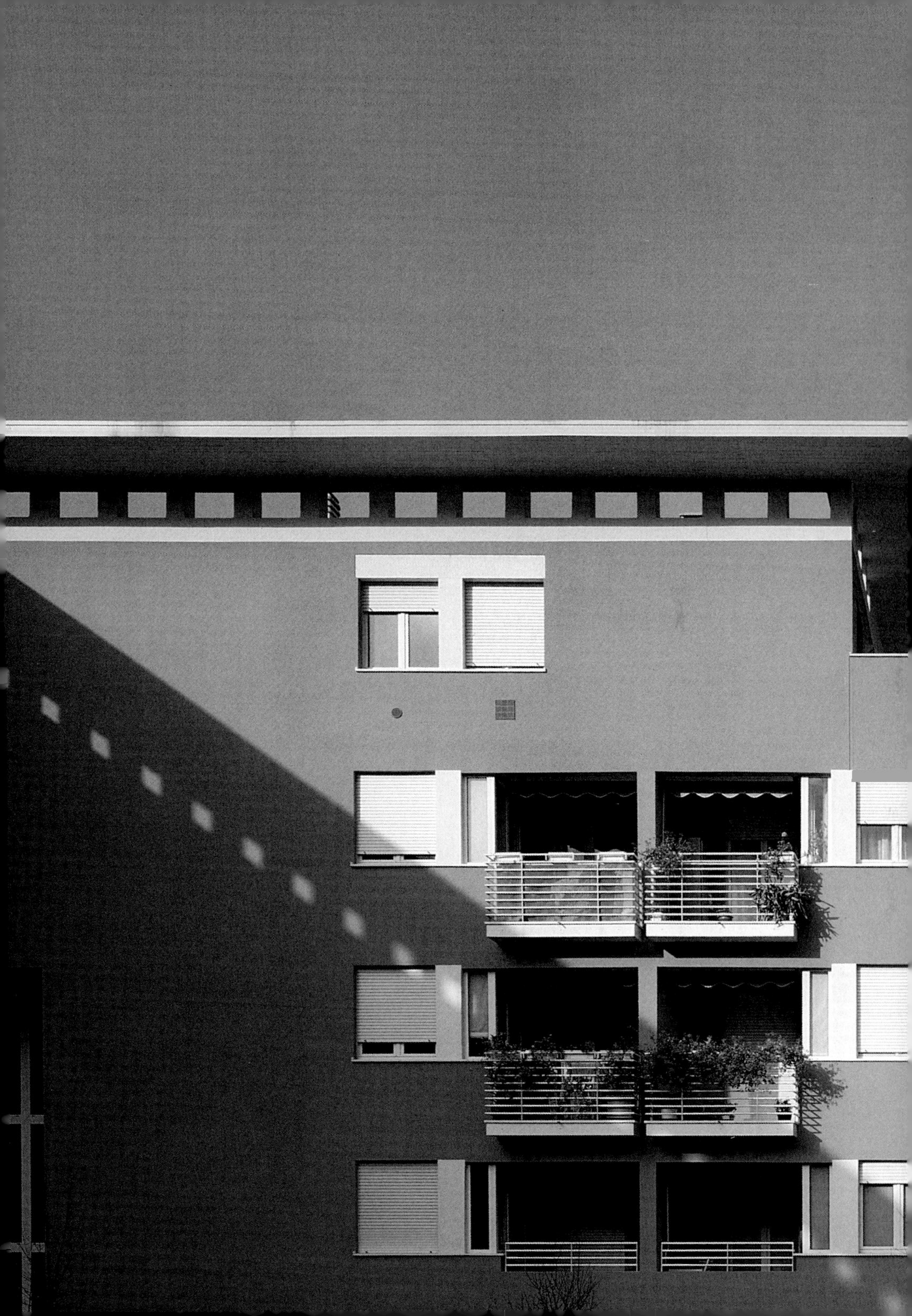

Residenze
per i dipendenti
di un'industria tessile

Employee housing
for a textile factory

Con / with L. Meneghetti,
G. Stoppino
Cameri (Novara), 1954

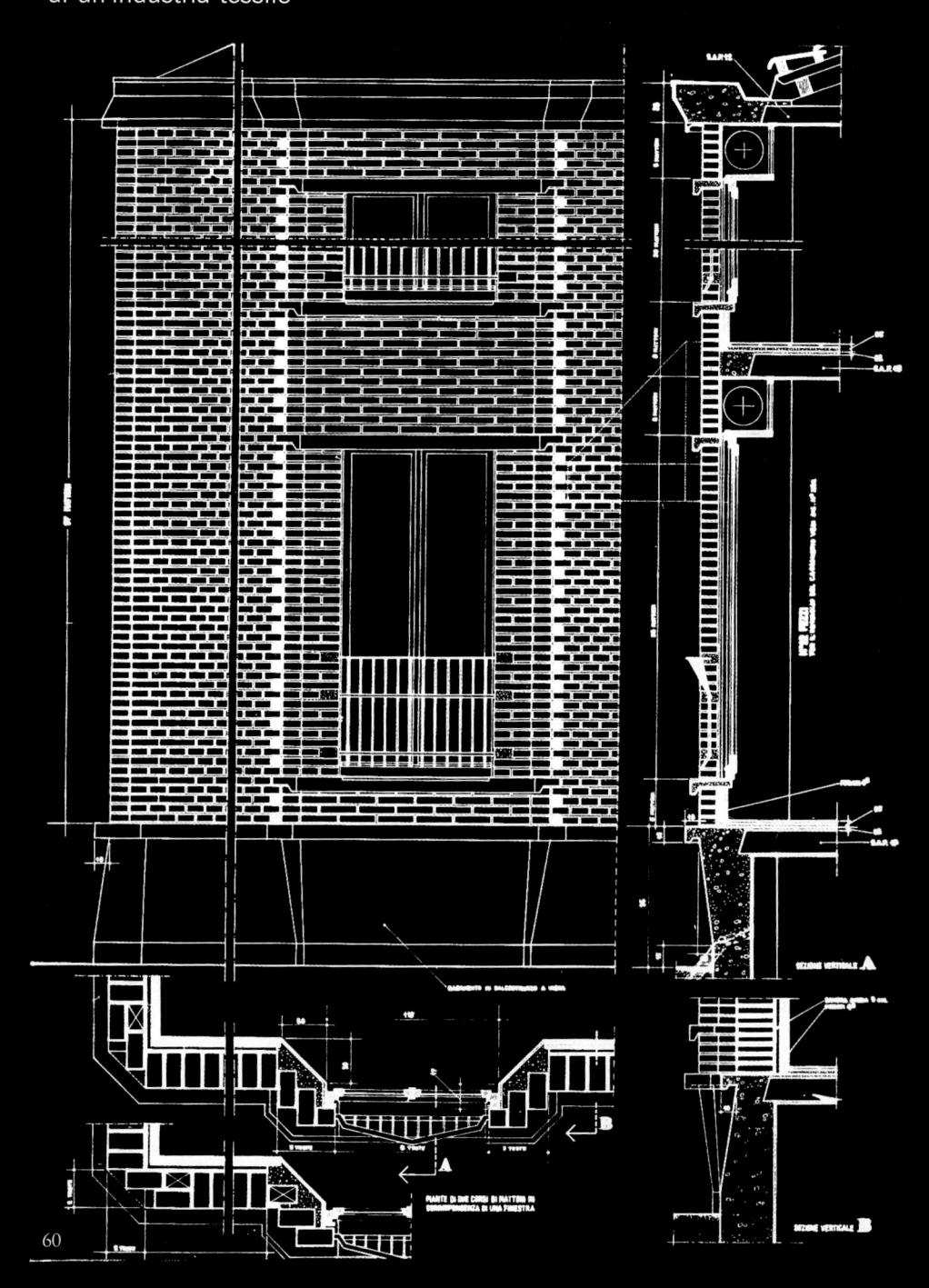

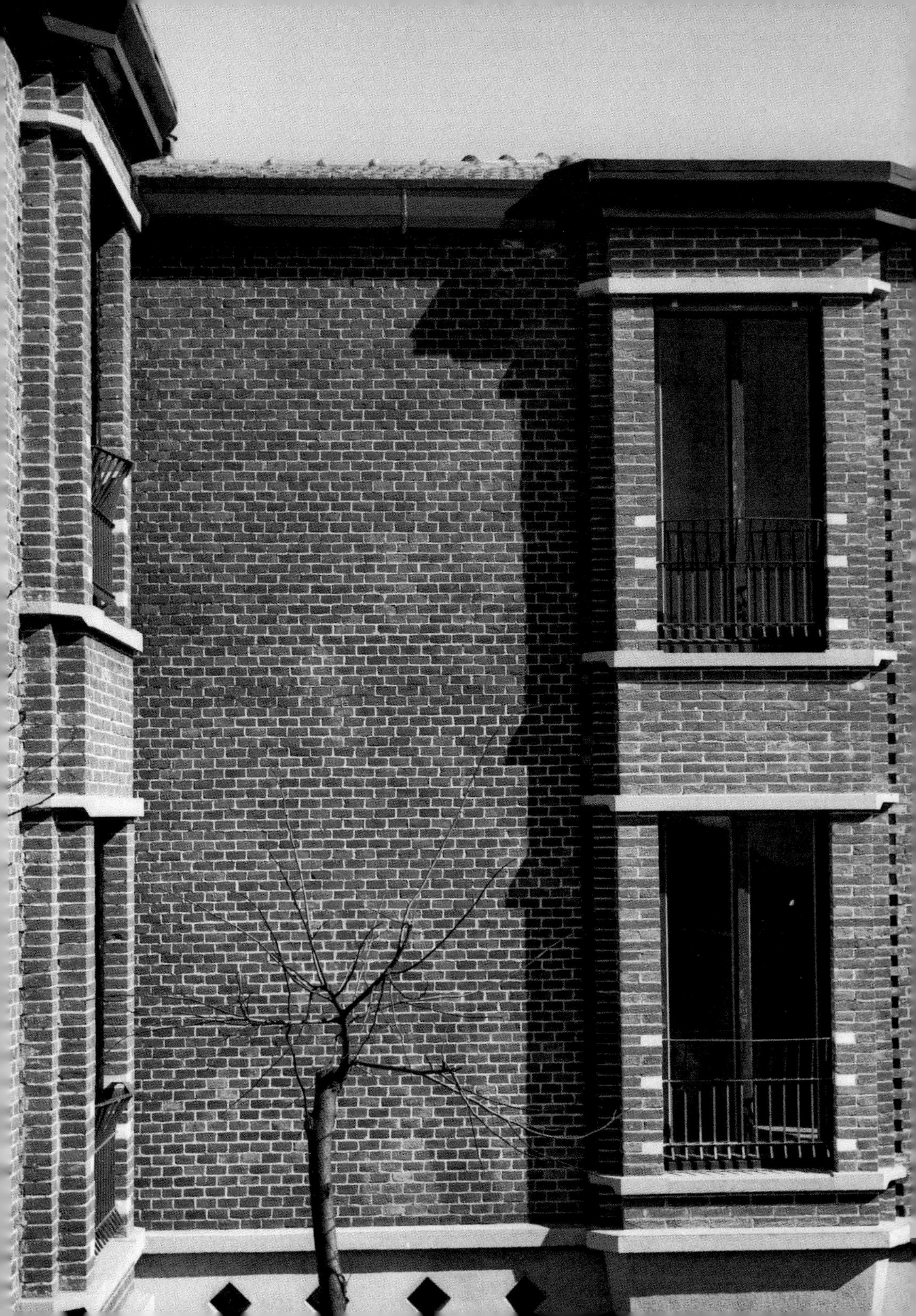

Sede del
Gruppo Siemens
alla Bicocca

Headquarters
for Gruppo Siemens
in Bicocca

Milano, 1994-1997

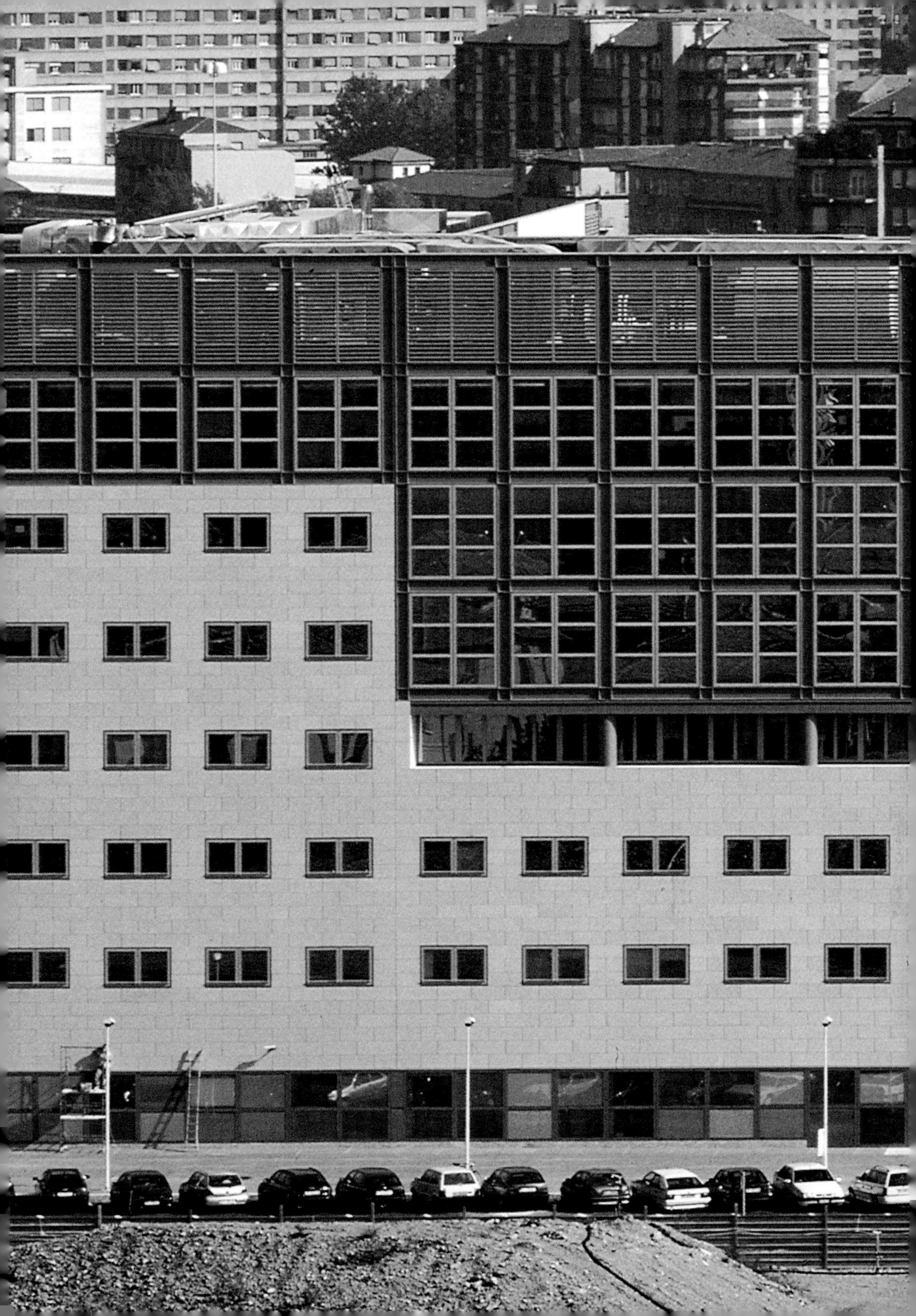

Centro urbano
Piazzale Kennedy

Urban centre
Piazzale Kennedy

La Spezia
1993-1998

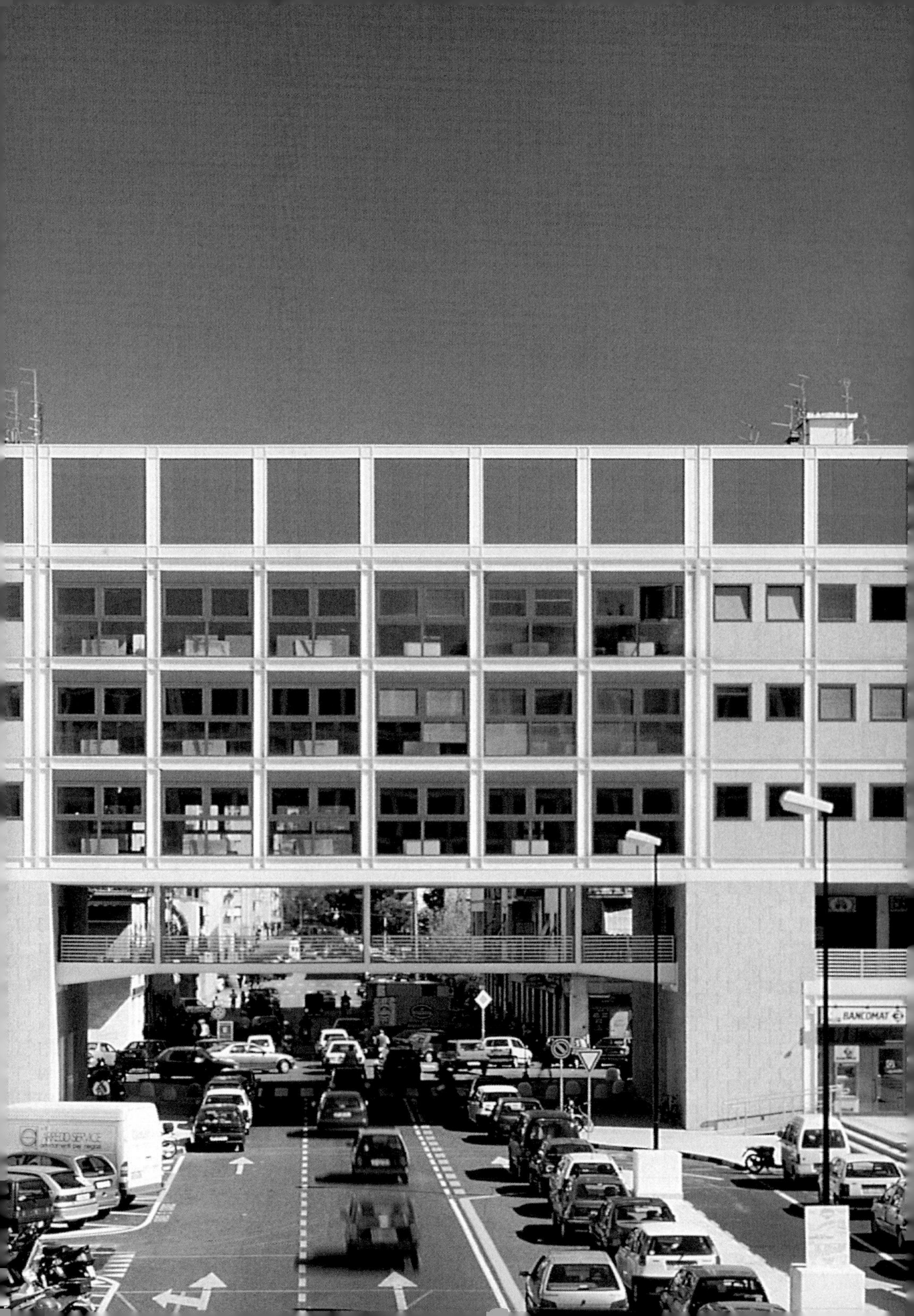
BANCOMAT

1. Dettagli frontali / Frontal details

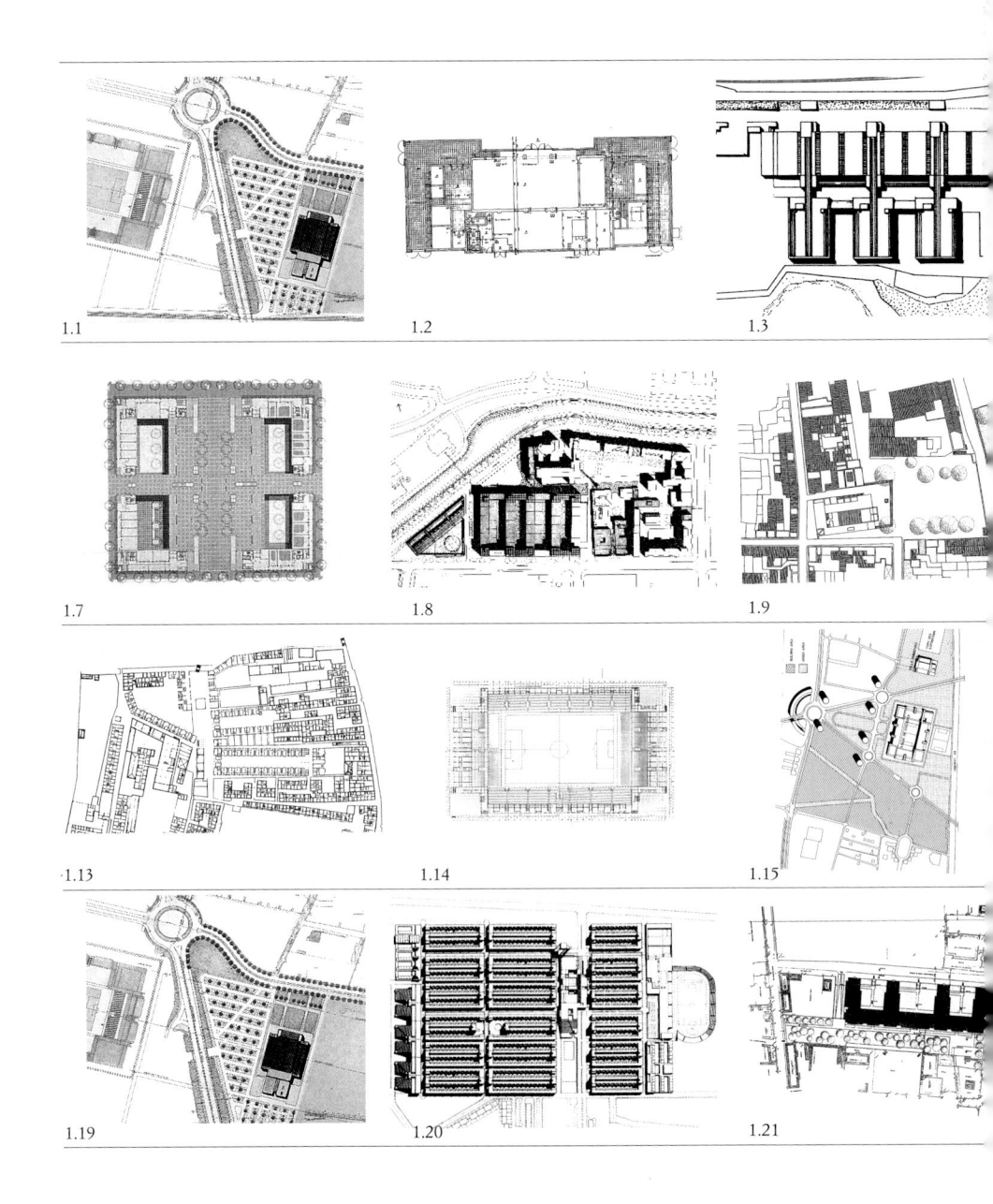

1.1

1.2

1.3

1.7

1.8

1.9

1.13

1.14

1.15

1.19

1.20

1.21

1.4
1.5
1.6

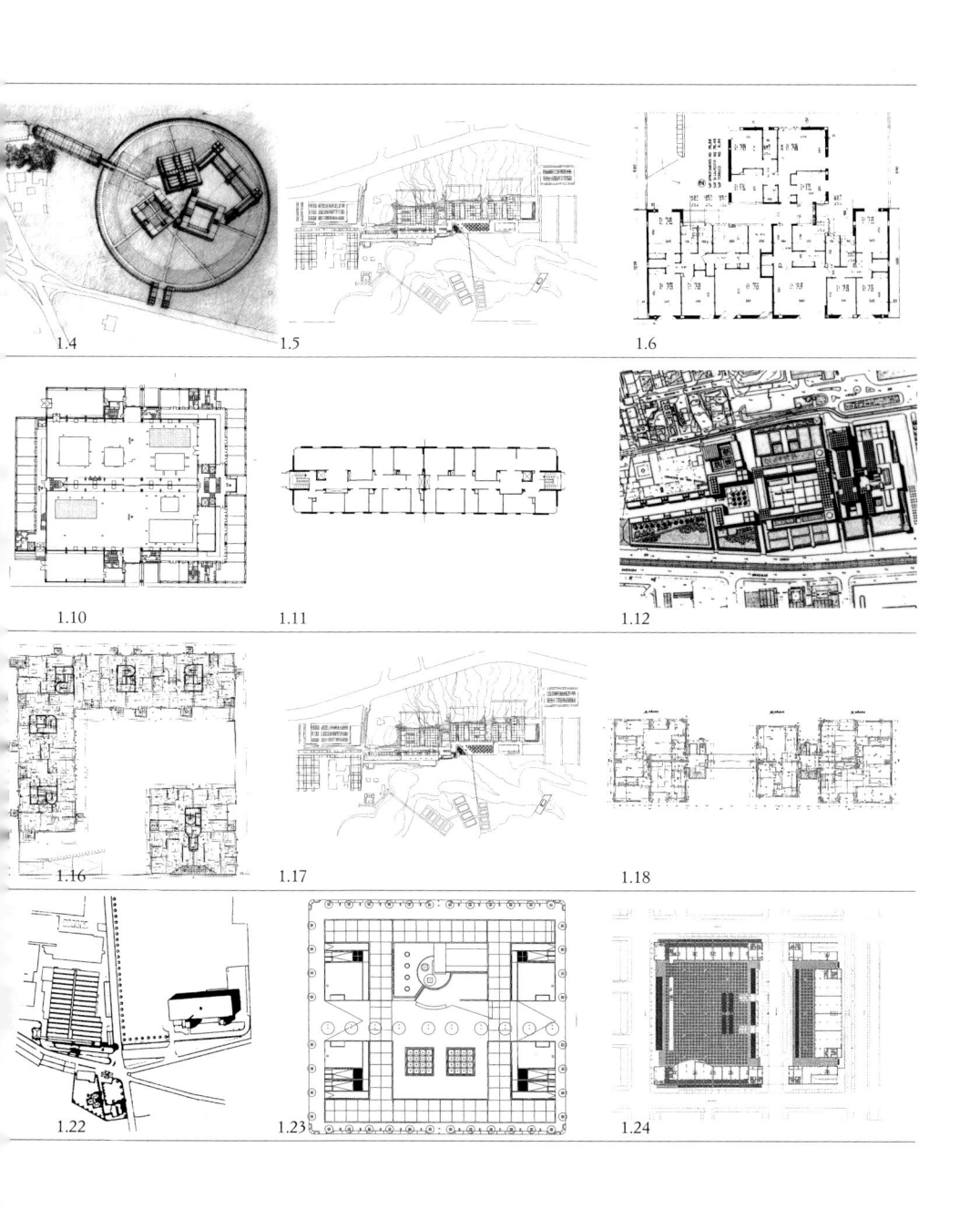

1.10
1.11
1.12

1.16
1.17
1.18

1.22
1.23
1.24

1. Dettagli frontali / Frontal details

1.1 Stadio di calcio e rugby
Nîmes, 1986-1987
Rugby and soccer stadium
Nîmes, 1986-1987

1.2 Centrale sperimentale
AEM alla Bicocca
Milano, 1989-1993
Experimental Power Plant
in Bicocca
Milano, 1989-1993

1.3 Centro ricerche ENEA
Portici (Napoli),
1984-1986
ENEA research centre
Portici (Napoli),
1984-1986

1.4 Sede dell'azienda
municipalizzata pubblici
servizi, con F. Mascellani
M. Felisetti
Parma 1987-1990
Headquarters for the
public service agency, with
F. Mascellani, M. Felisetti
Parma 1987-1990

1.5 Dipartimenti di Scienze
dell'Università degli Studi
al Parco d'Orléans,
con G. Pollini
Palermo, 1969-1988
Science departments in
Parco d'Orléans,
with G. Pollini
Palermo, 1969-1988

1.6 Edifici per abitazione
in cooperativa,
con L. Meneghetti,
G. Stoppino
Milano, 1962-1964
Residential buildings,
with L. Meneghetti,
G. Stoppino
Milano, 1962-1964

1.7 Dipartimenti scientifici
della Nuova Università
degli Studi di Milano
Bicocca
Milano, 1994-1999
Science departments for
the Nuova Università degli
Studi di Milano-Bicocca
Milano, 1994-1999

1.8 Casa a corte in
Lützowstraße
Berlin, 1984-1986
Residential housing in
Lützowstraße
Berlin, 1984-1986

1.9 Biblioteca comunale
Menfi (Agrigento),
1984-1992
Public library
Menfi (Agrigento),
1984-1992

1.10 Centro ricerche ENEA
alla Casaccia
Roma, 1985-1988
ENEA research centre
in Casaccia
Roma, 1985-1988

1.11 Case d'affitto V.F.G.,
con L. Meneghetti,
G. Stoppino
Novara, 1957
Rental housing V.F.G.,
with L. Meneghetti,
G. Stoppino
Novara, 1957

1.12 Centro culturale a Belém,
con M. Salgado
Lisboa, 1988-1993
Belém cultural centre,
with M. Salgado
Lisboa, 1988-1993
1.13 Quartiere per abitazioni
a Cannaregio
Venezia, 1981-2000
Residential development
in Cannaregio
Venezia, 1981-2000
1.14 Stadio "Luigi Ferraris"
Genova, 1986-1989
"Luigi Ferraris" stadium
Genova, 1986-1989
1.15 Palazzetto dello Sport
Nîmes, 1989-1991
Sports complex
Nîmes, 1989-1991
1.16 Edifici residenziali
a Spandau
Berlin, 1993-1998
Residential housing
in Spandau
Berlin, 1993-1998

1.17 Dipartimenti di Scienze
dell'Università degli Studi
al Parco d'Orléans,
con G. Pollini
Palermo, 1969-1988
Science departments
in Parco d'Orléans,
with G. Pollini
Palermo, 1969-1988
1.18 Edifici per abitazione
in cooperativa
Milano, 1962-1964
Residential buildings
Milano, 1962-1964
1.19 Palazzetto dello Sport
Nîmes, 1989-1991
Sports complex
Nîmes, 1989-1991
1.20 Quartiere residenziale
per 20.000 abitanti (ZEN),
con F. Amoroso,
S. Bisogni, H. Matsui,
F. Purini
Palermo, 1969-1973
Residential development
for 20.000 inhabitants
(ZEN), with F. Amoroso,
S. Bisogni, H. Matsui,
F. Purini
Palermo, 1969-1973

1.21 Edilizia convenzionata
nell'area ex SAE
Lecco, 1993-1995
Low-income housing
Lecco, 1993-1995
1.22 Residenze per i dipendenti
di un'industria tessile,
con L. Meneghetti,
G. Stoppino
Cameri (Novara), 1954
Employee housing for a
textile factory,
with L. Meneghetti,
G. Stoppino
Cameri (Novara), 1954
1.23 Sede del Gruppo Siemens
alla Bicocca
Milano, 1994-1997
Headquarters for Gruppo
Siemens in Bicocca
Milano, 1994-1997
1.24 Centro urbano Piazzale
Kennedy
La Spezia, 1993-1998
Urban centre Piazzale
Kennedy
La Spezia, 1993-1998

2. Parti complesse / Complex elements

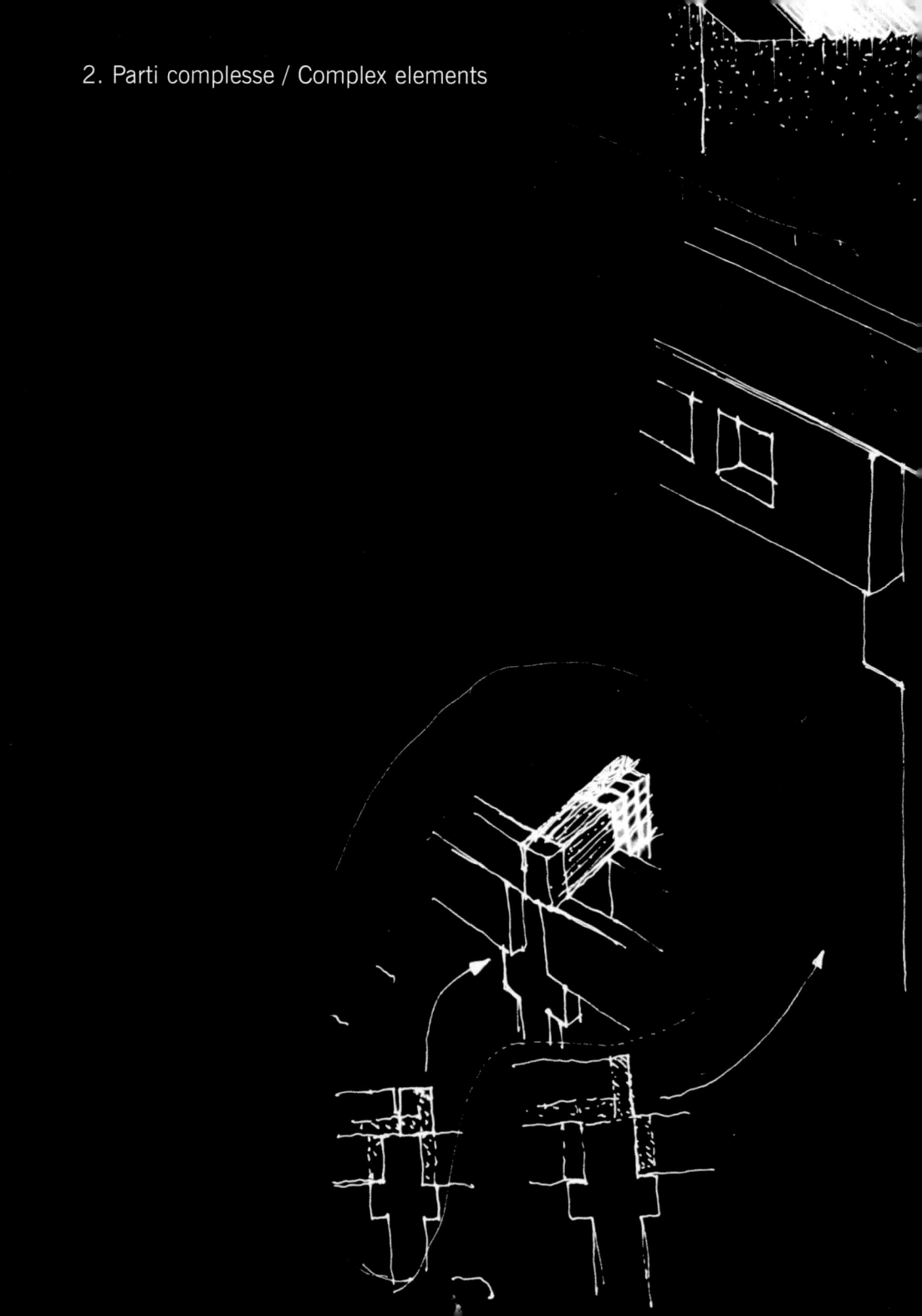

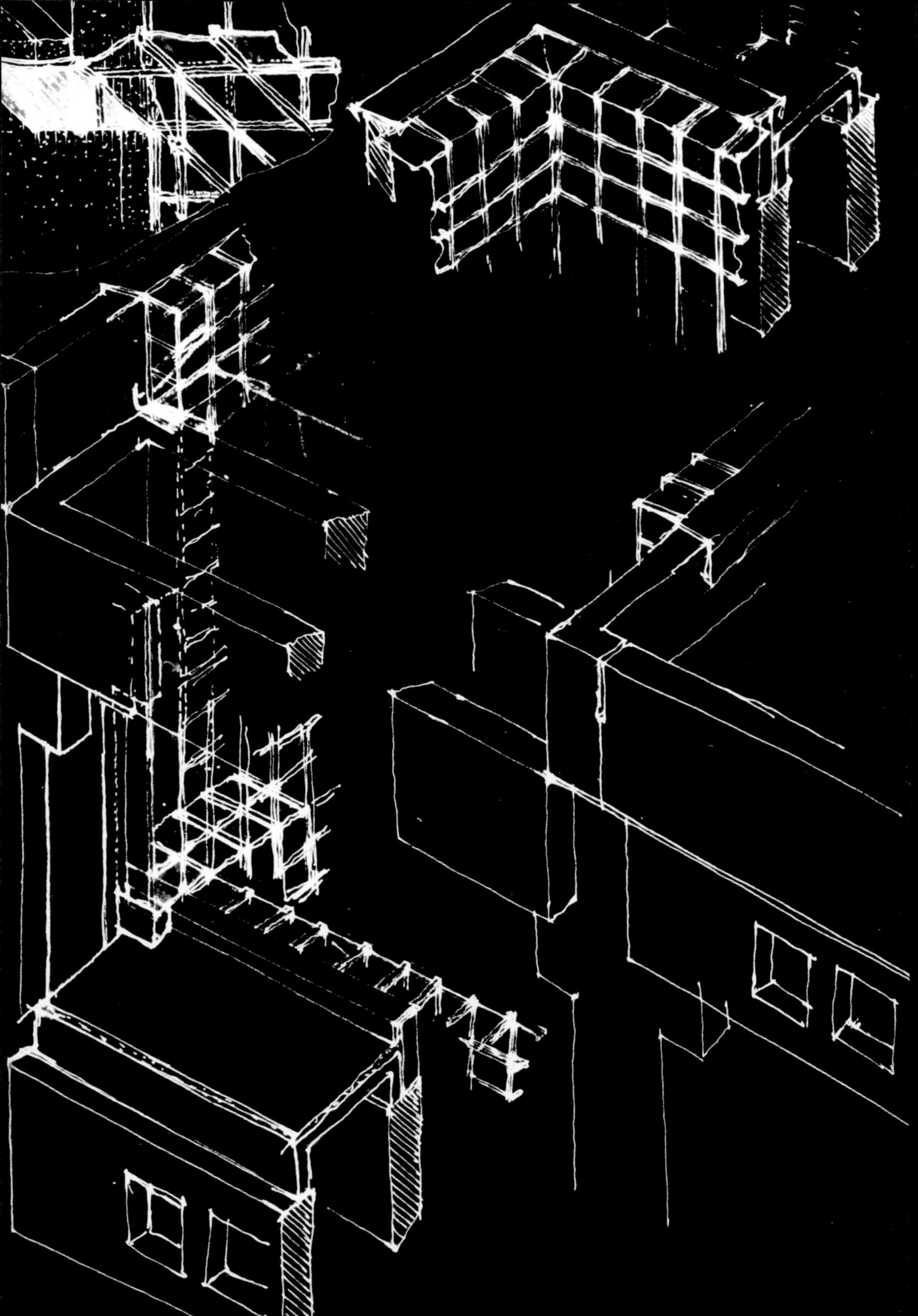

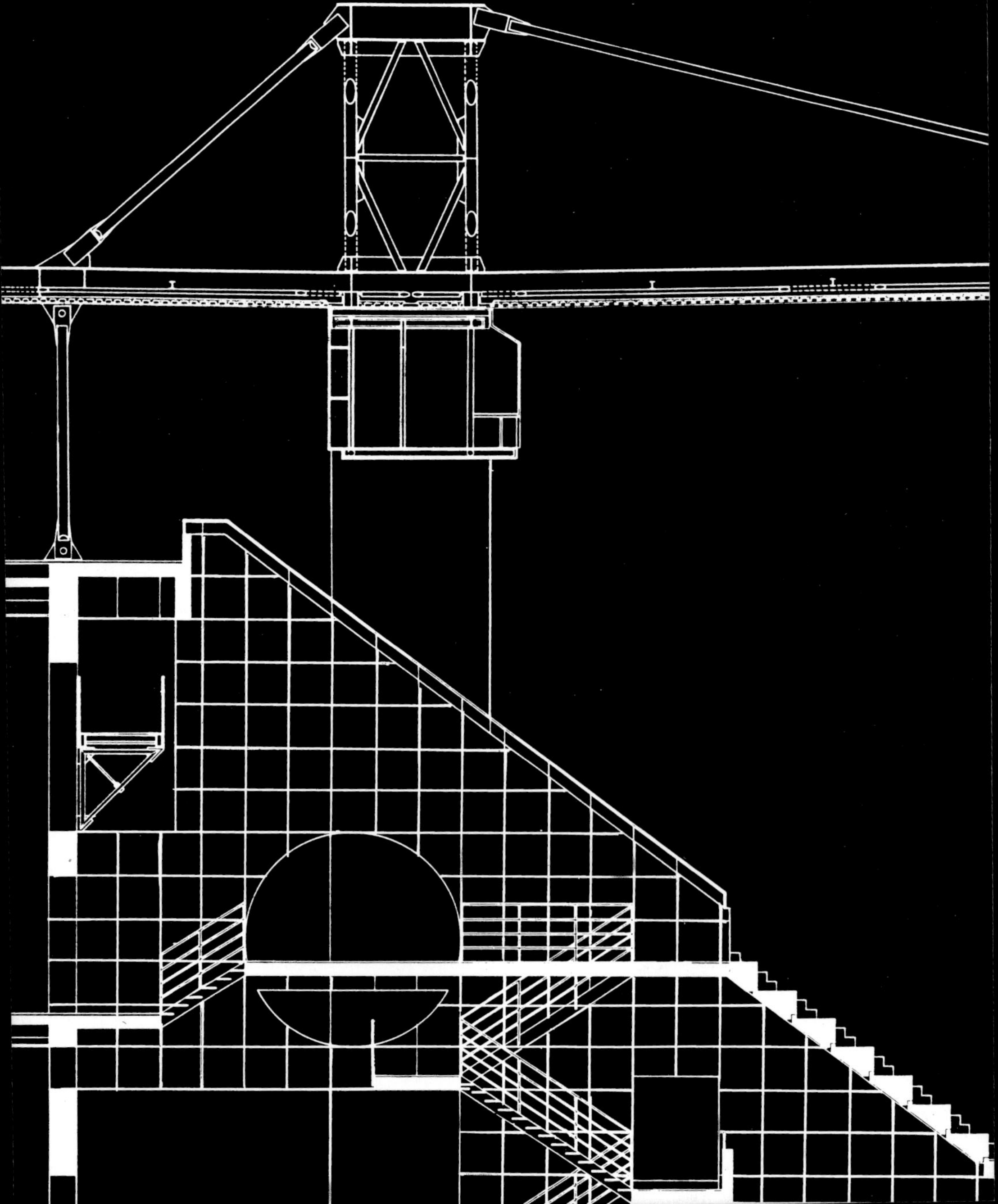

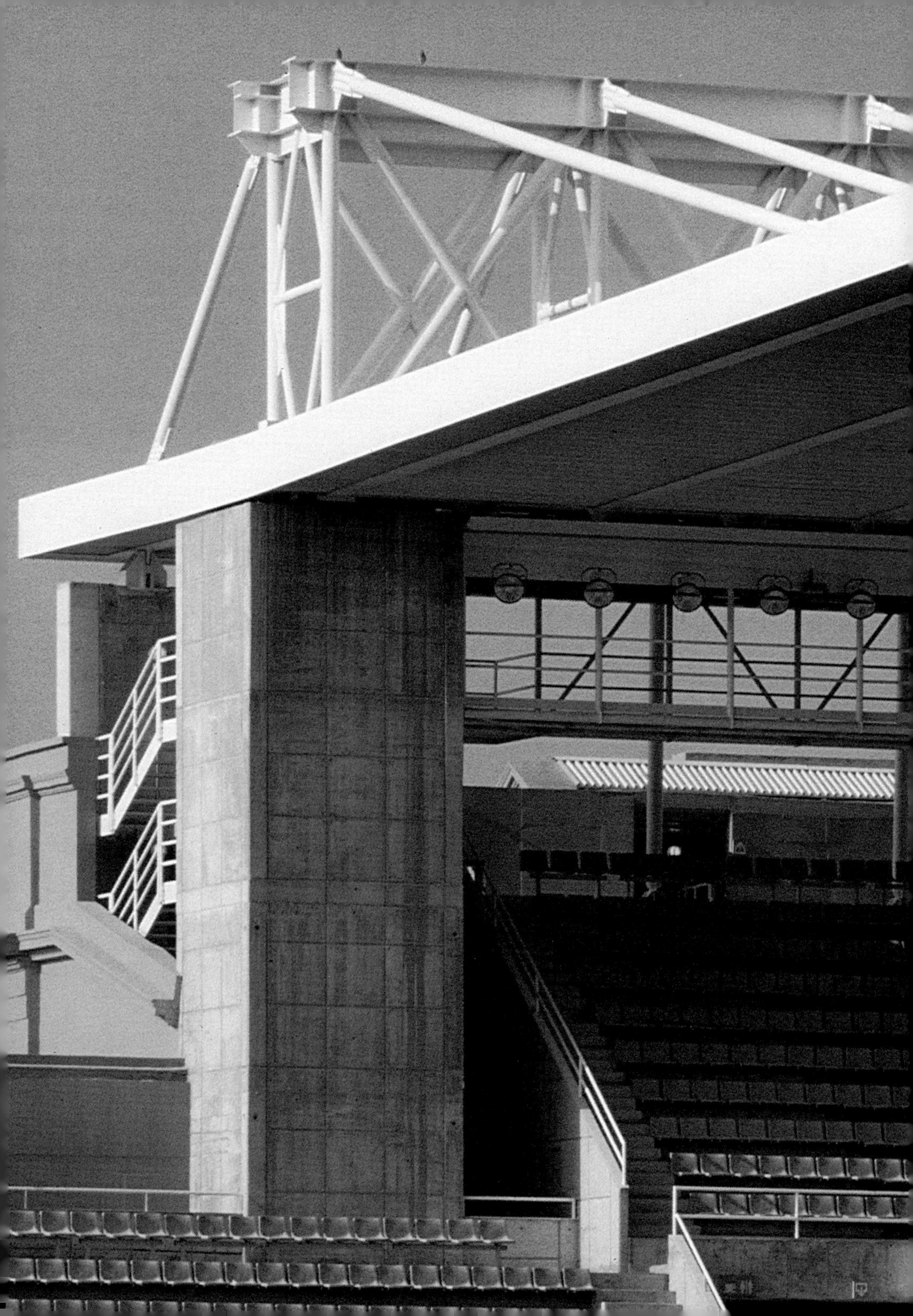

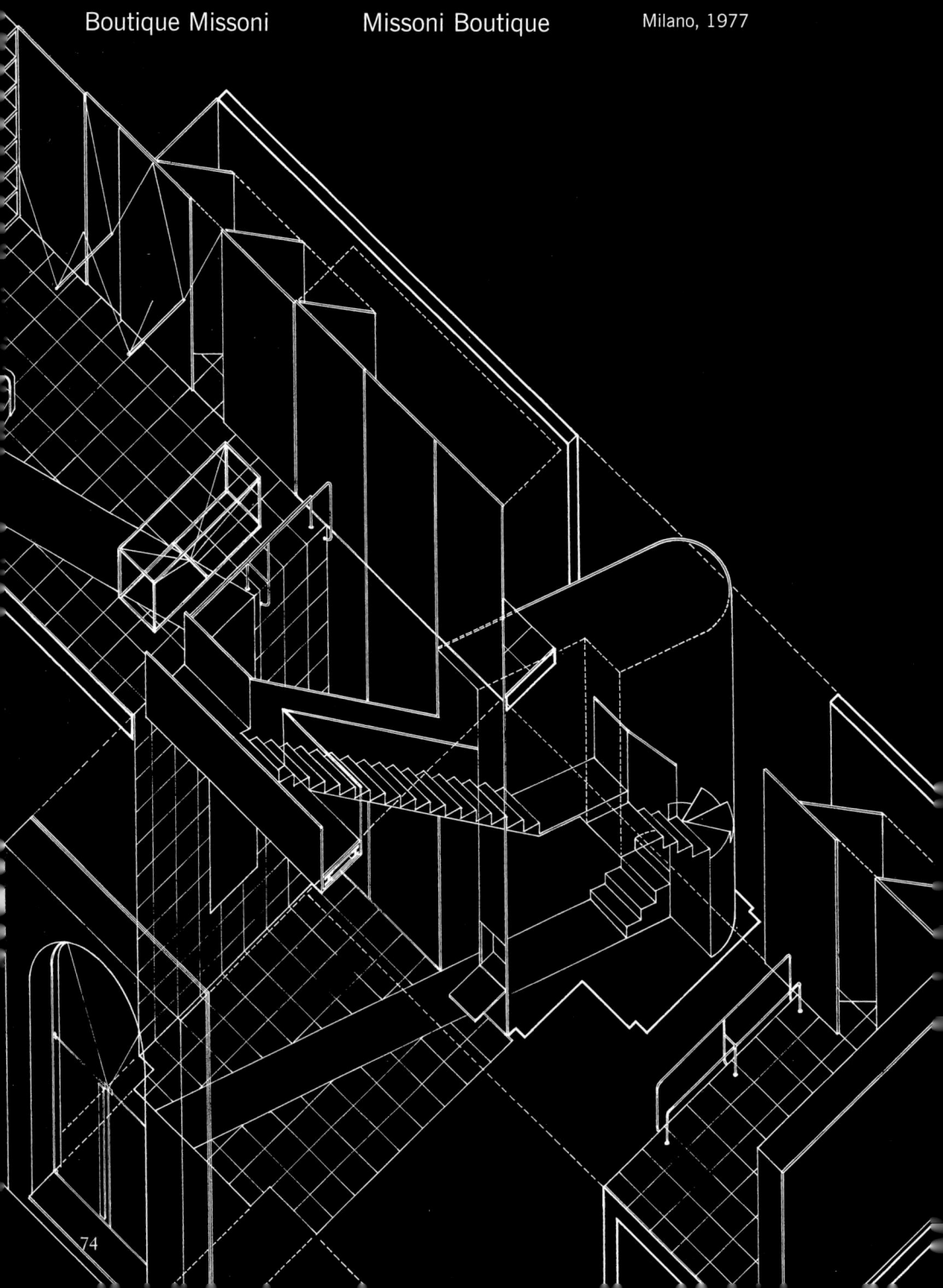

Boutique Missoni   Missoni Boutique   Milano, 1977

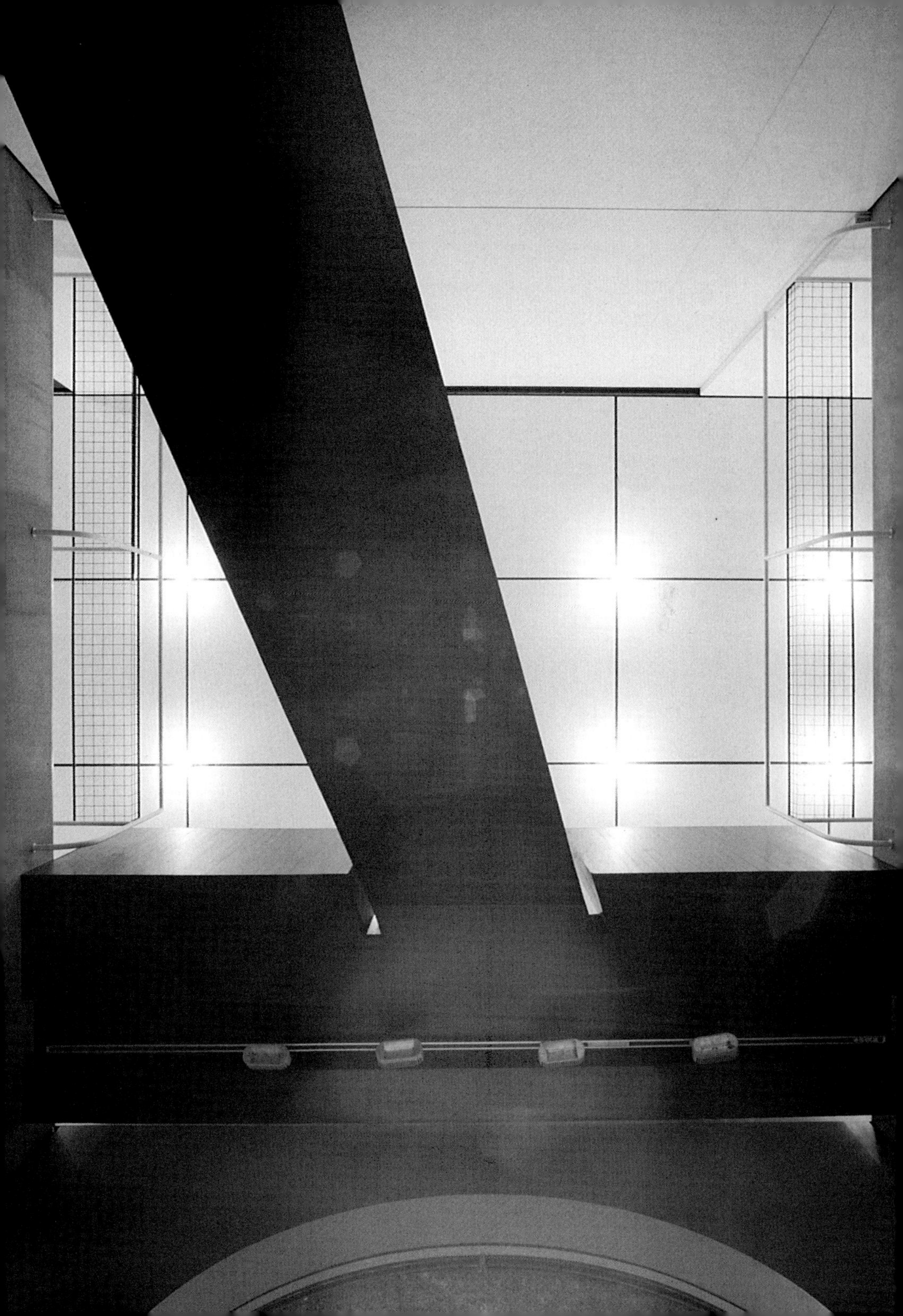

Sede dell'Università degli Studi della Calabria

Headquarters for the Università degli Studi della Calabria

Con / with E. Battisti, H. Matsui, P. Nicolin, F. Purini, C. Rusconi Clerici, B. Viganò
Cosenza, 1973-1979

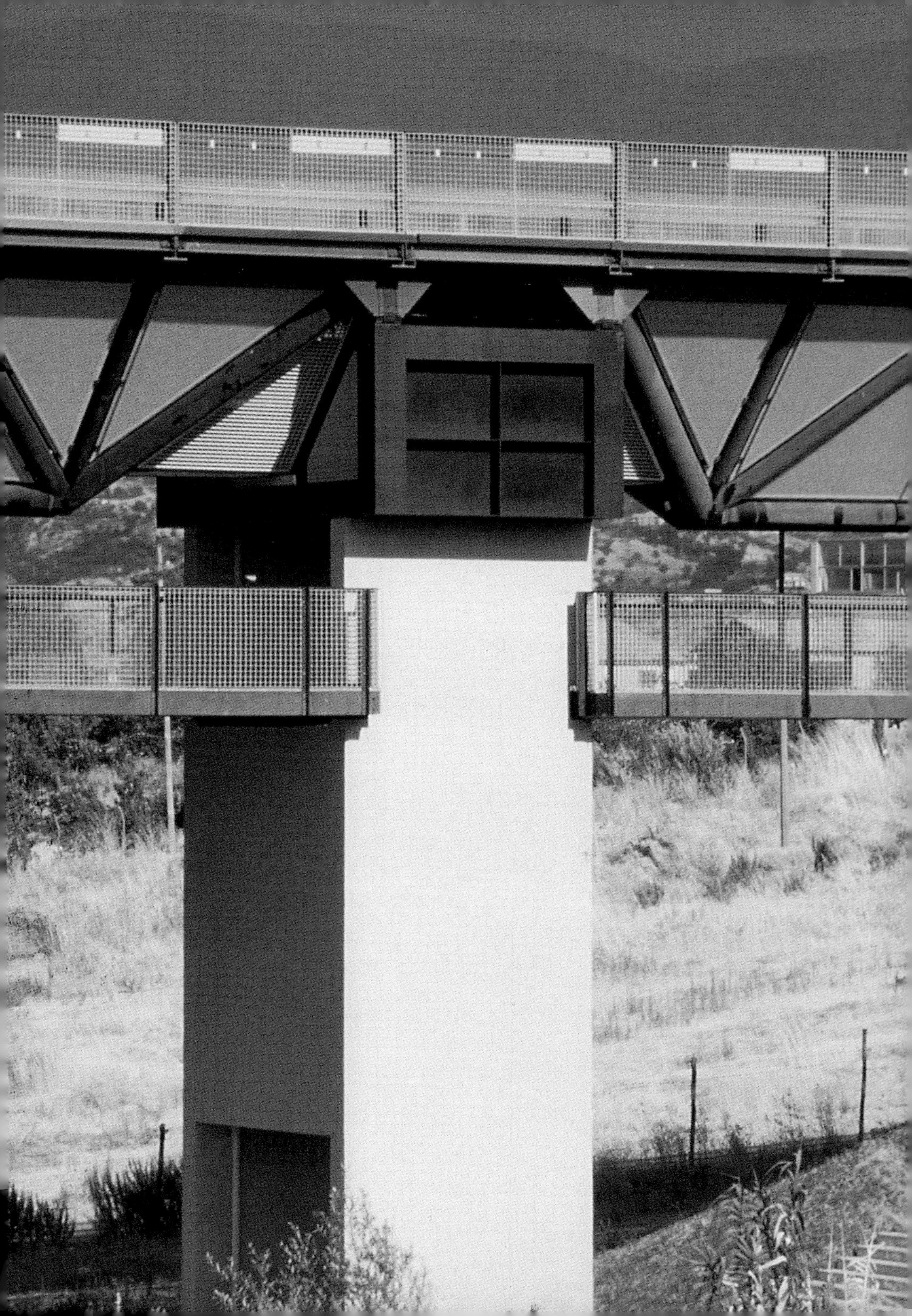

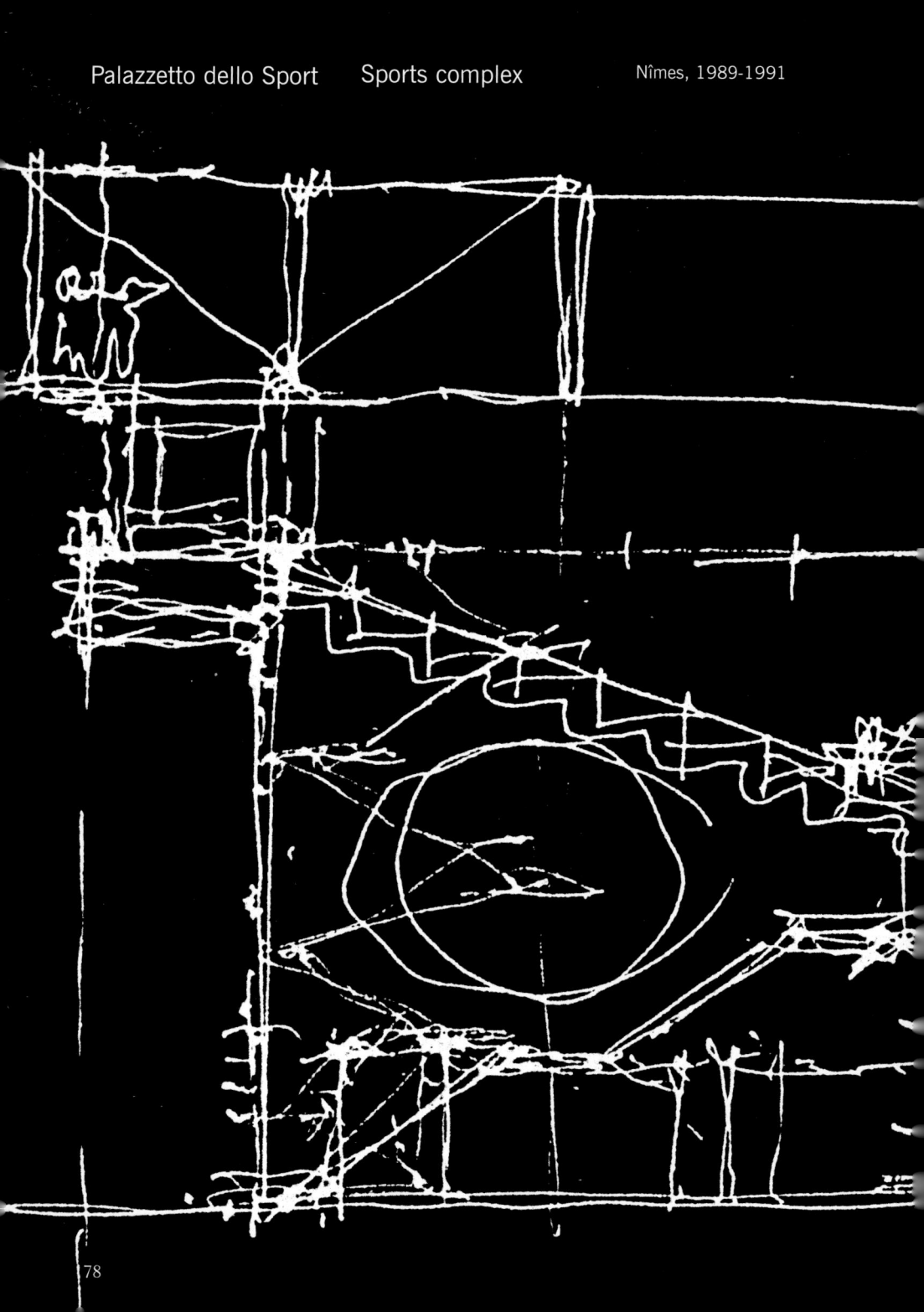

Palazzetto dello Sport   Sports complex   Nîmes, 1989-1991

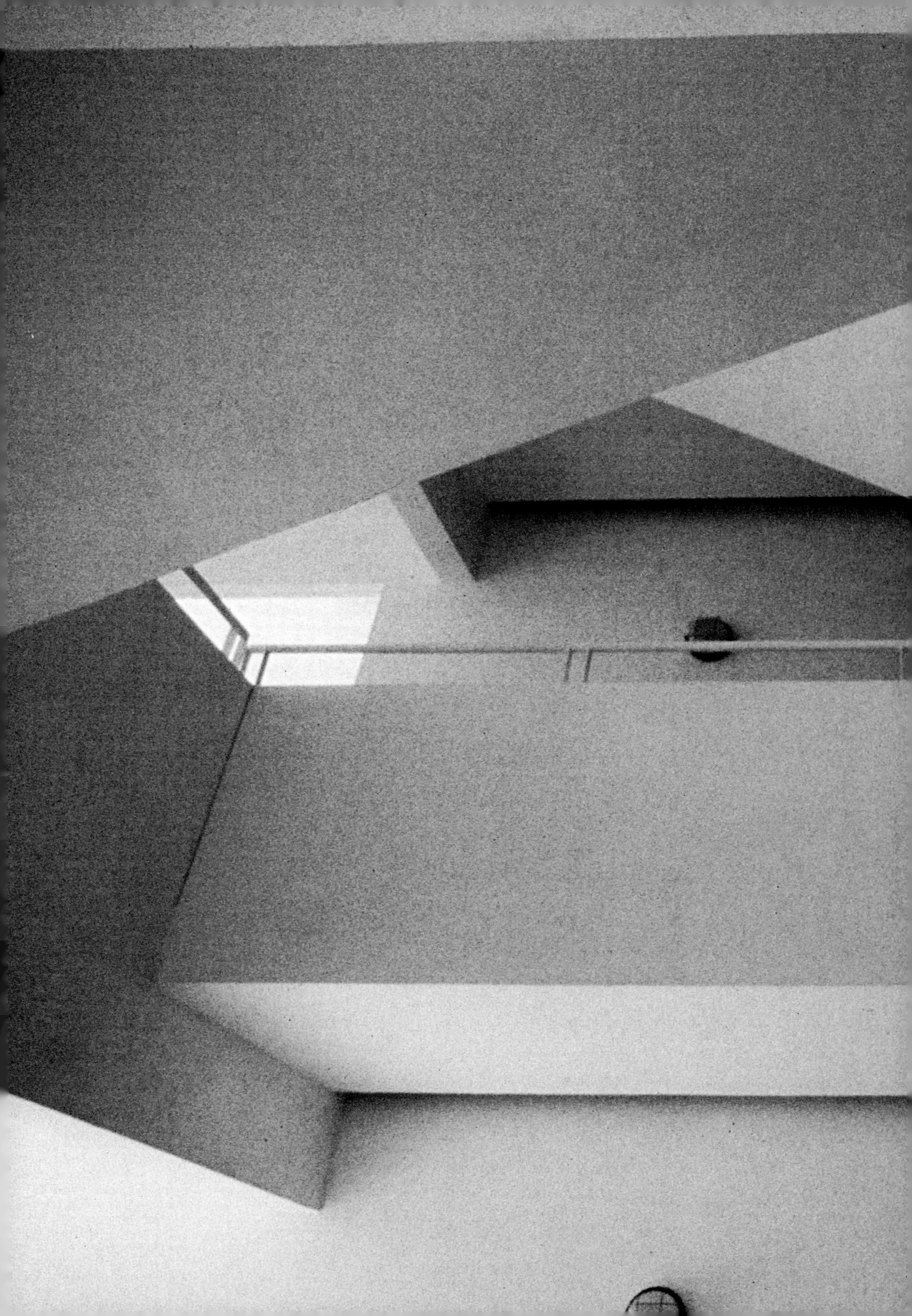

80

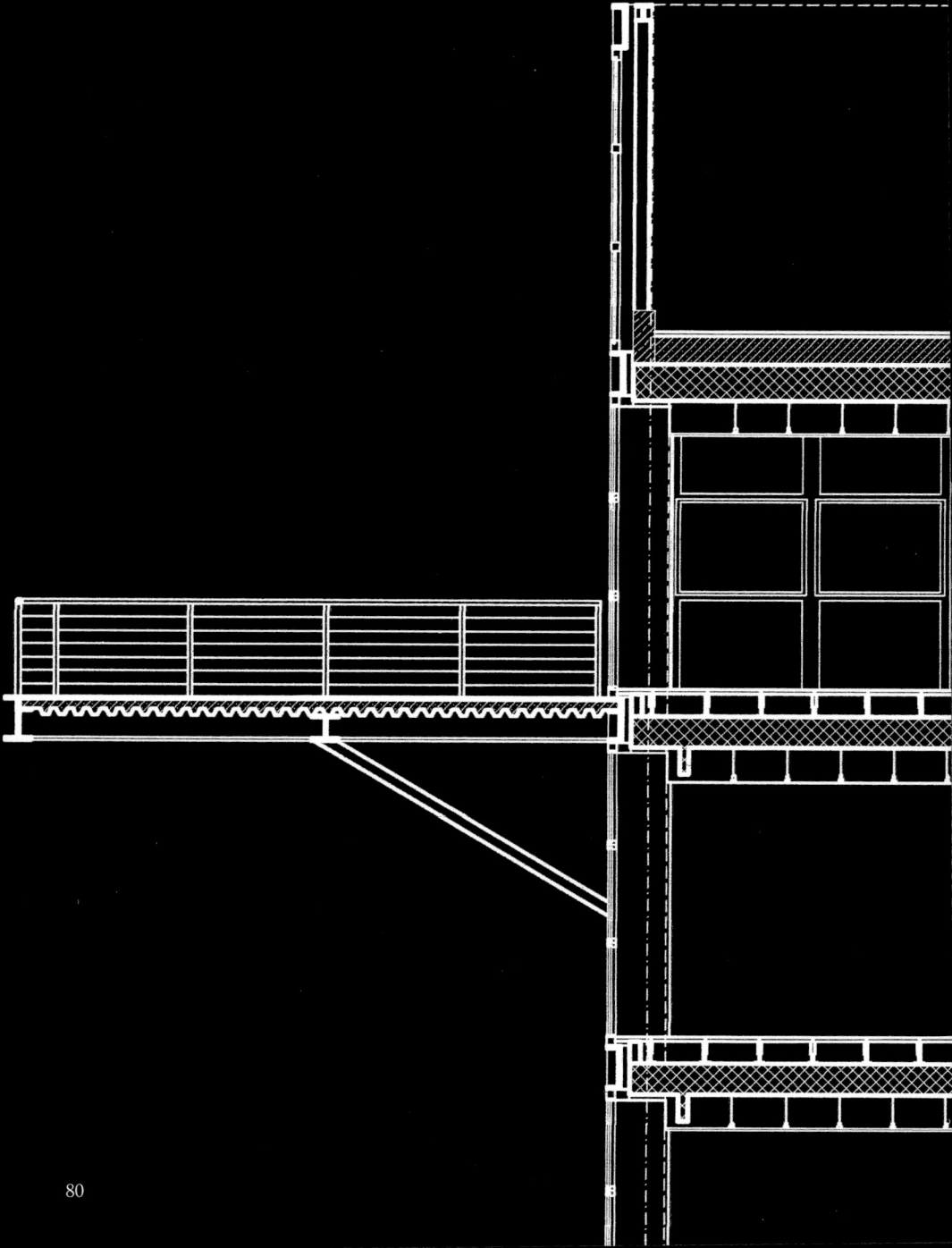

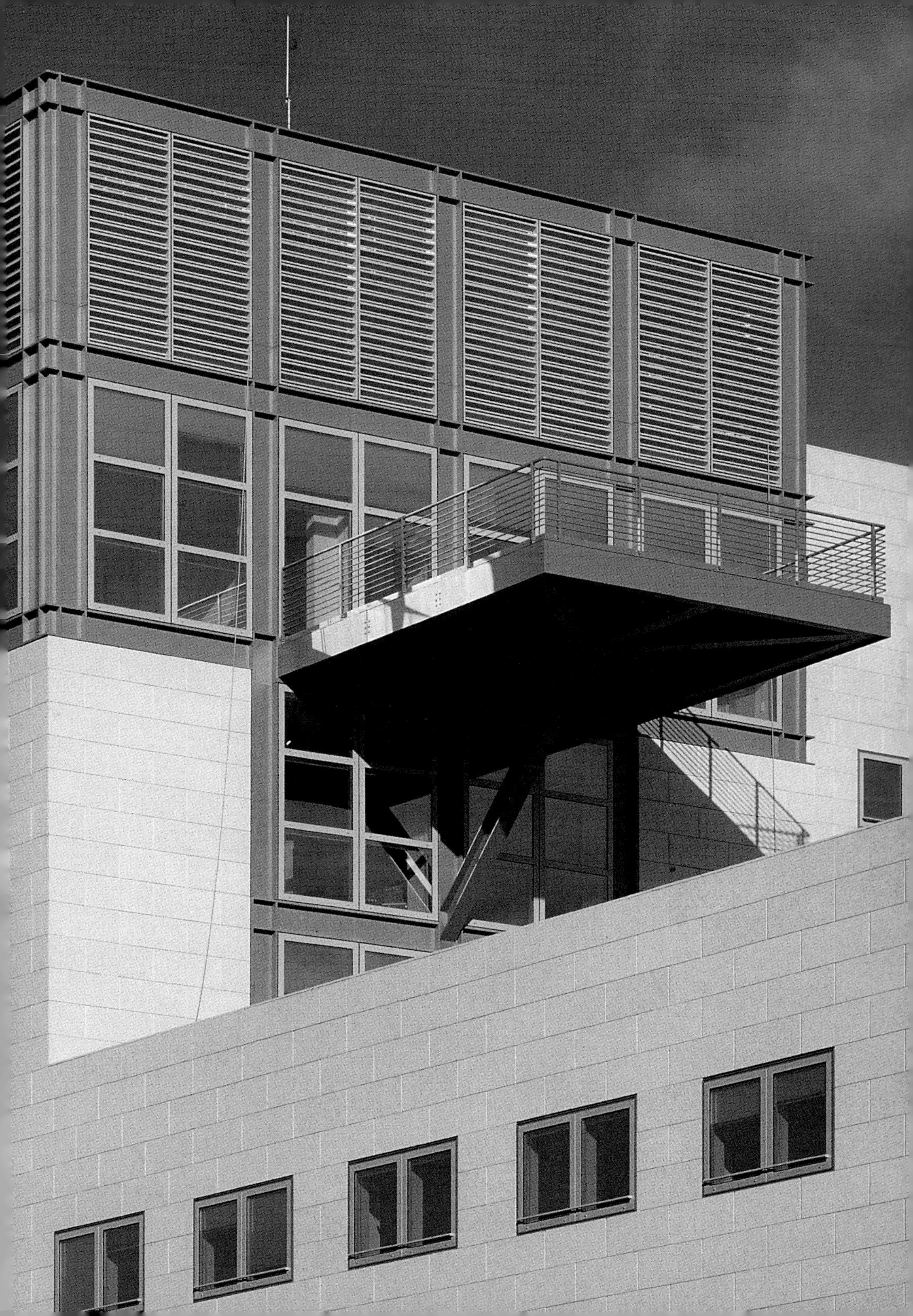

Sede dell'Università degli Studi della Calabria

Headquarters for the Università degli Studi della Calabria

Con / with E. Battisti, H. Matsui, P. Nicolin, F. Purini, C. Rusconi Clerici, B. Viganò
Cosenza, 1973-1979

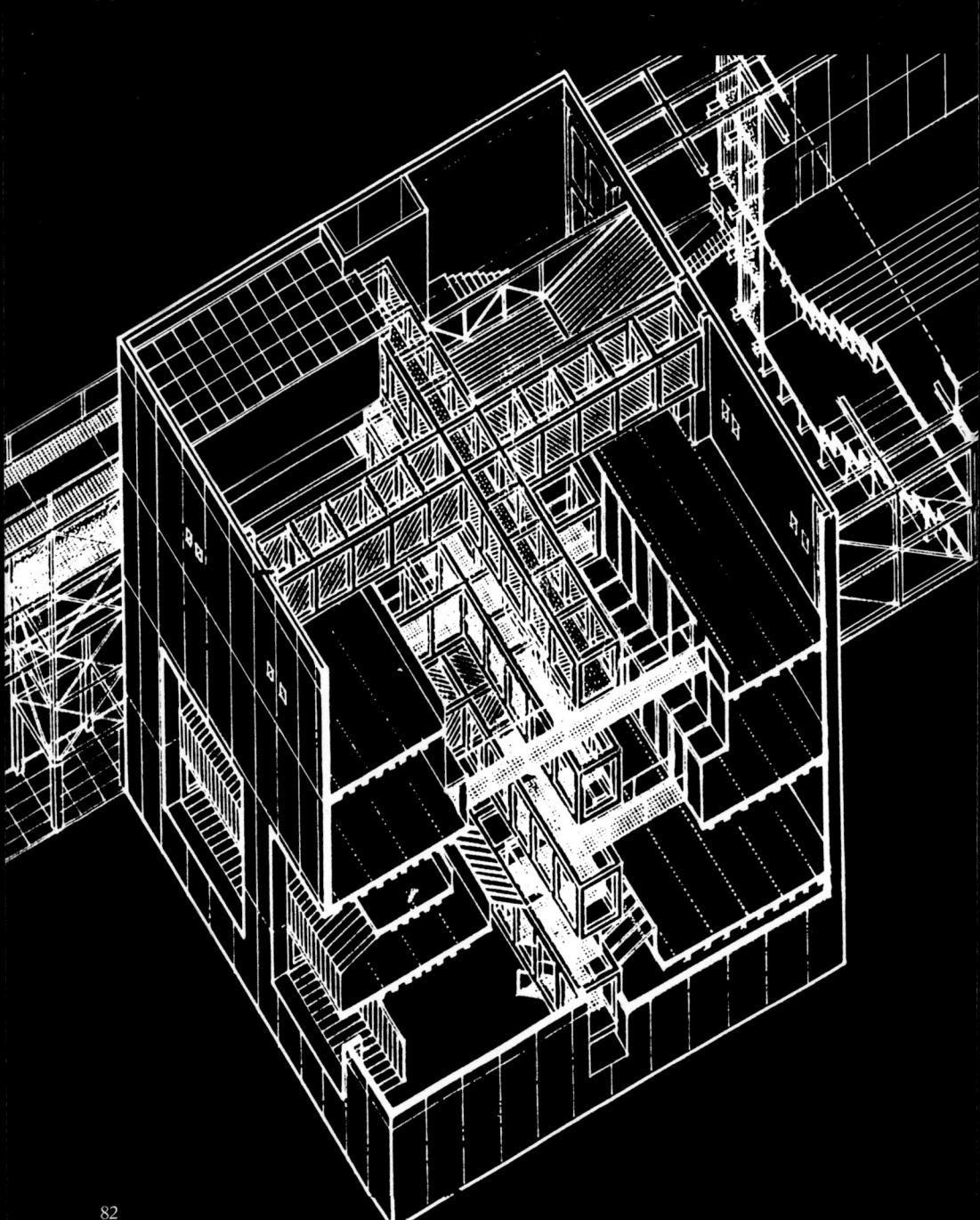

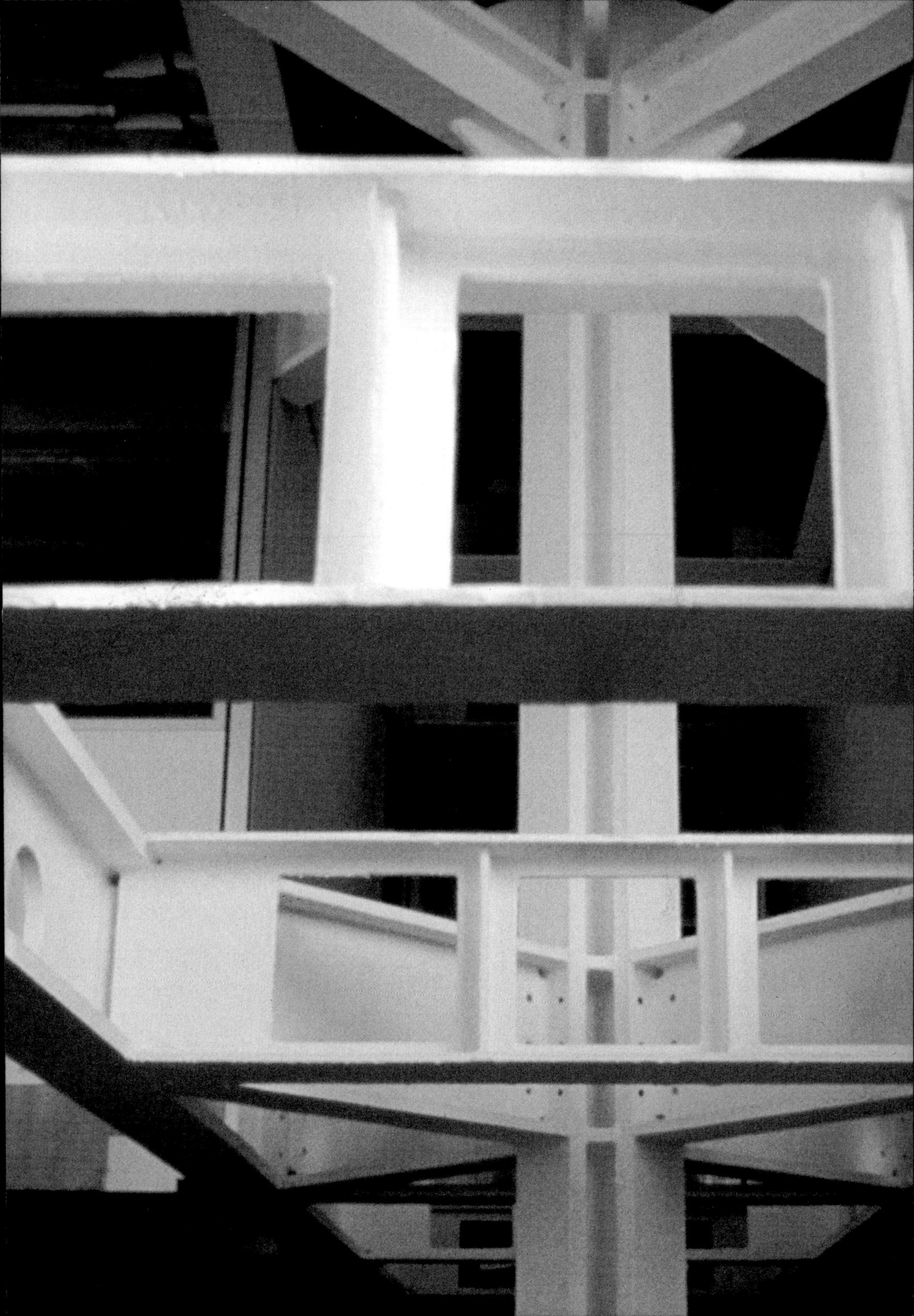

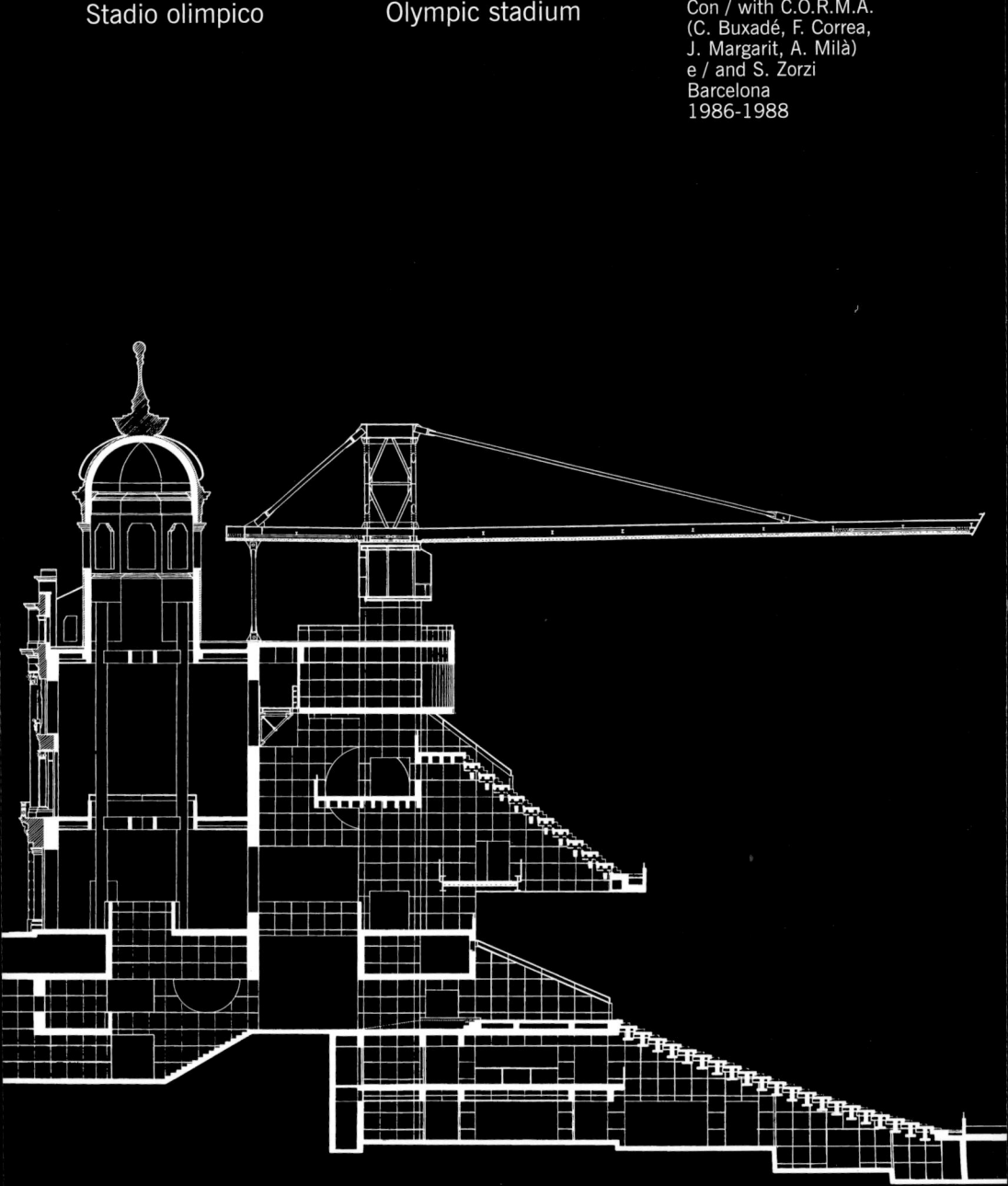

Stadio olimpico   Olympic stadium   Con / with C.O.R.M.A.
(C. Buxadé, F. Correa,
J. Margarit, A. Milà)
e / and S. Zorzi
Barcelona
1986-1988

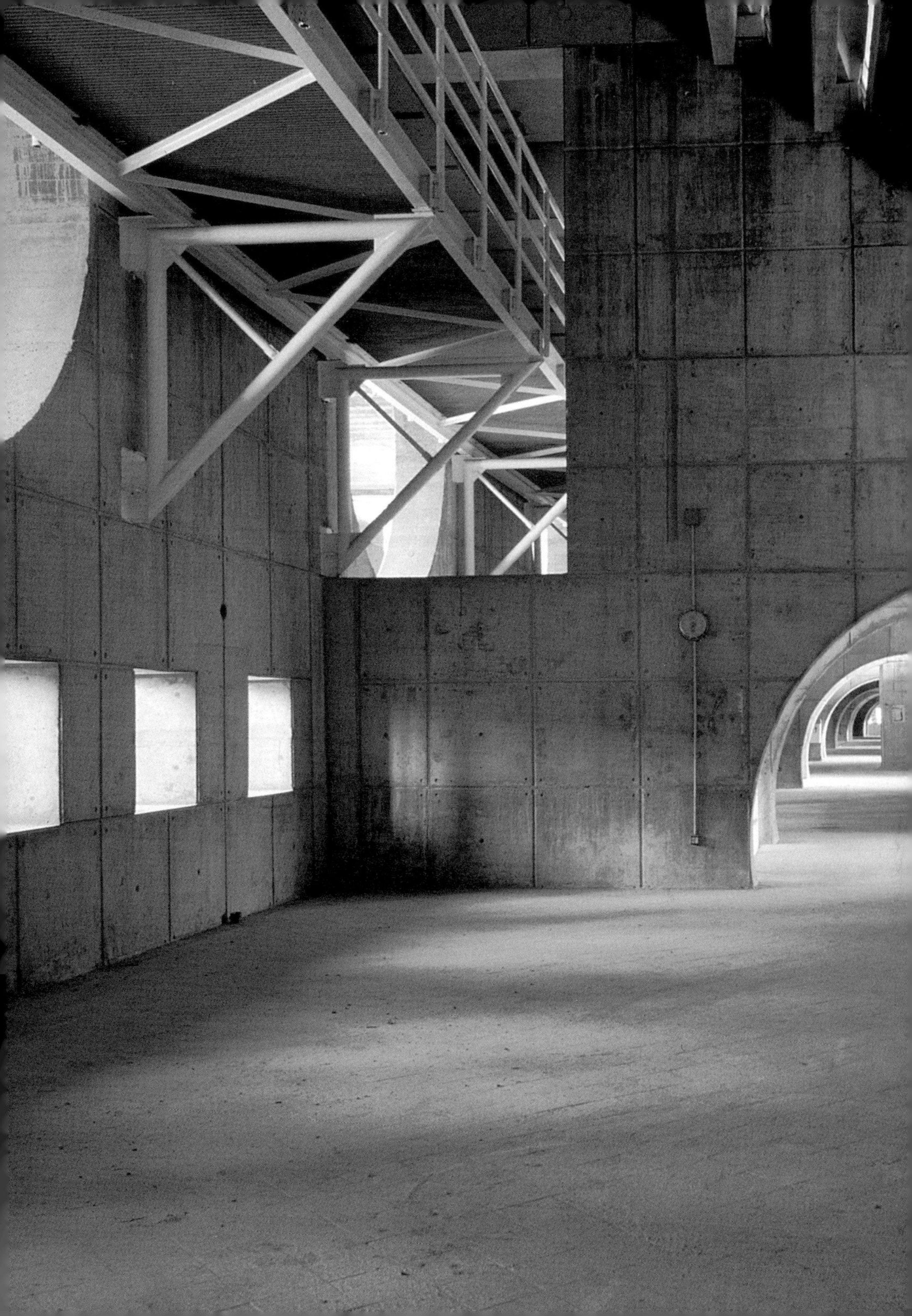

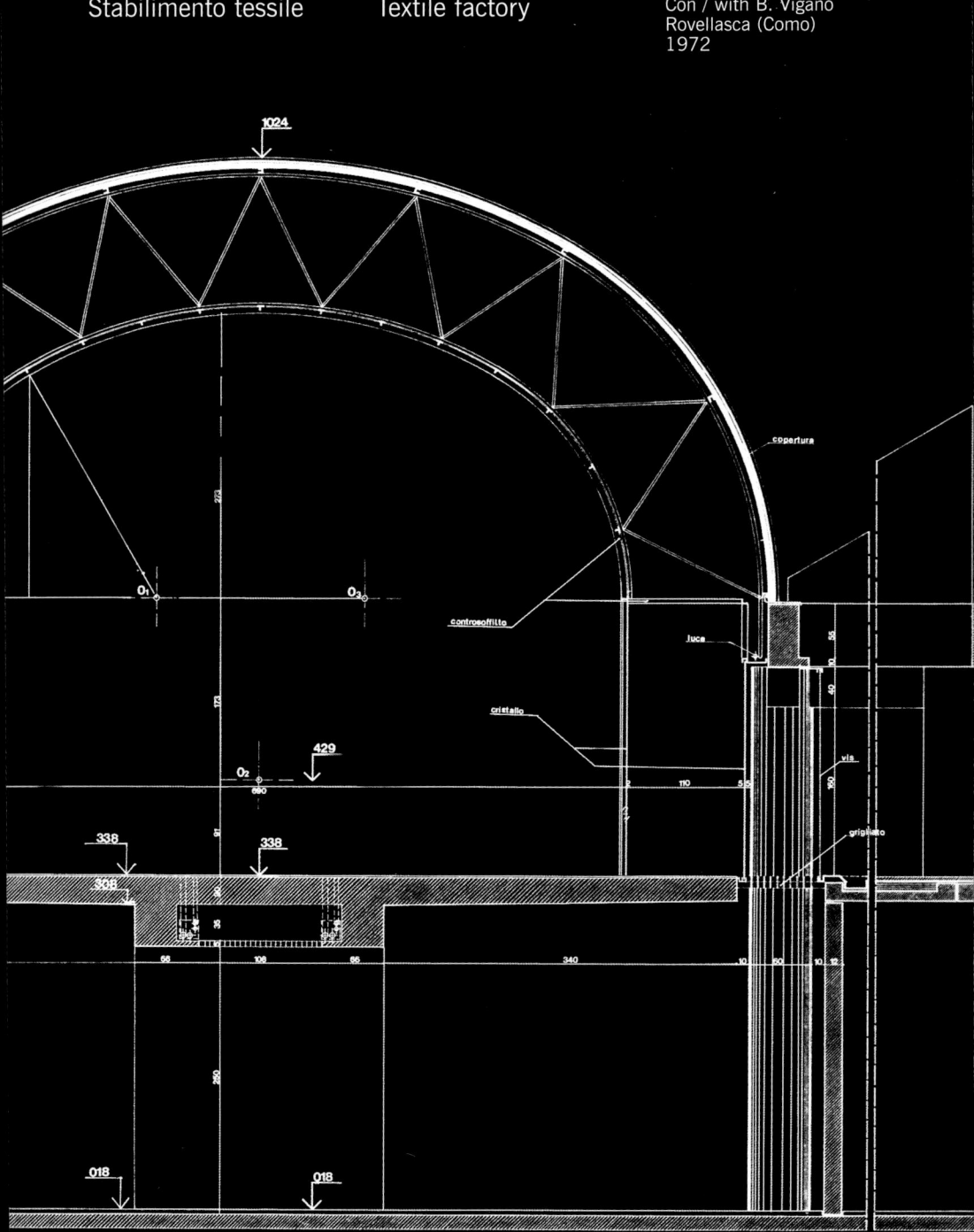

Stabilimento tessile / Textile factory
Con / with B. Vigano
Rovellasca (Como)
1972

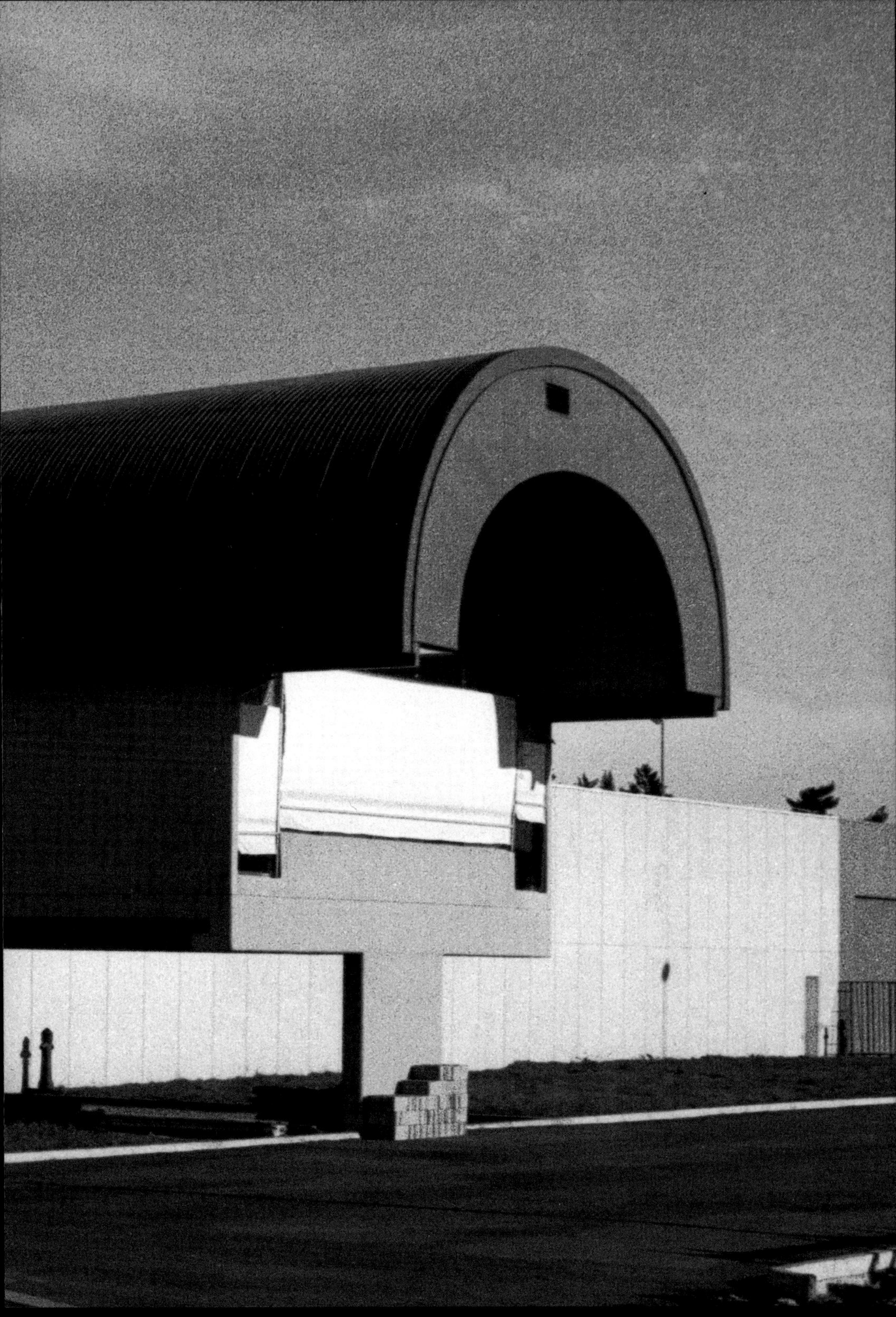

Stadio di calcio
e rugby

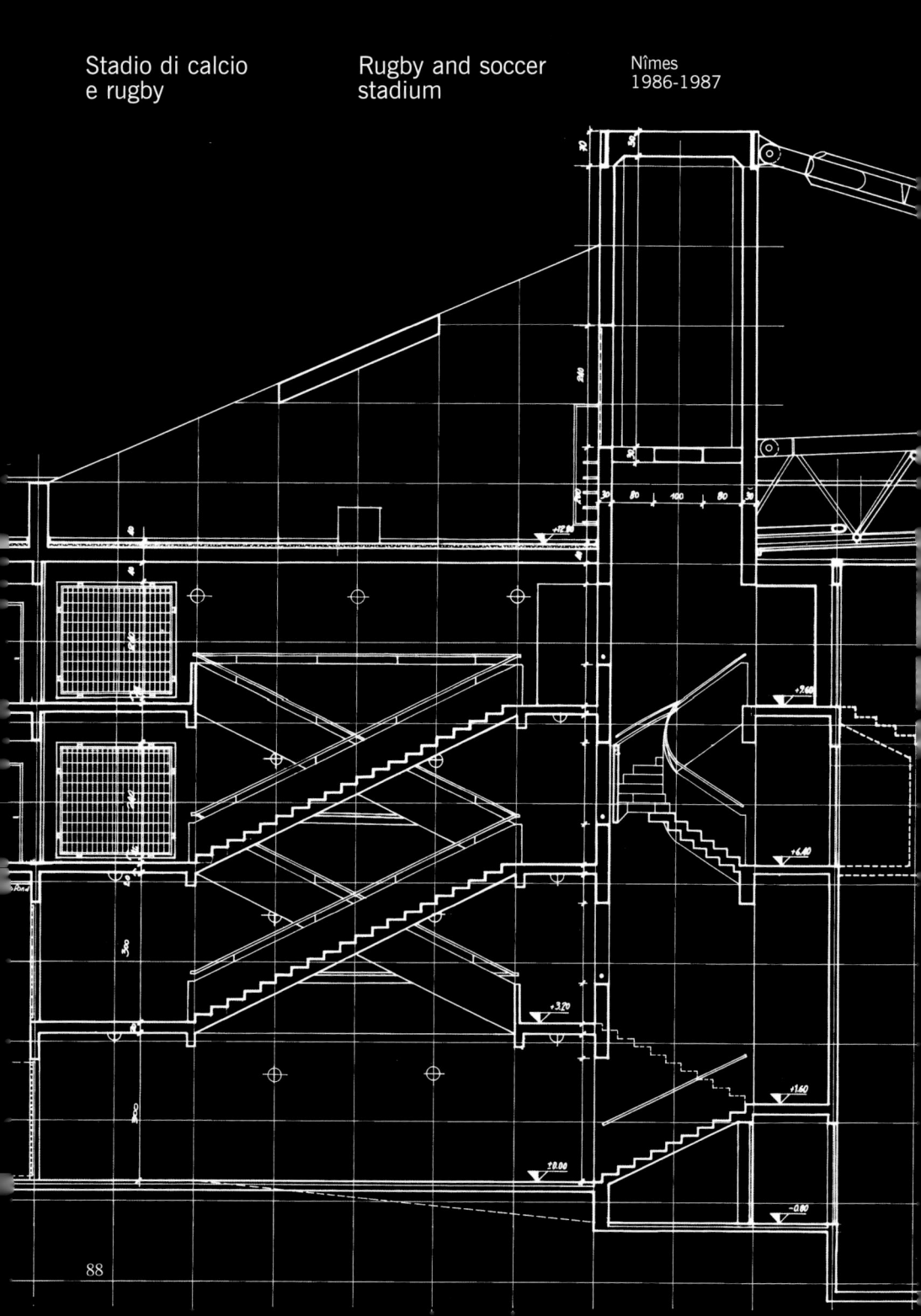

Rugby and soccer
stadium

Nîmes
1986-1987

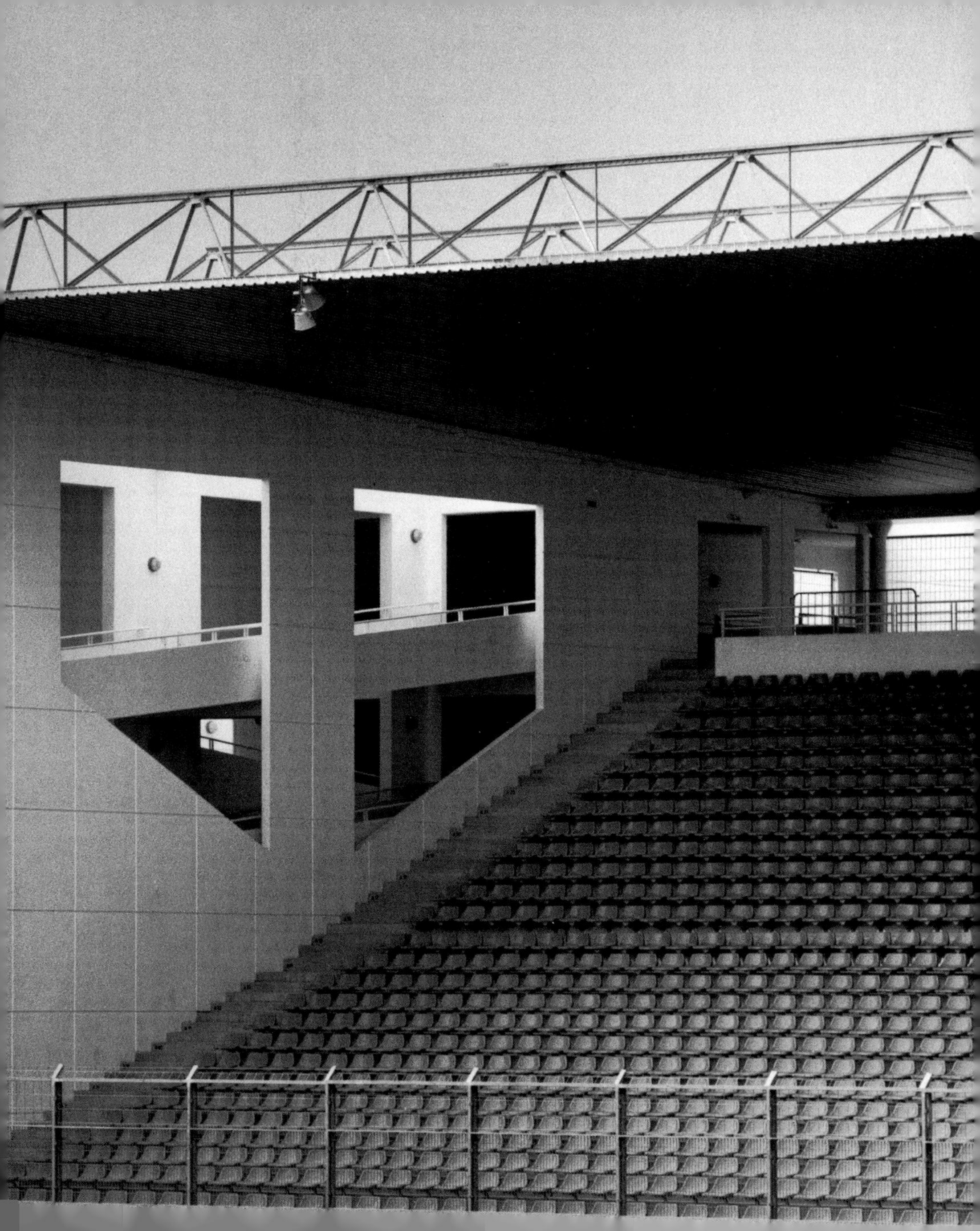

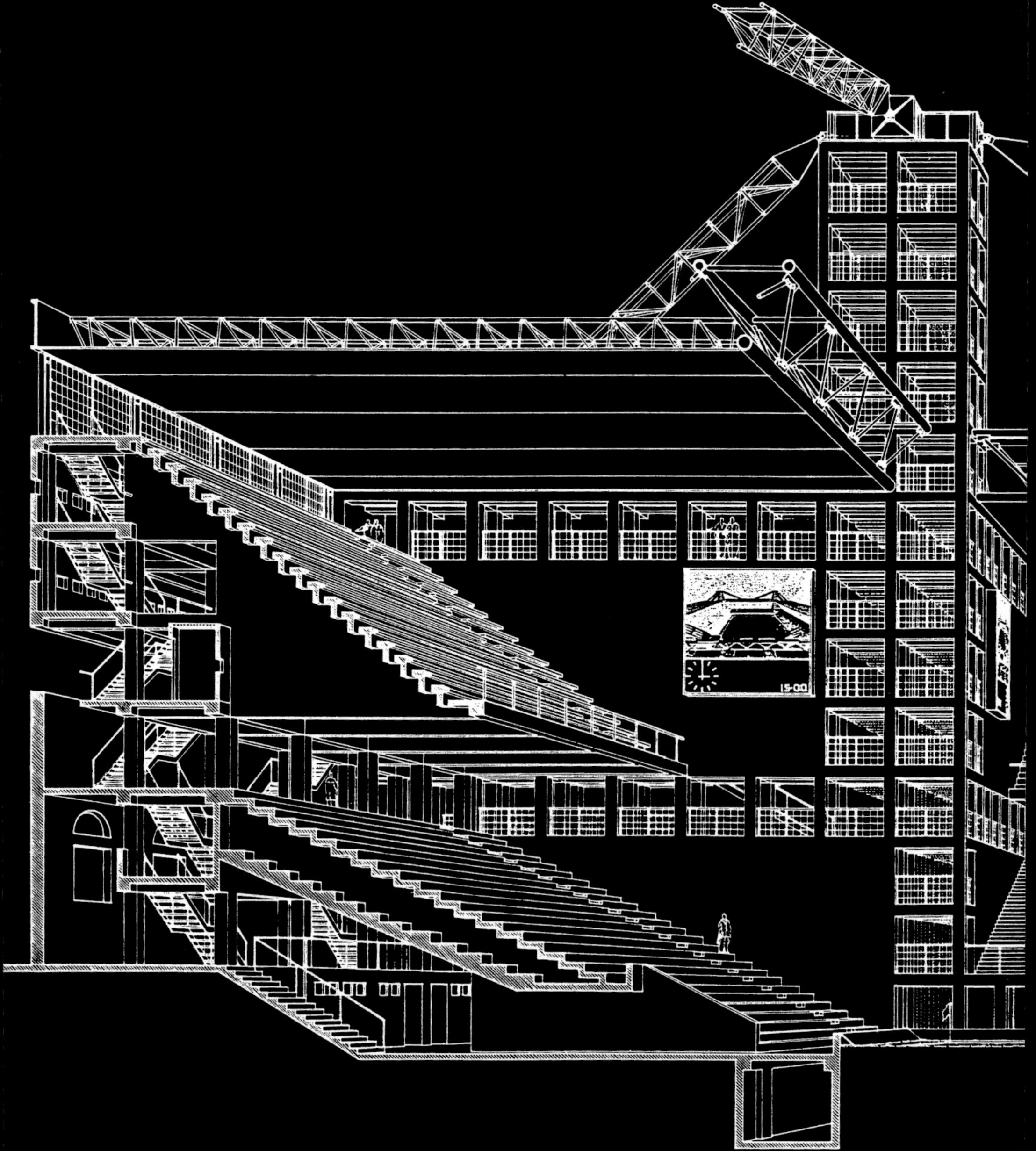
15-00

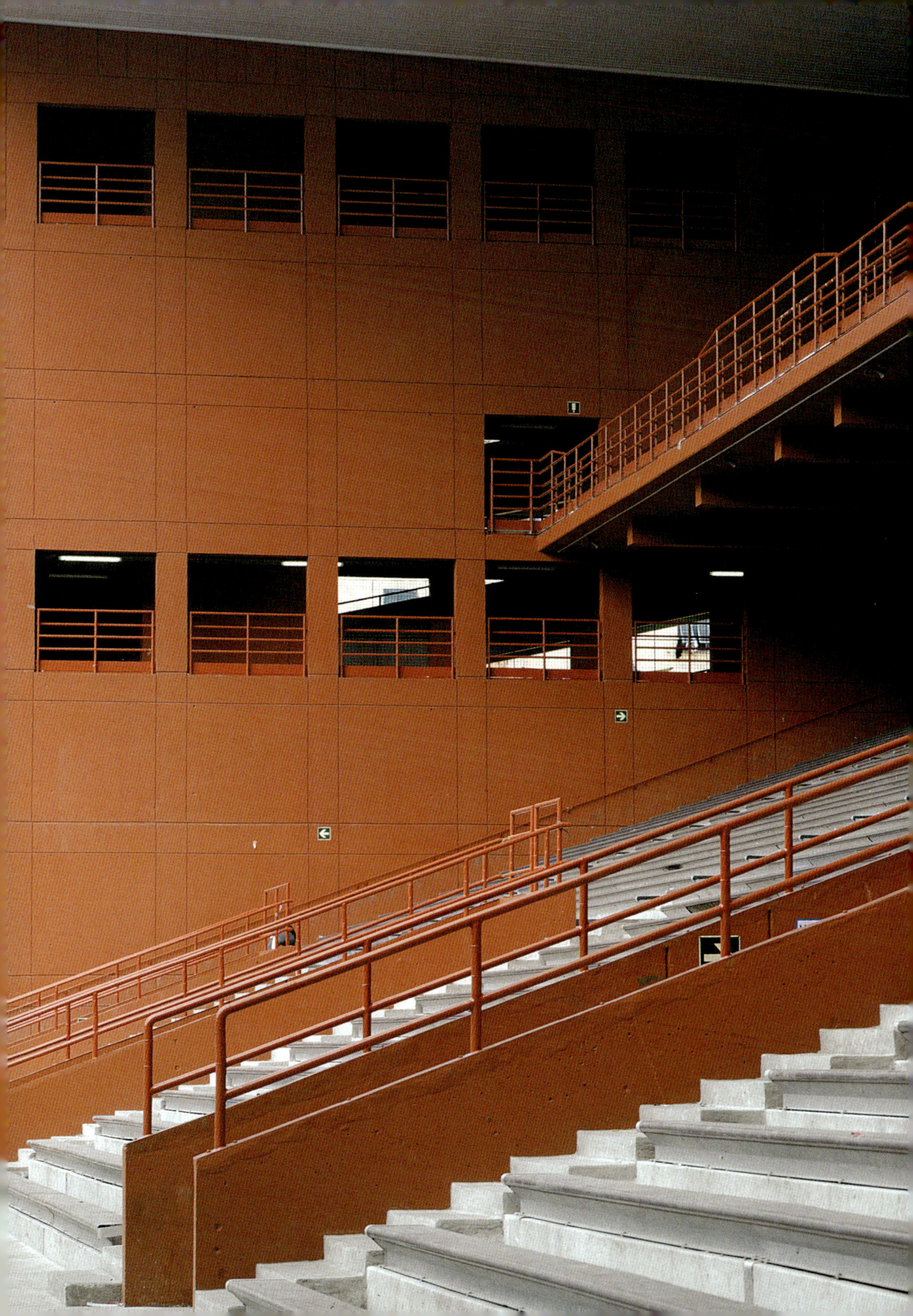

Stadio olimpico / Olympic stadium
Con / with C.O.R.M.A.
(C. Buxadé, F. Correa,
J. Margarit, A. Milà)
e / and S. Zorzi
Barcelona
1986-1988

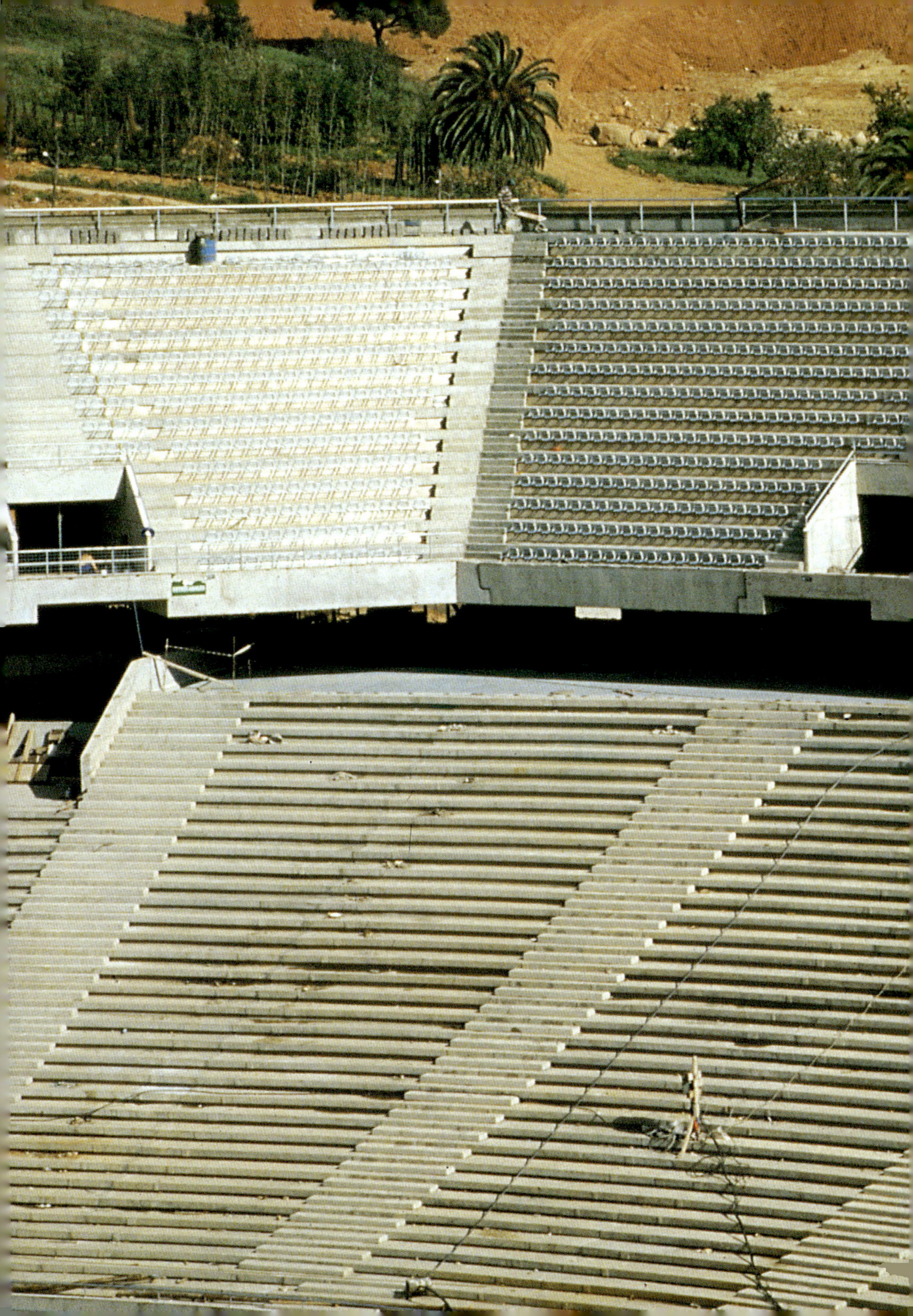

Sede dell'Università degli Studi della Calabria

Headquarters for the Università degli Studi della Calabria

Con / with L. Battisti, H. Matsui, P. Nicolin, F. Purini, C. Rusconi Clerici, B. Viganò
Cosenza, 1973-1979

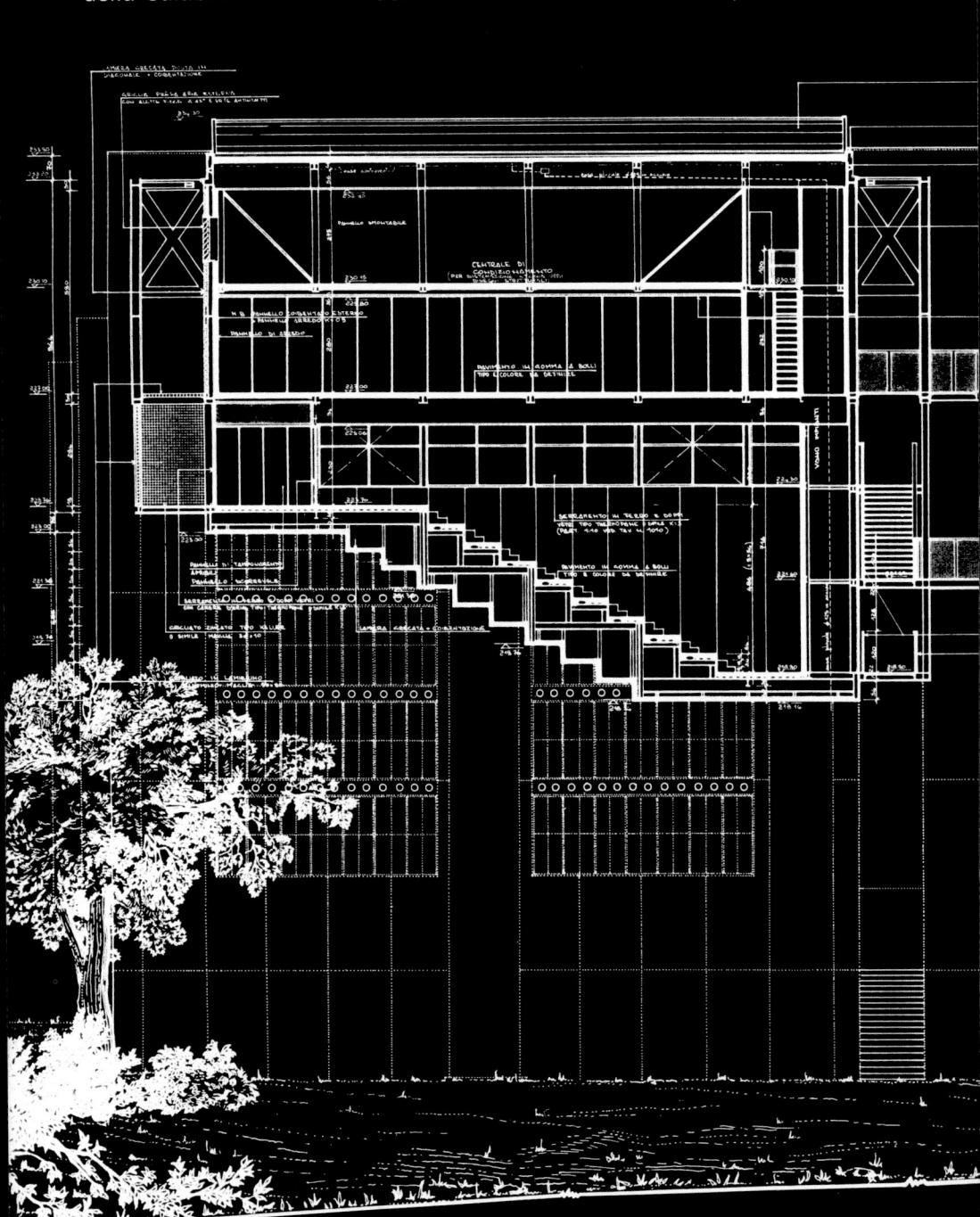

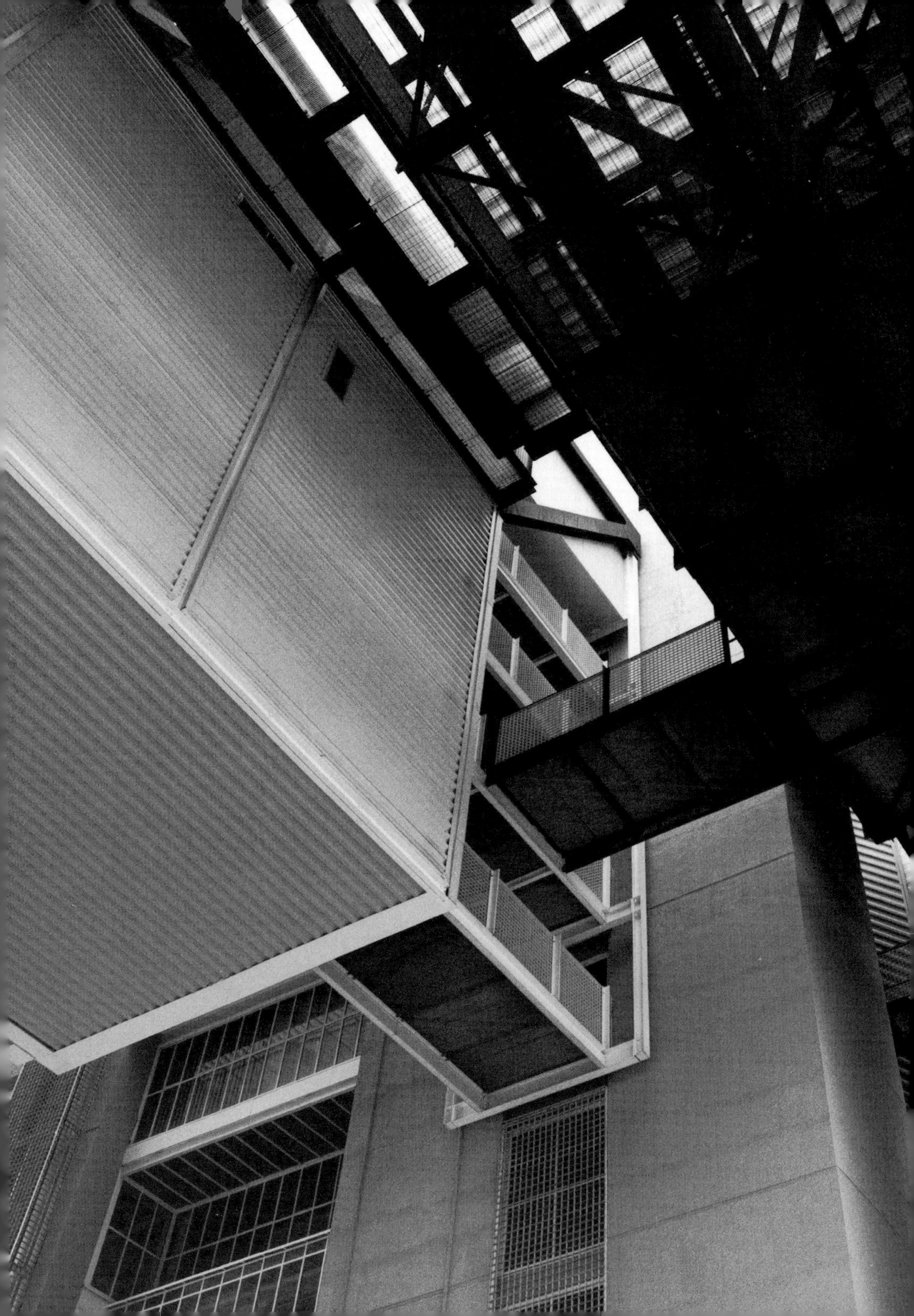

Nave da crociera
Costa Romantica

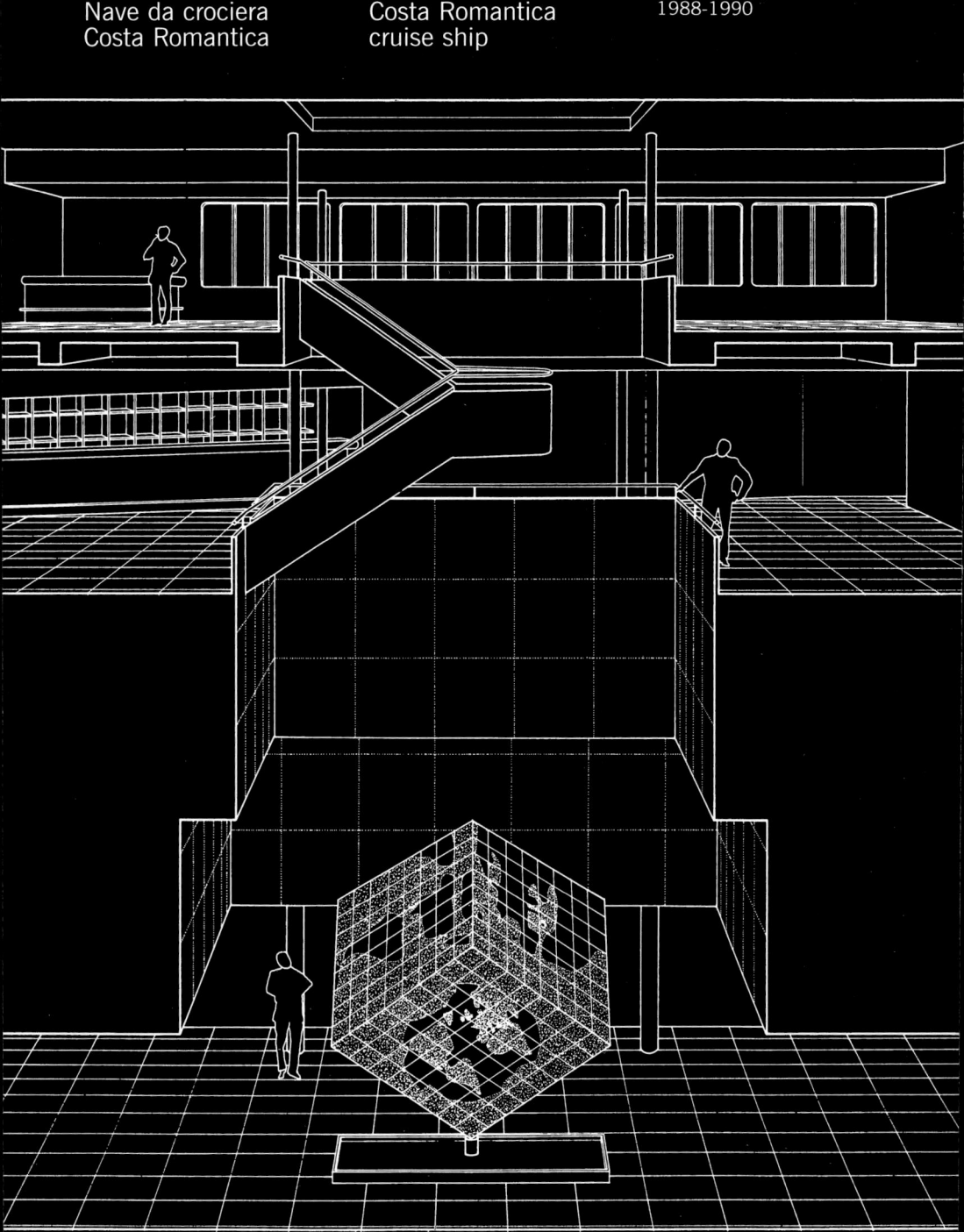

Costa Romantica
cruise ship

1988-1990

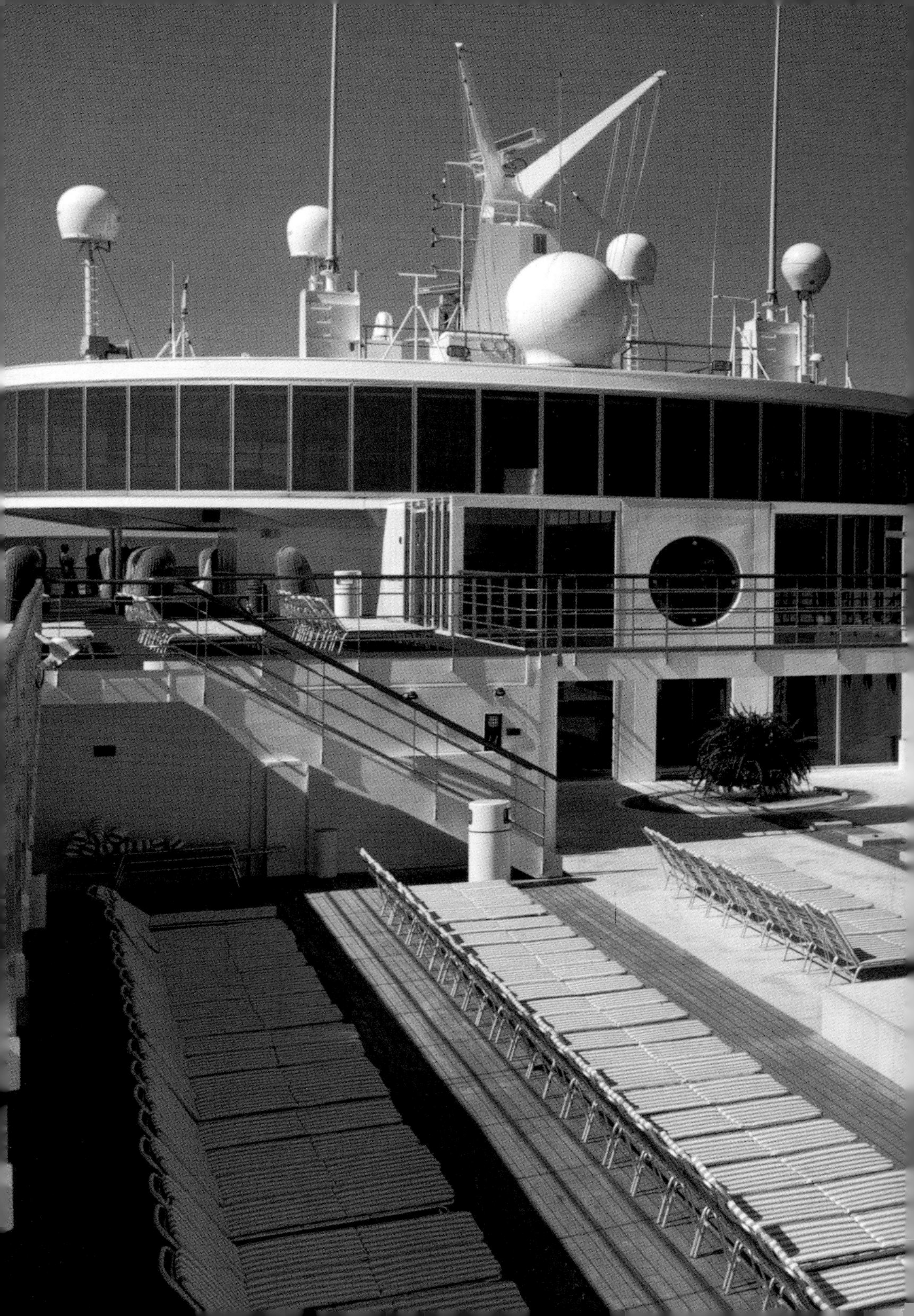

Stadio di calcio
e rugby

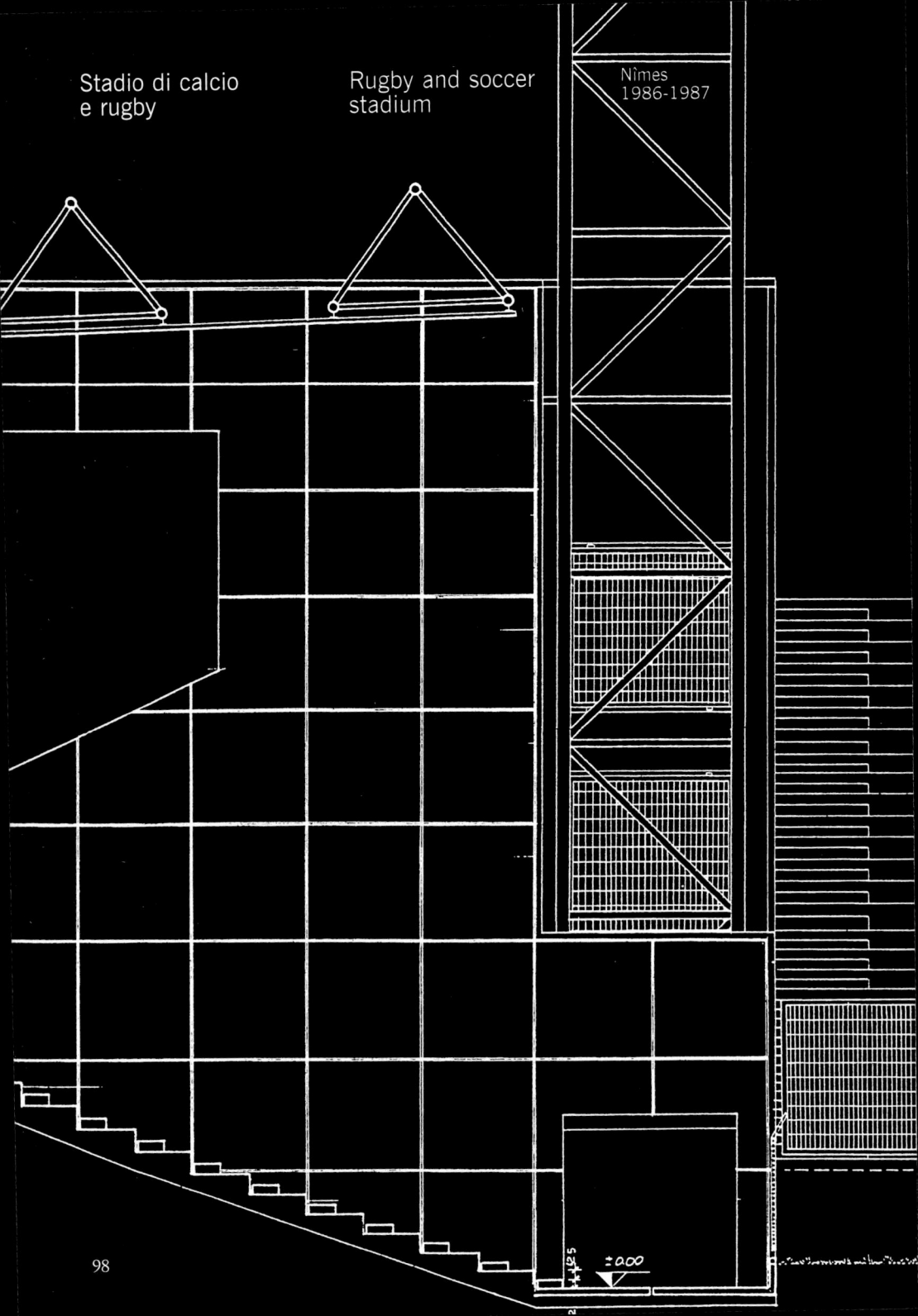

Rugby and soccer
stadium

Nîmes
1986-1987

98

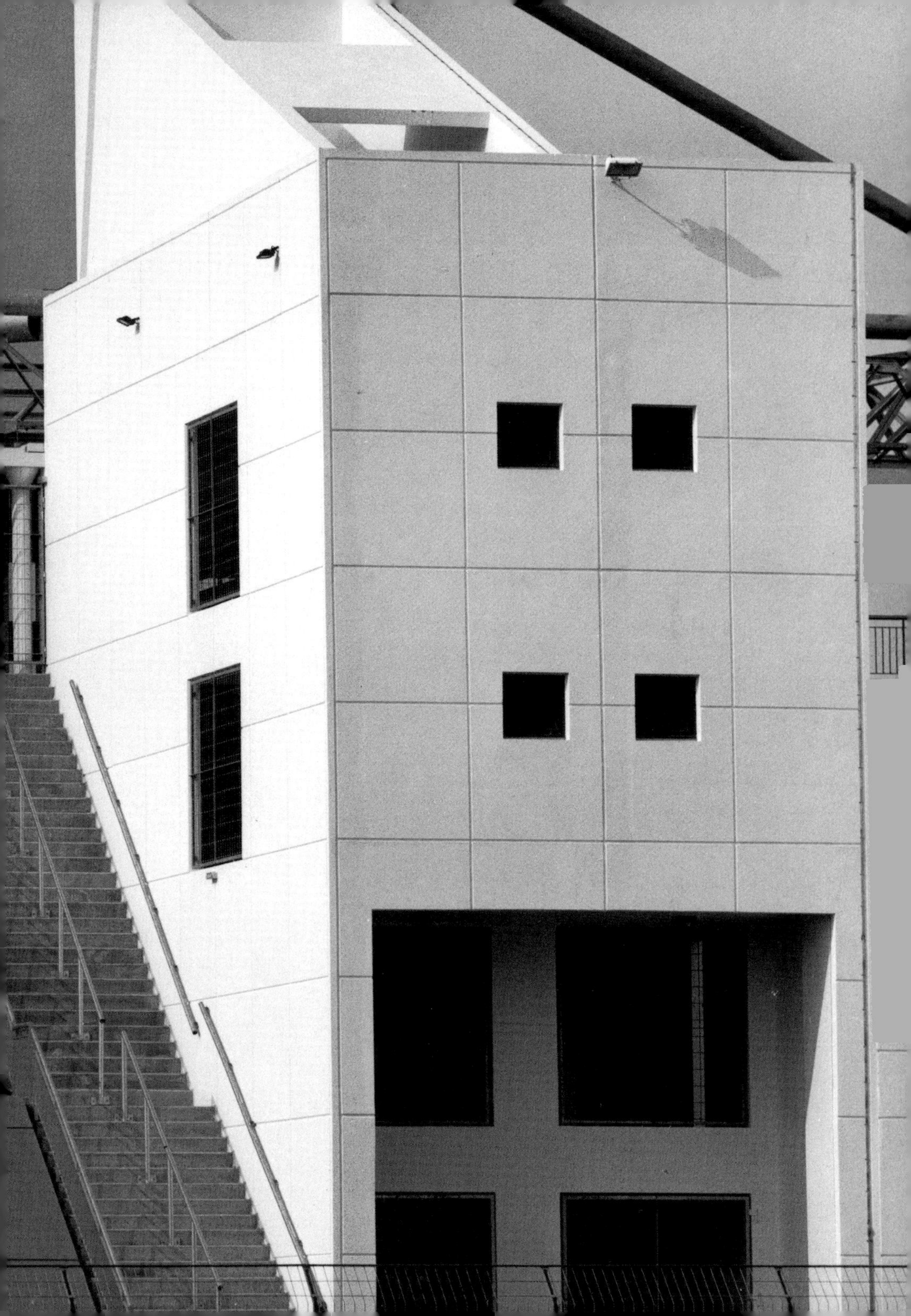

Dipartimenti di Scienze dell'Università degli Studi al Parco d'Orléans

Science departments in Parco d'Orléans

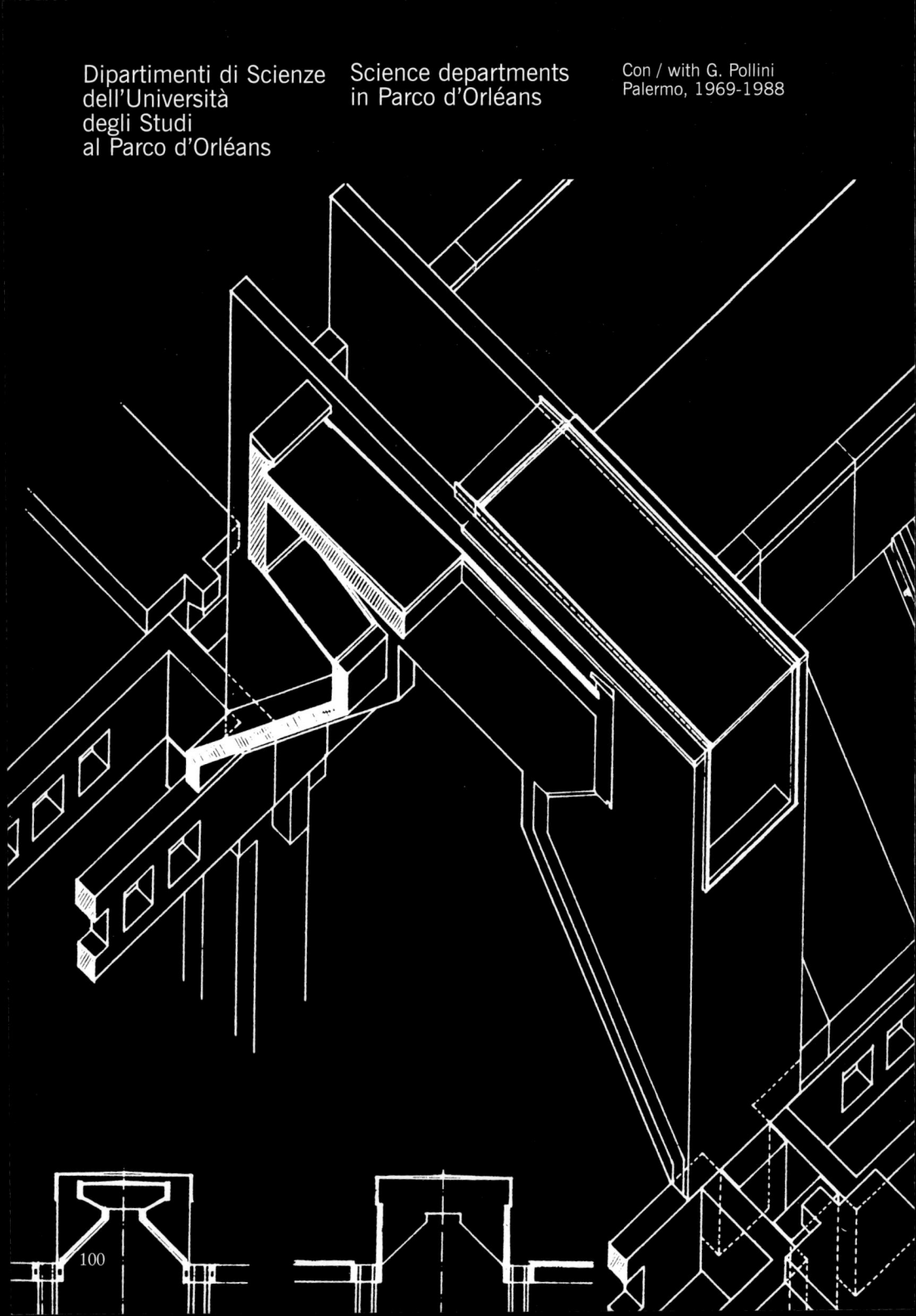

Con / with G. Pollini
Palermo, 1969-1988

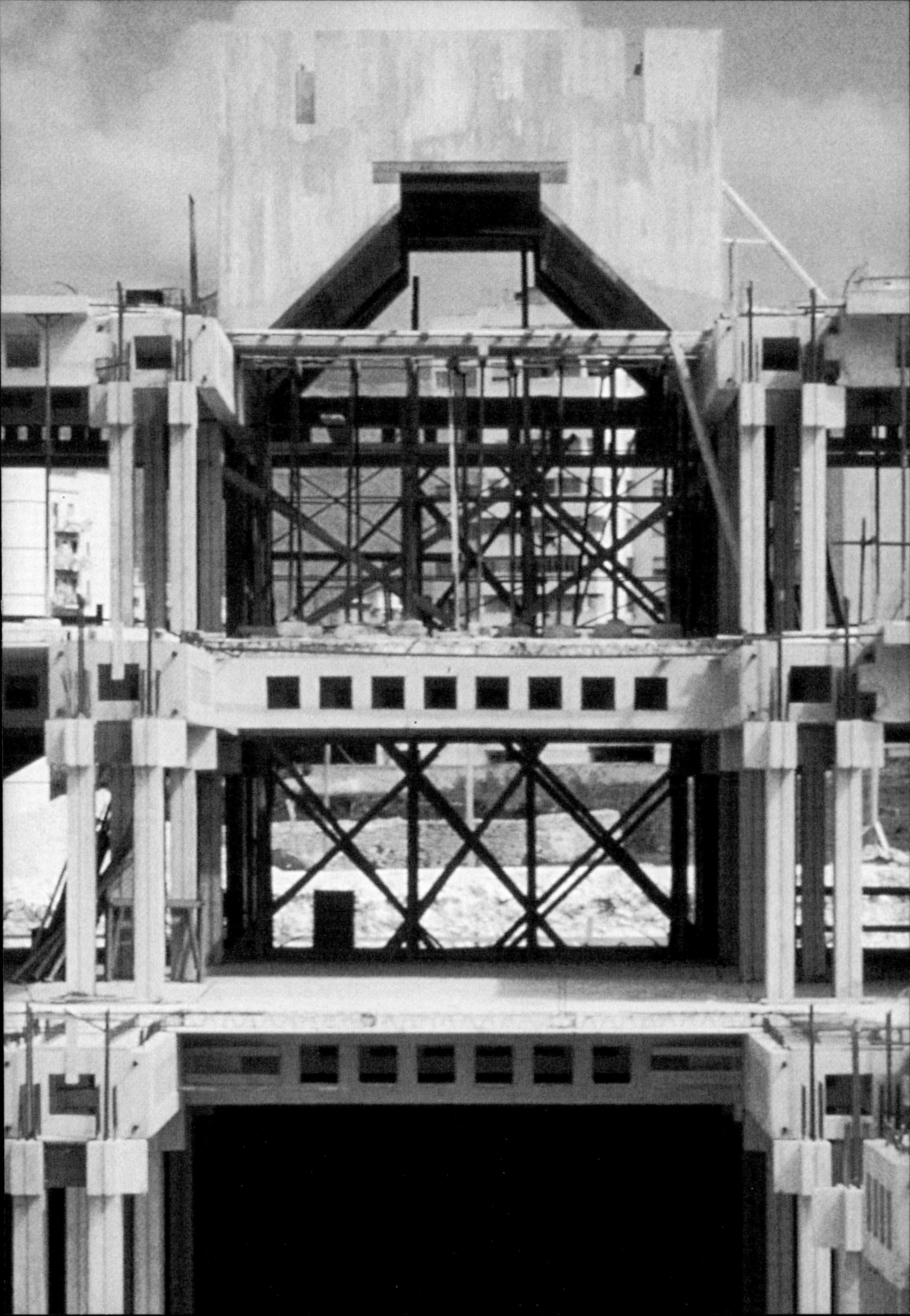

| Uffici dell'industria tessile Bossi | Offices for Bossi textile factory | Cameri (Novara) 1980-1983 |

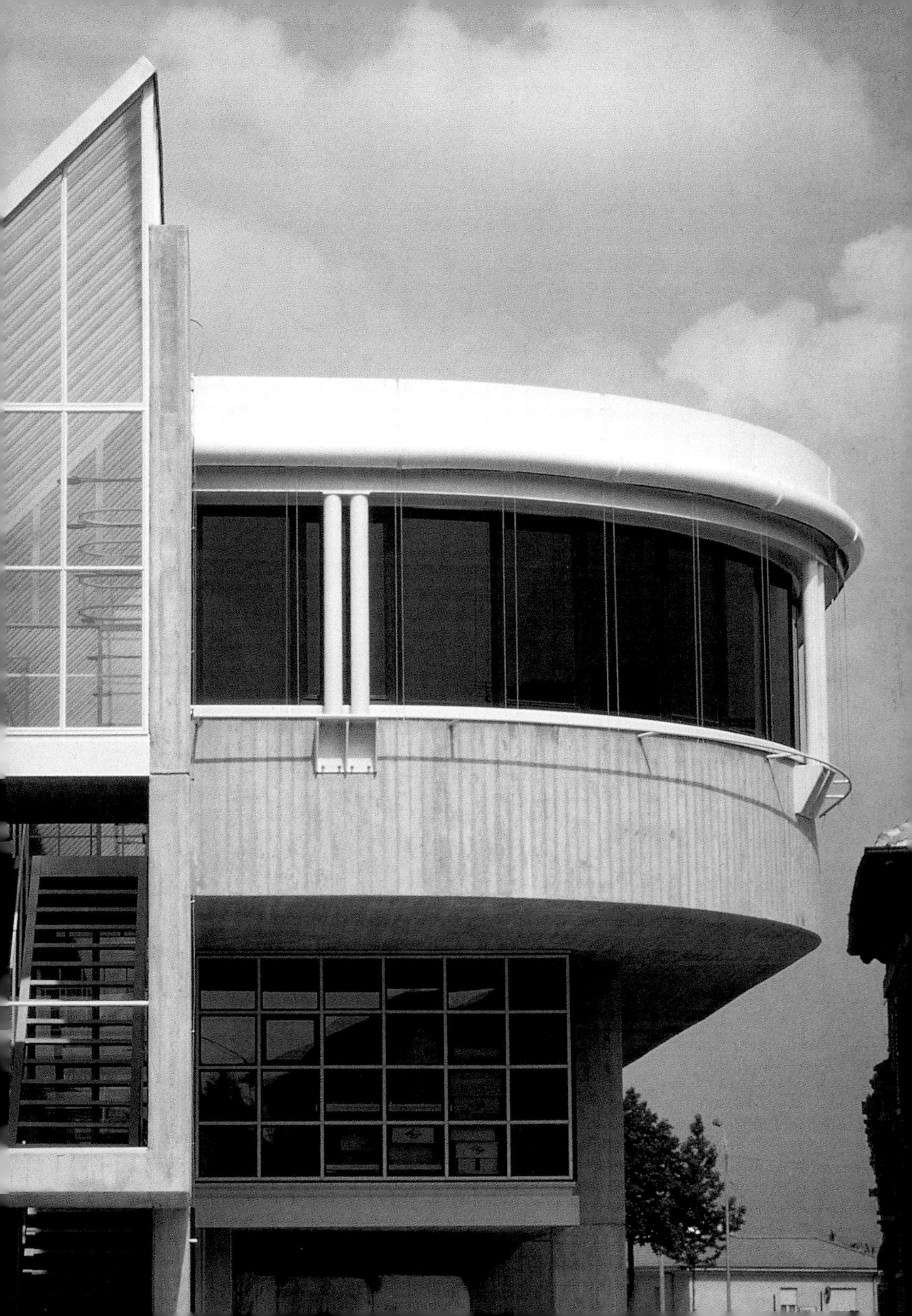

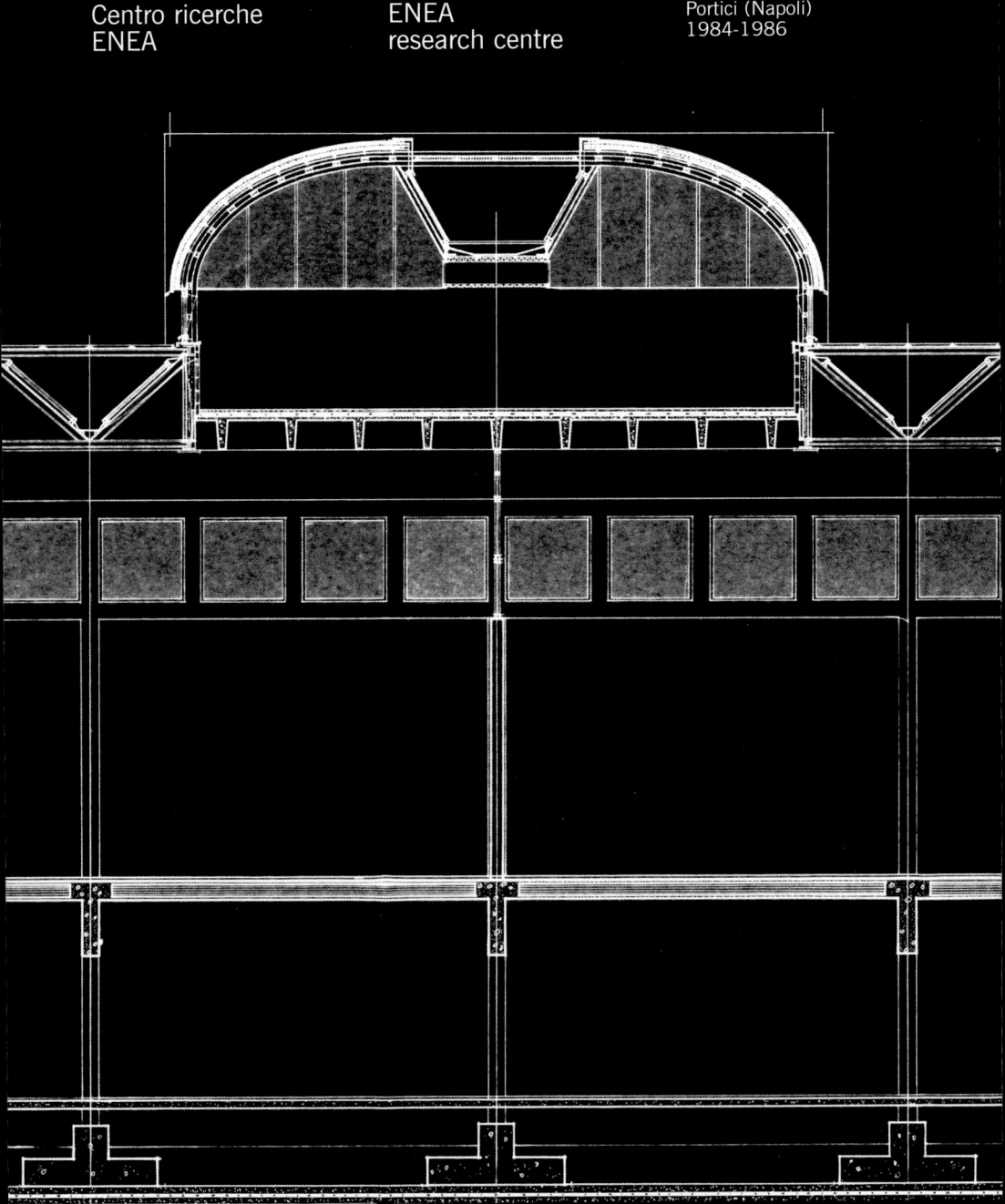

Centro ricerche ENEA ENEA research centre Portici (Napoli) 1984-1986

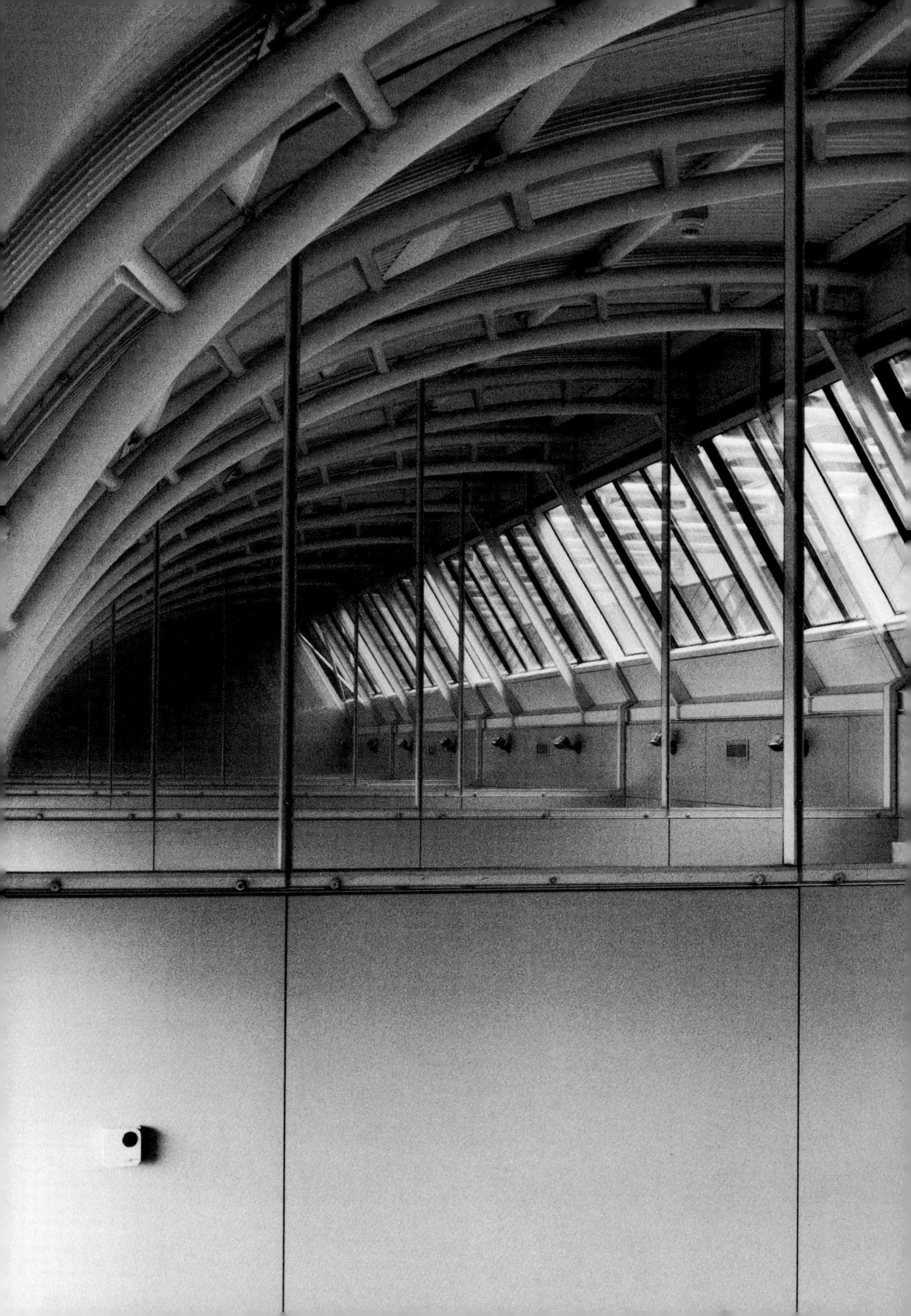

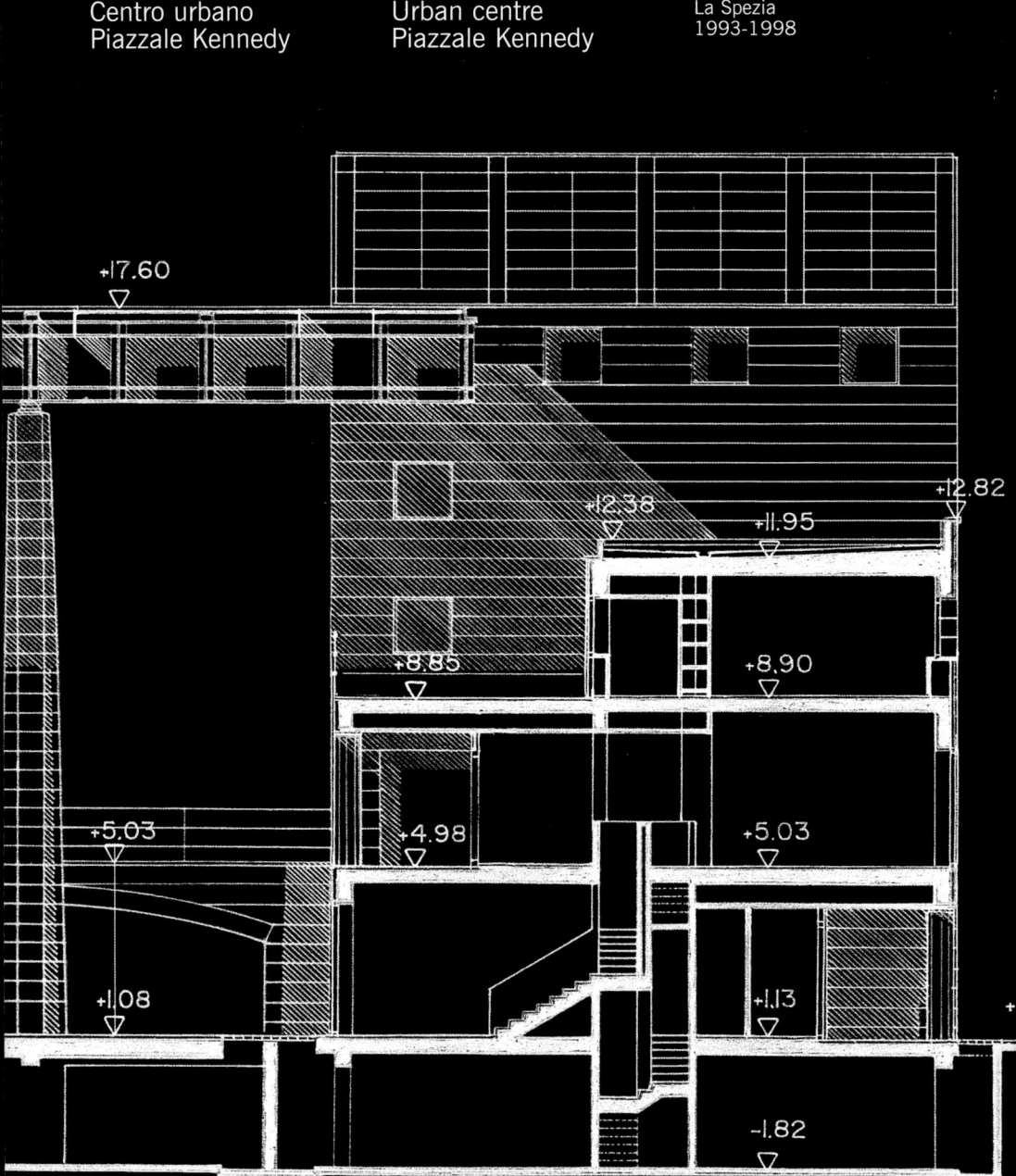

Centro urbano
Piazzale Kennedy

Urban centre
Piazzale Kennedy

La Spezia
1993-1998

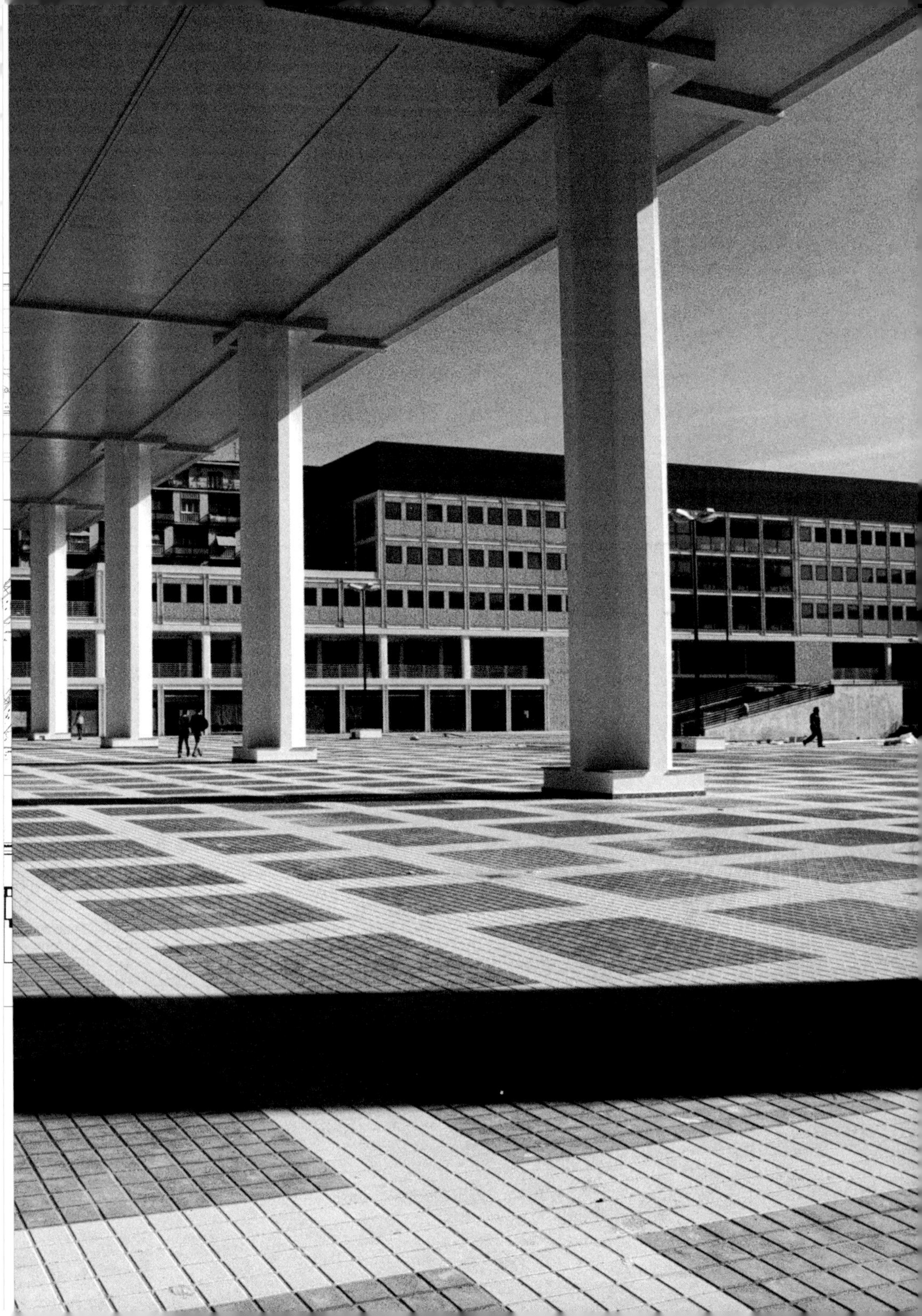

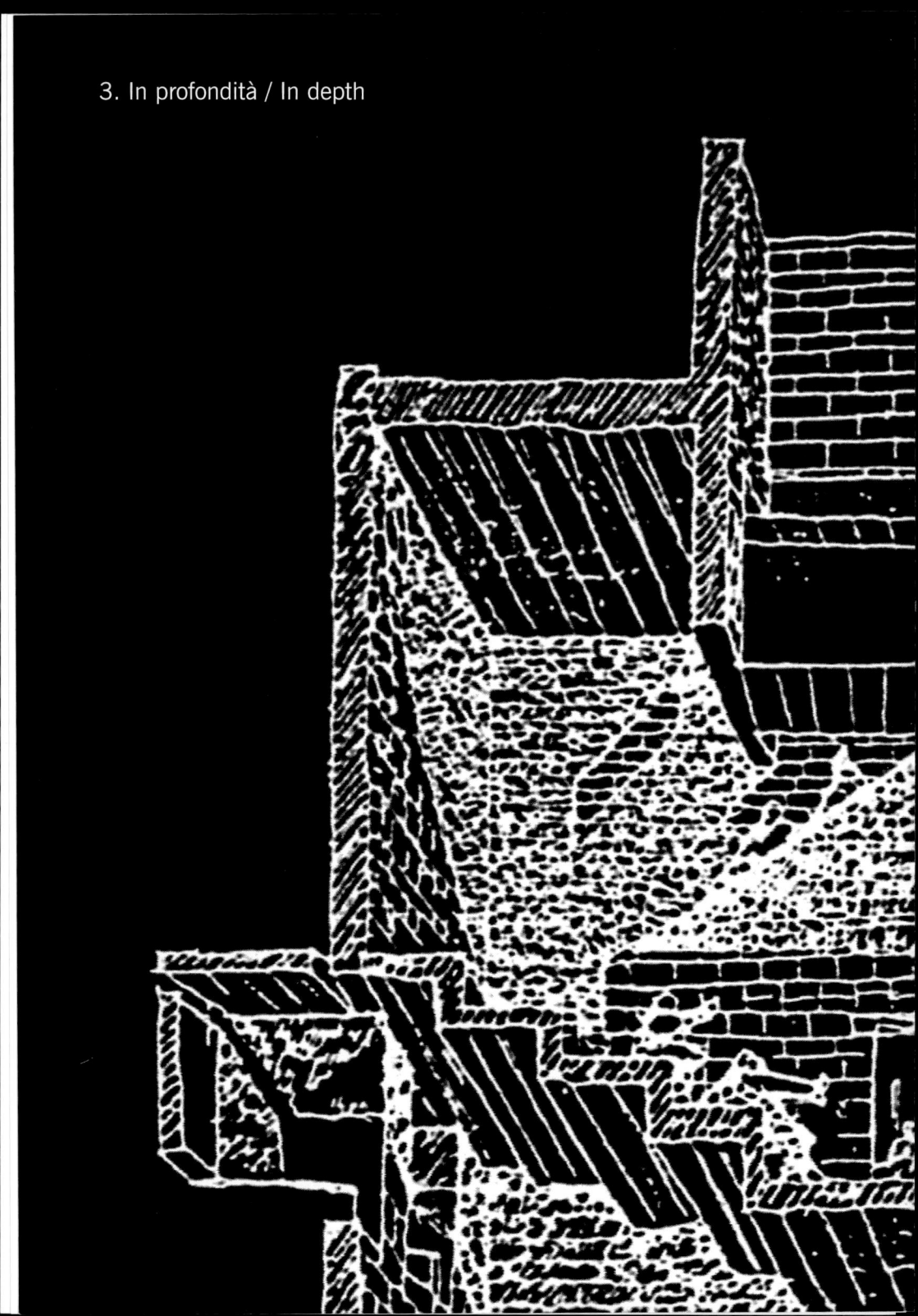

3. In profondità / In depth

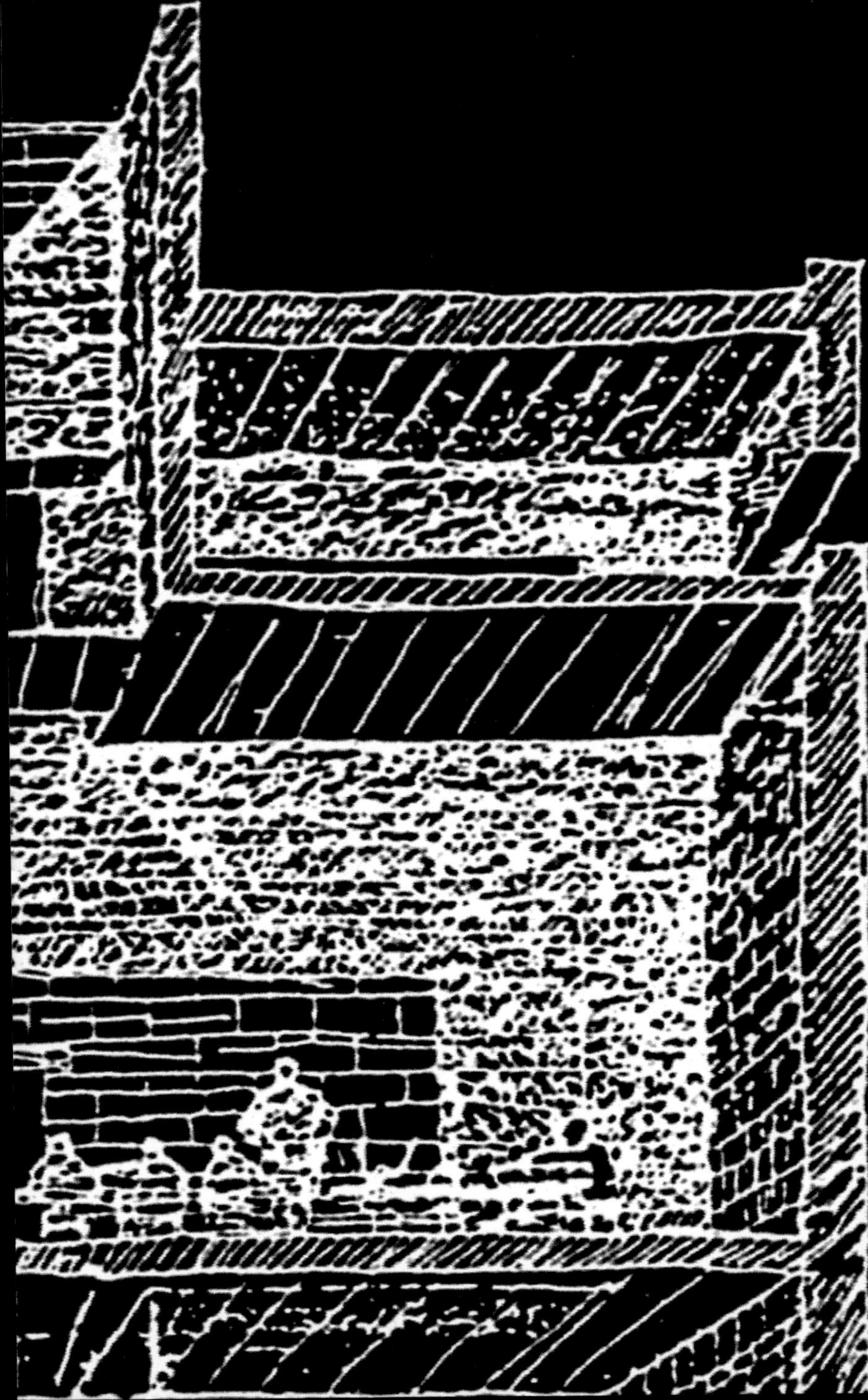

Sede dell'Università degli Studi della Calabria

Headquarters for the Università degli Studi della Calabria

Con / with E. Battisti, H. Matsui, P. Nicolin, F. Purini, C. Rusconi Clerici, B. Viganò
Cosenza, 1973-1979

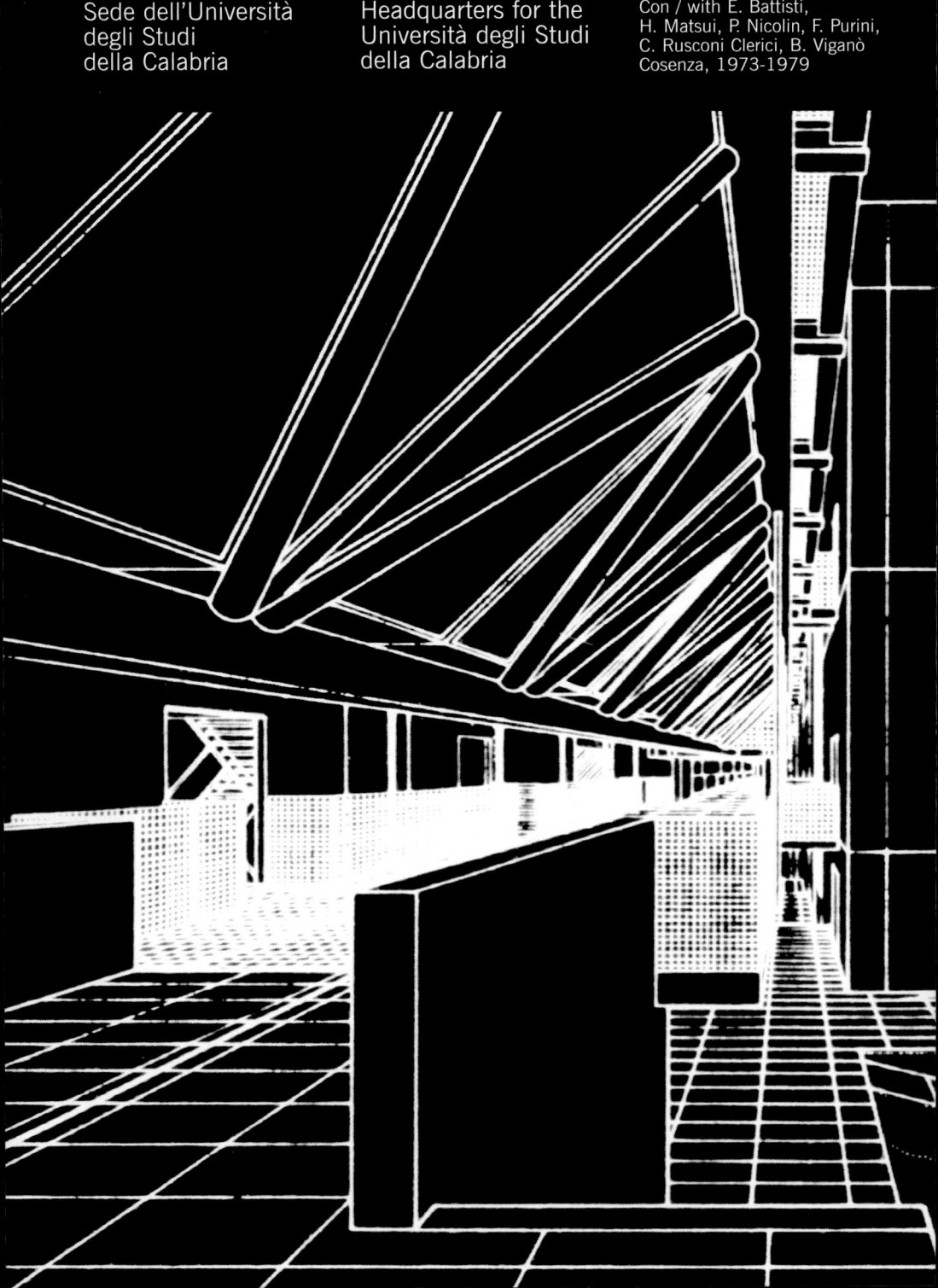

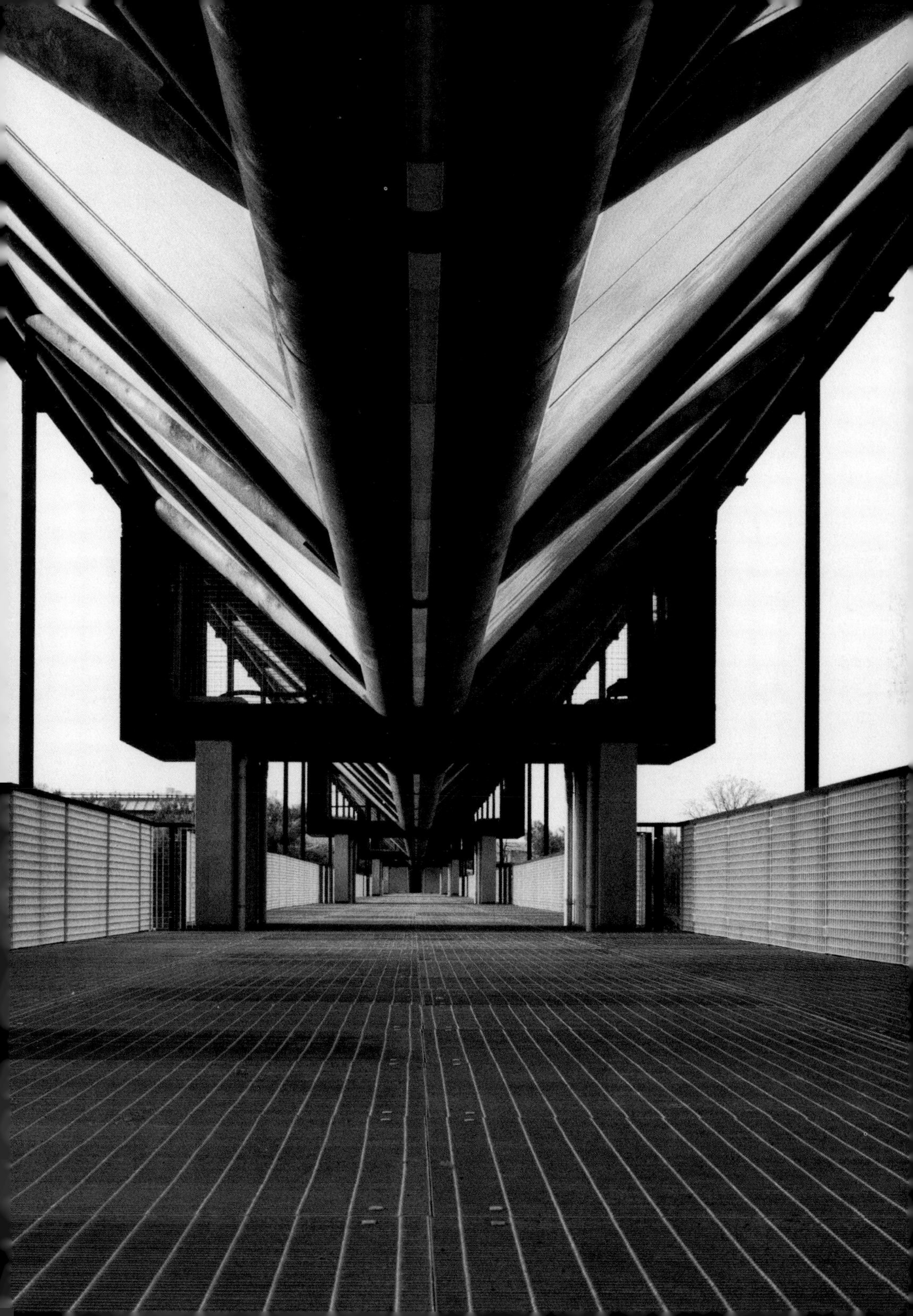

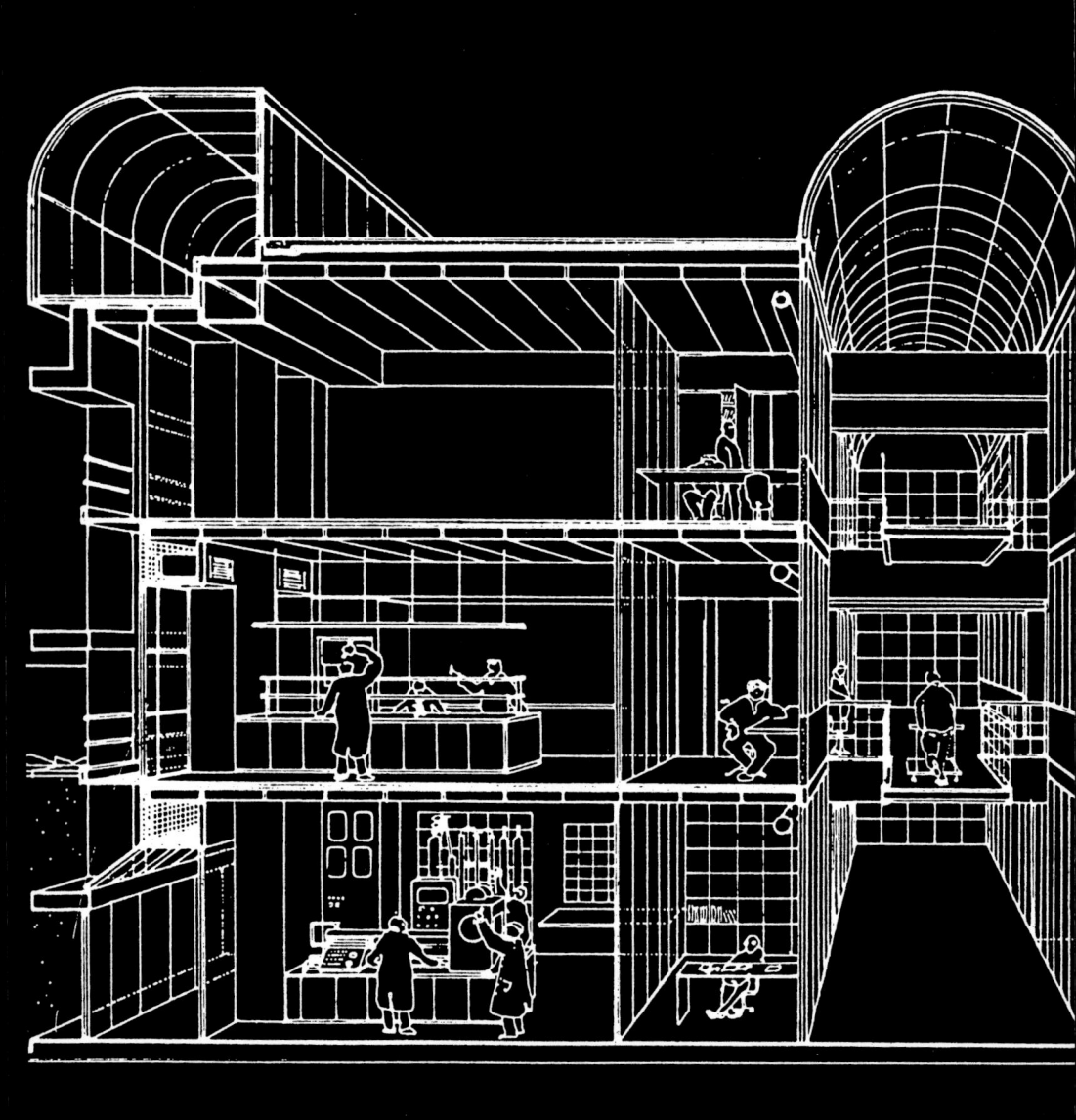

Centro ricerche ENEA — ENEA research centre — Portici (Napoli) 1984-1986

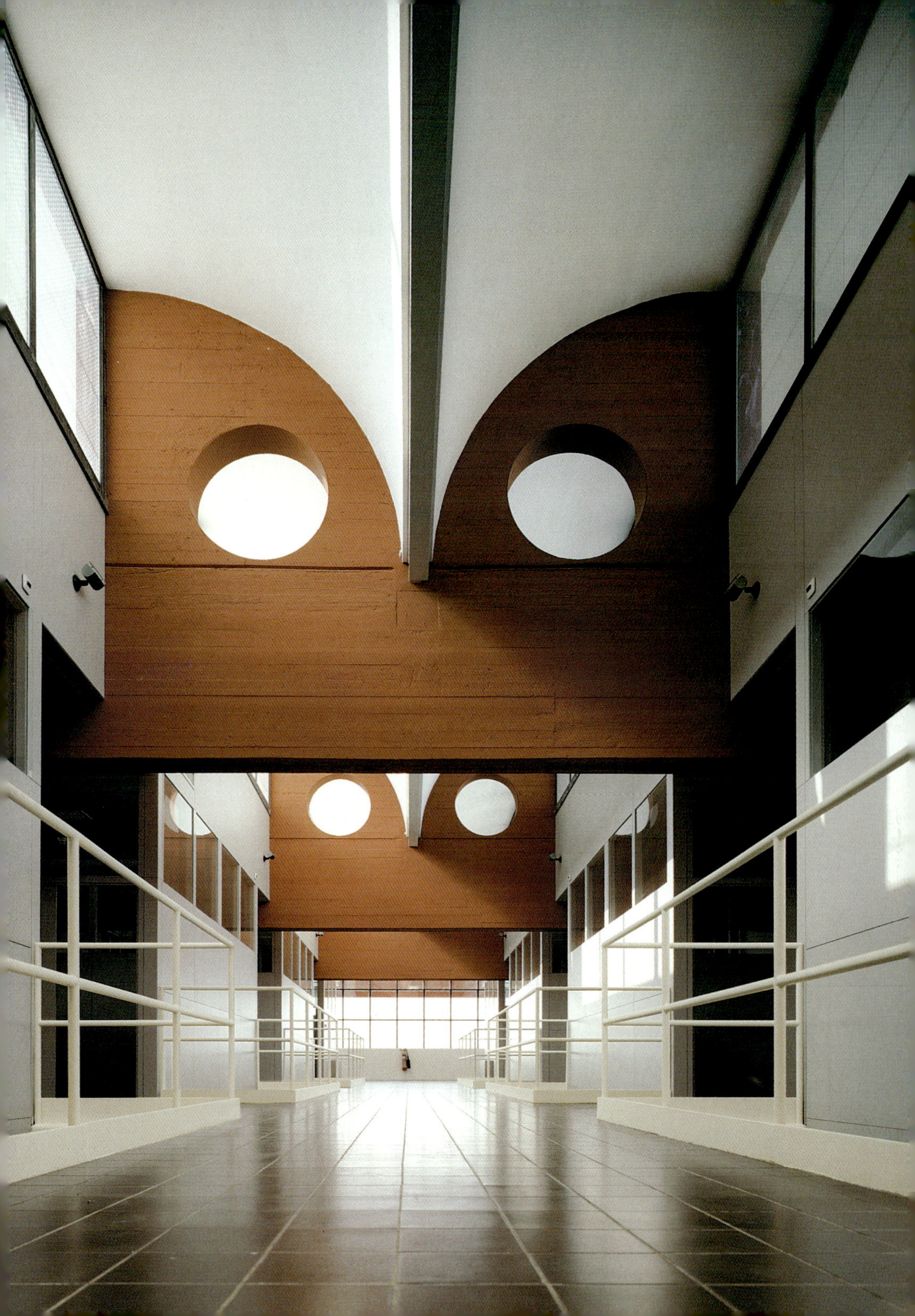

Sezione introduttiva
sul tema del tempo
libero per
la XIII Triennale

Introduction section
about leisure
for the XIII Triennale

Con / with L. Berio, P. Brivio,
U. Eco, L. Meneghetti,
G. Stoppino, M. Vignelli
Milano, 1964

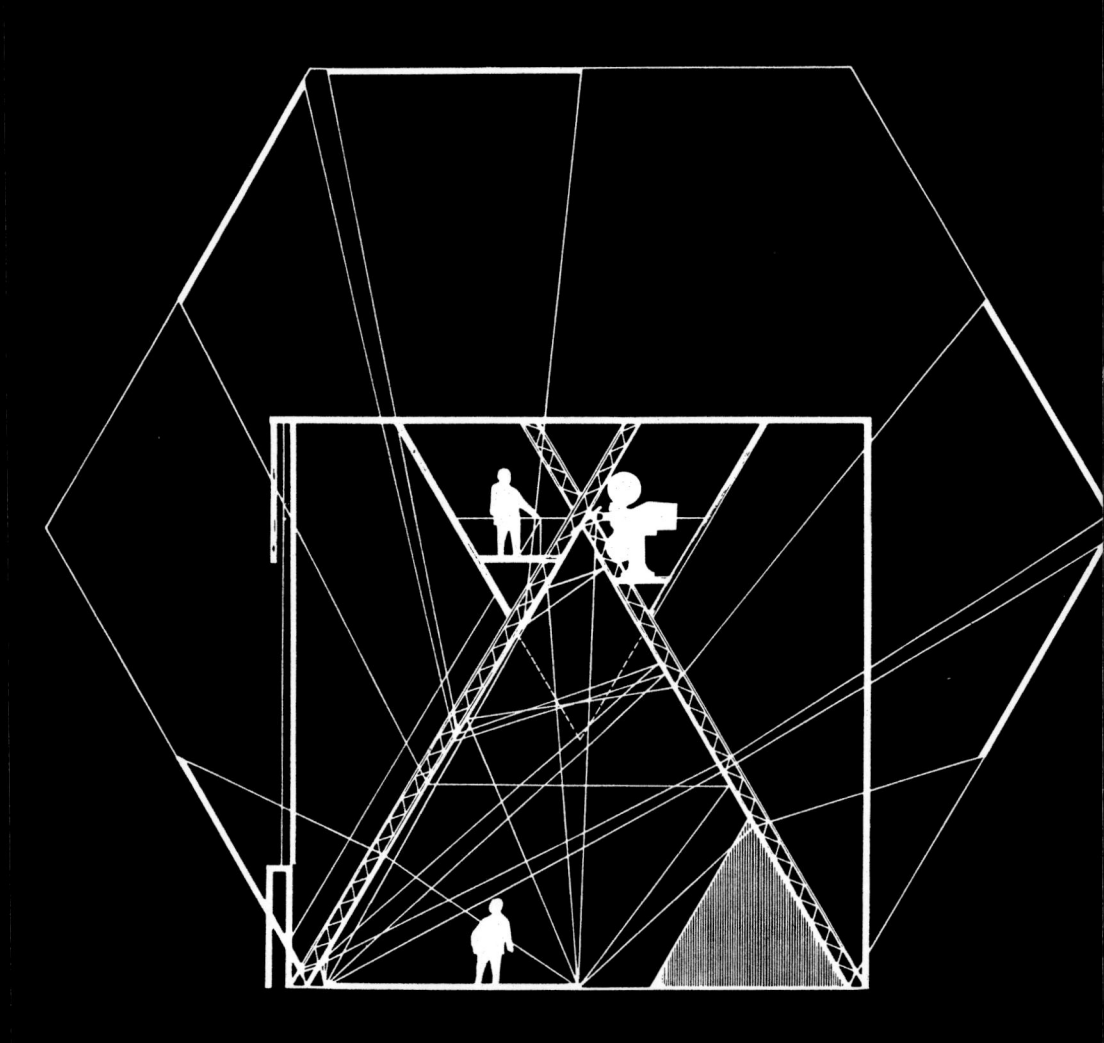

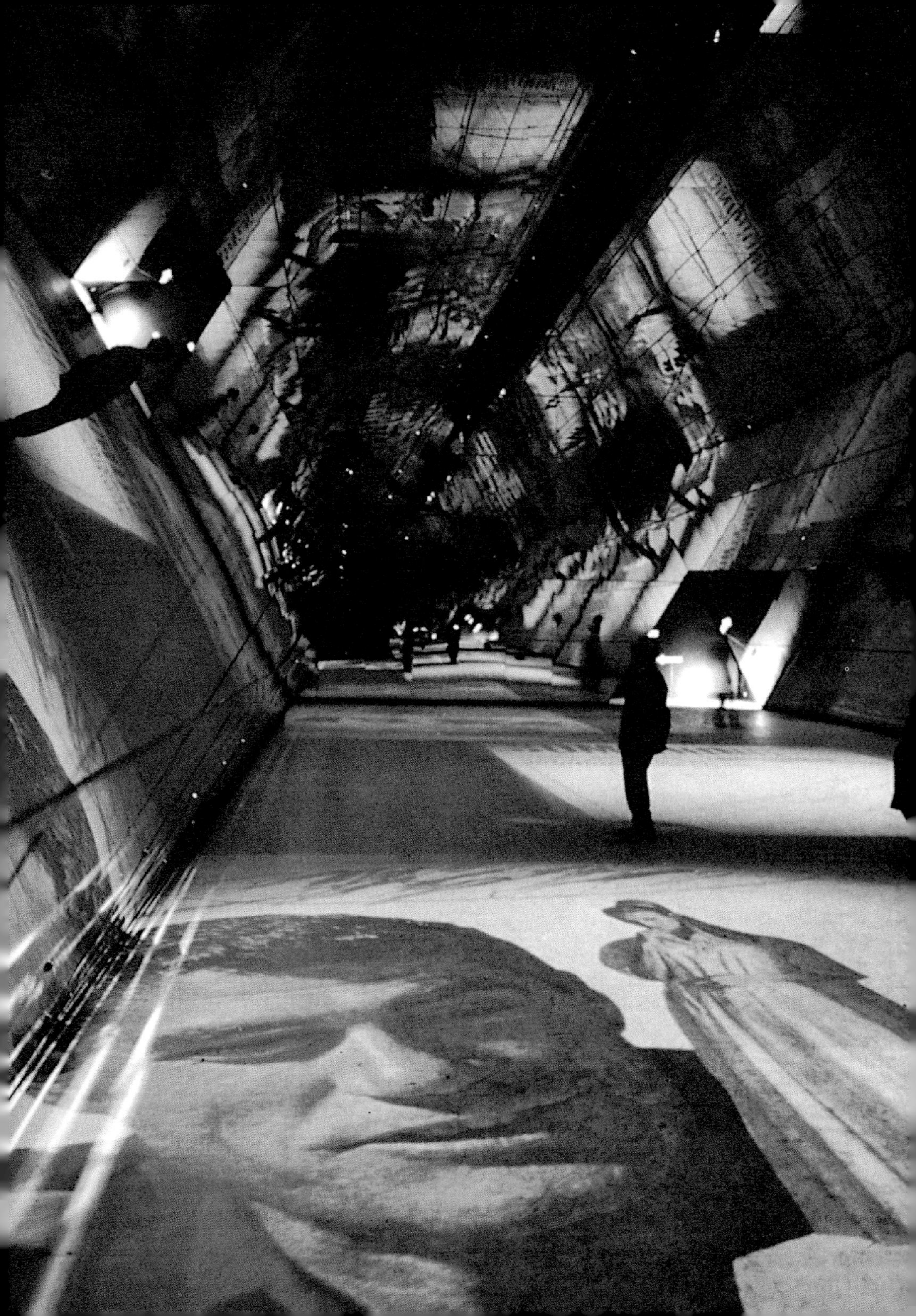

Abitazioni in cooperativa su via Sesto San Giovanni alla Bicocca

Low-income housing in Bicocca

Milano, 1994-1998

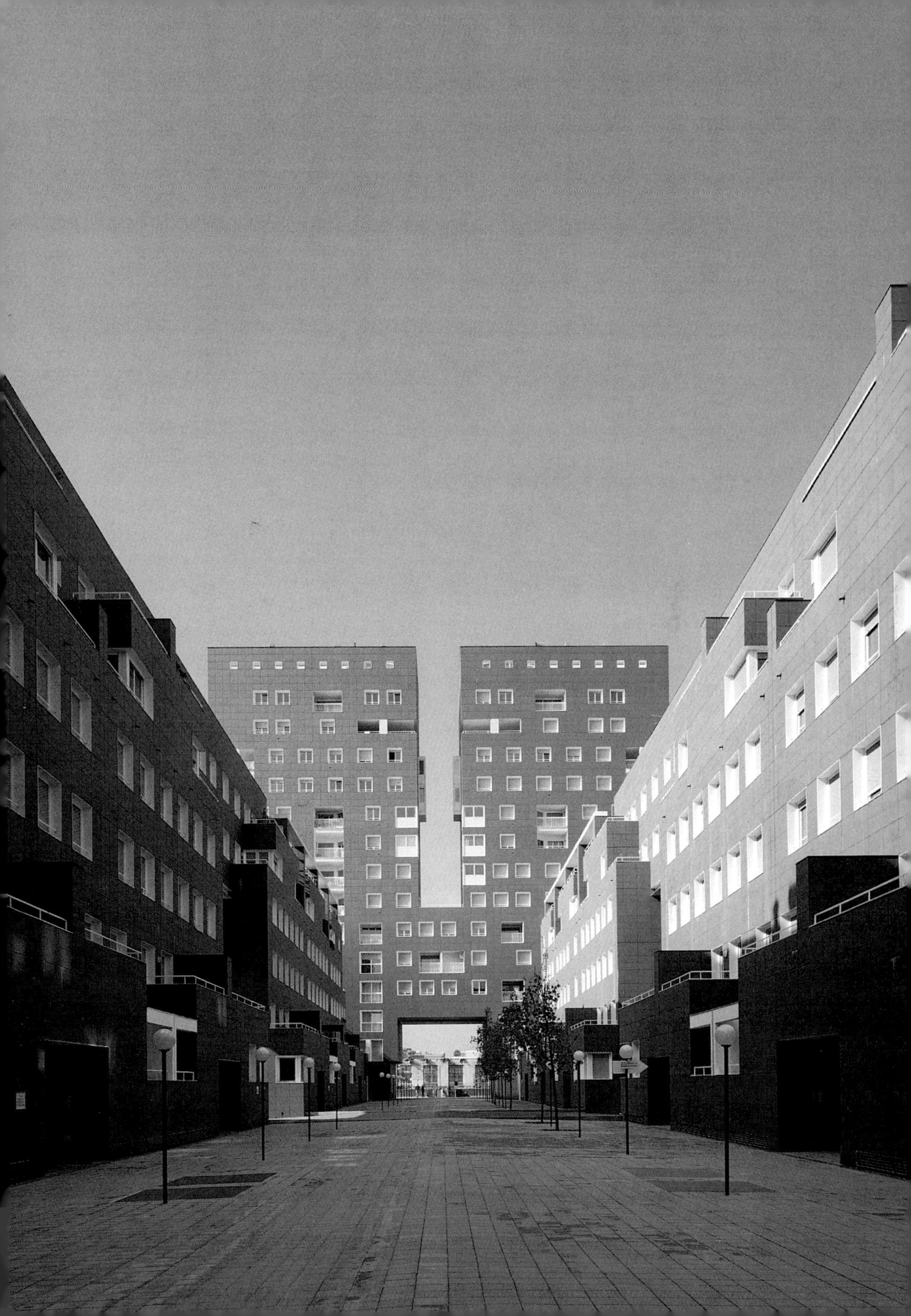

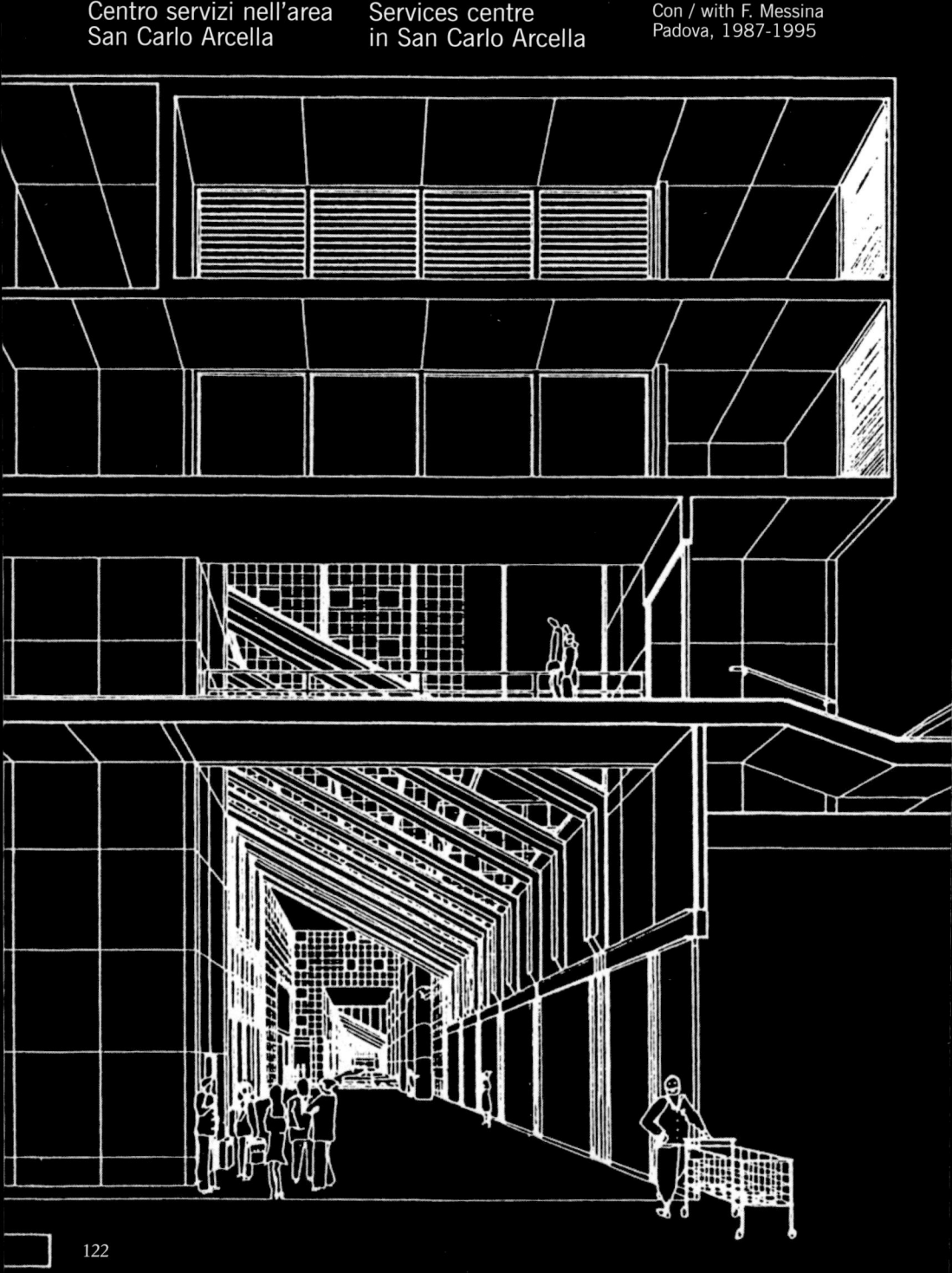

Centro servizi nell'area San Carlo Arcella / Services centre in San Carlo Arcella

Con / with F. Messina
Padova, 1987-1995

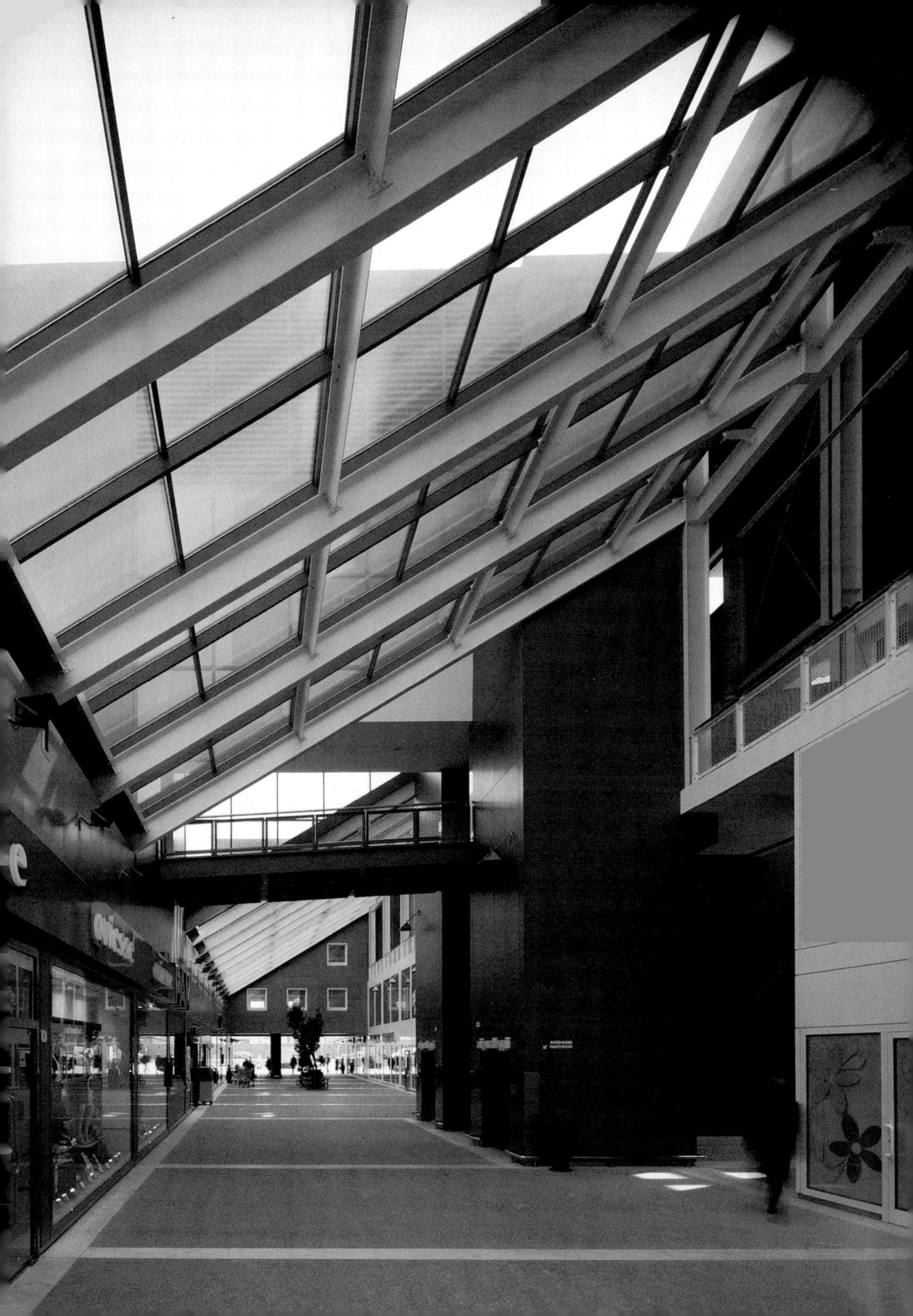

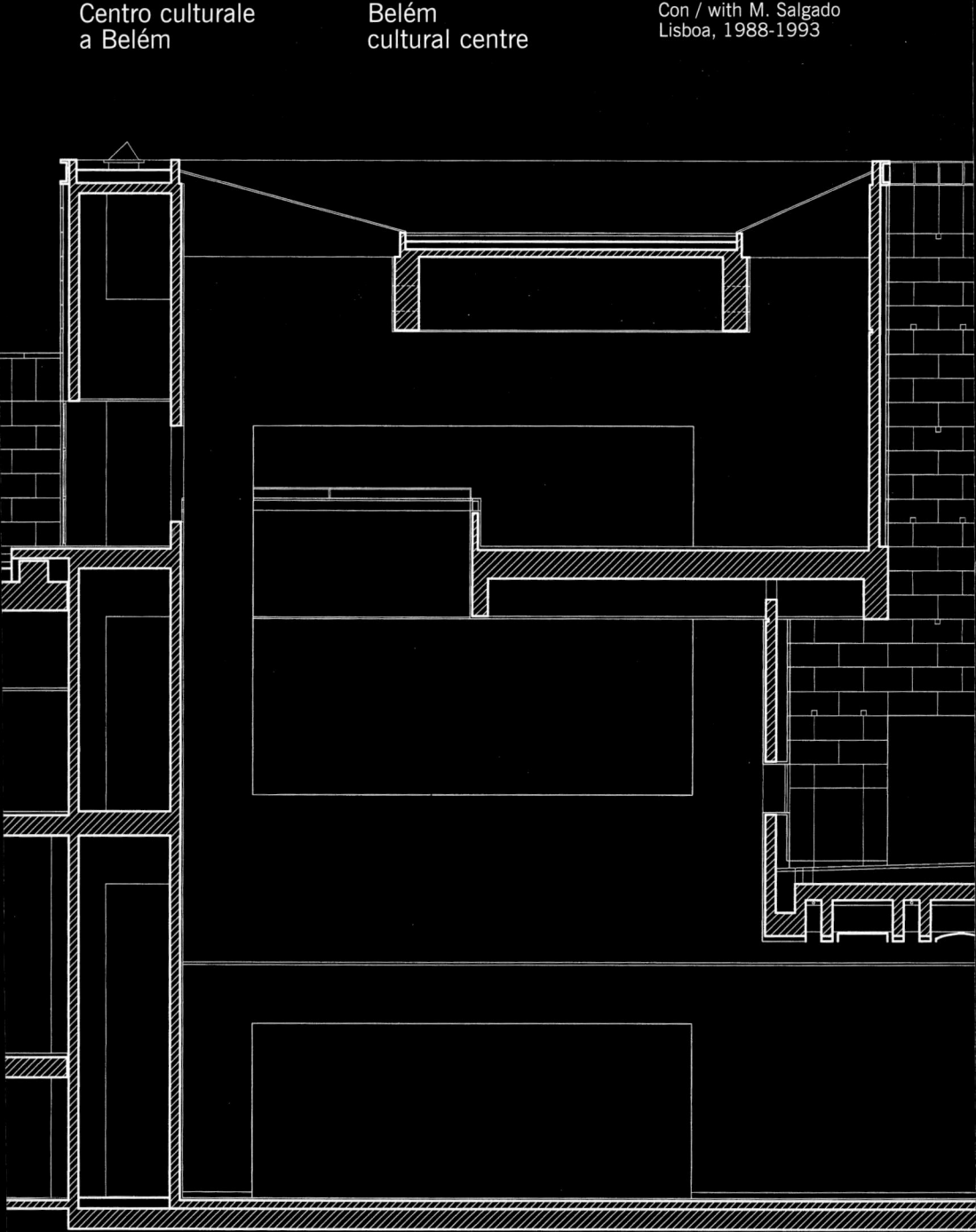

Centro culturale a Belém
Belém cultural centre

Con / with M. Salgado
Lisboa, 1988-1993

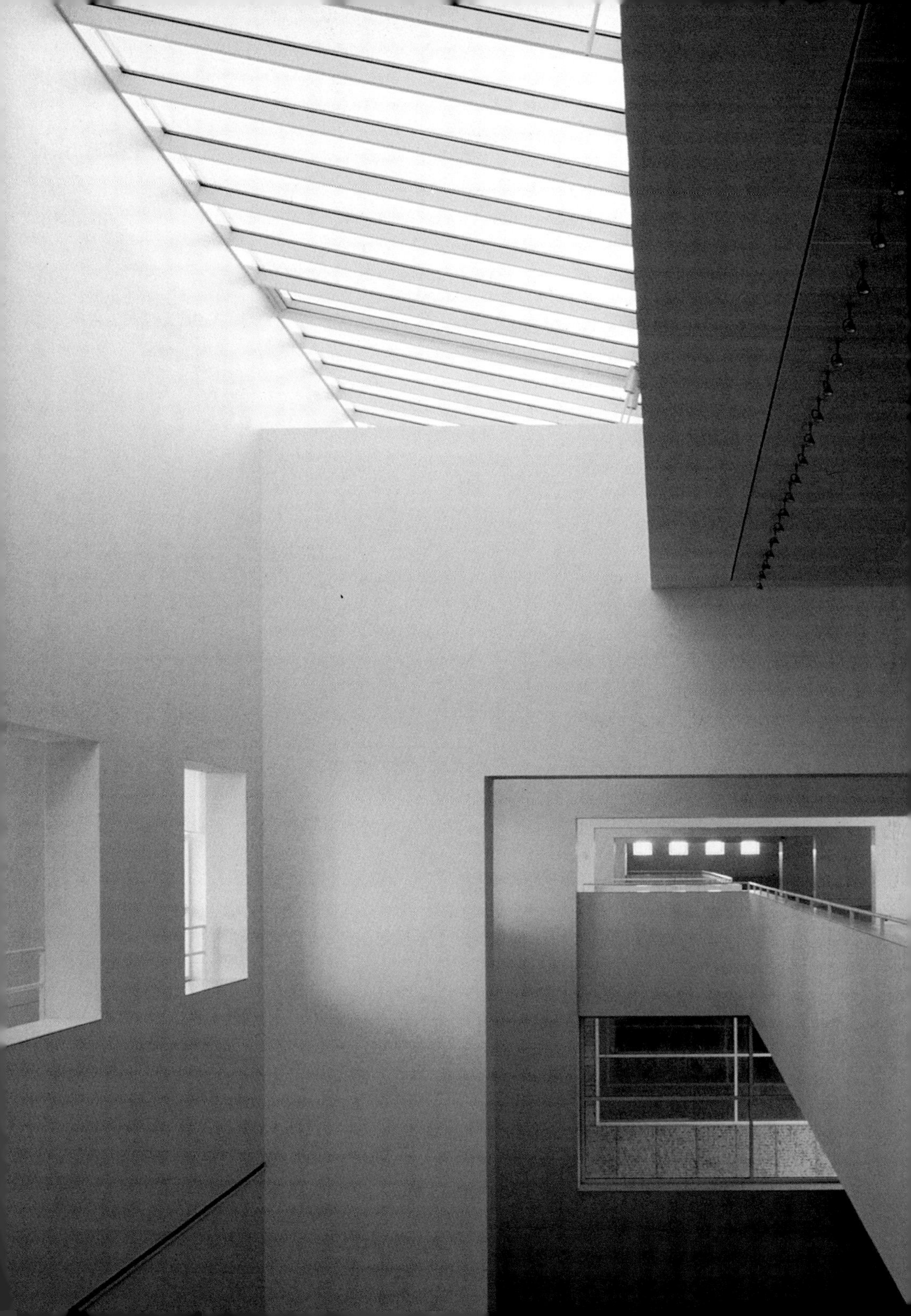

Stadio di calcio
e rugby

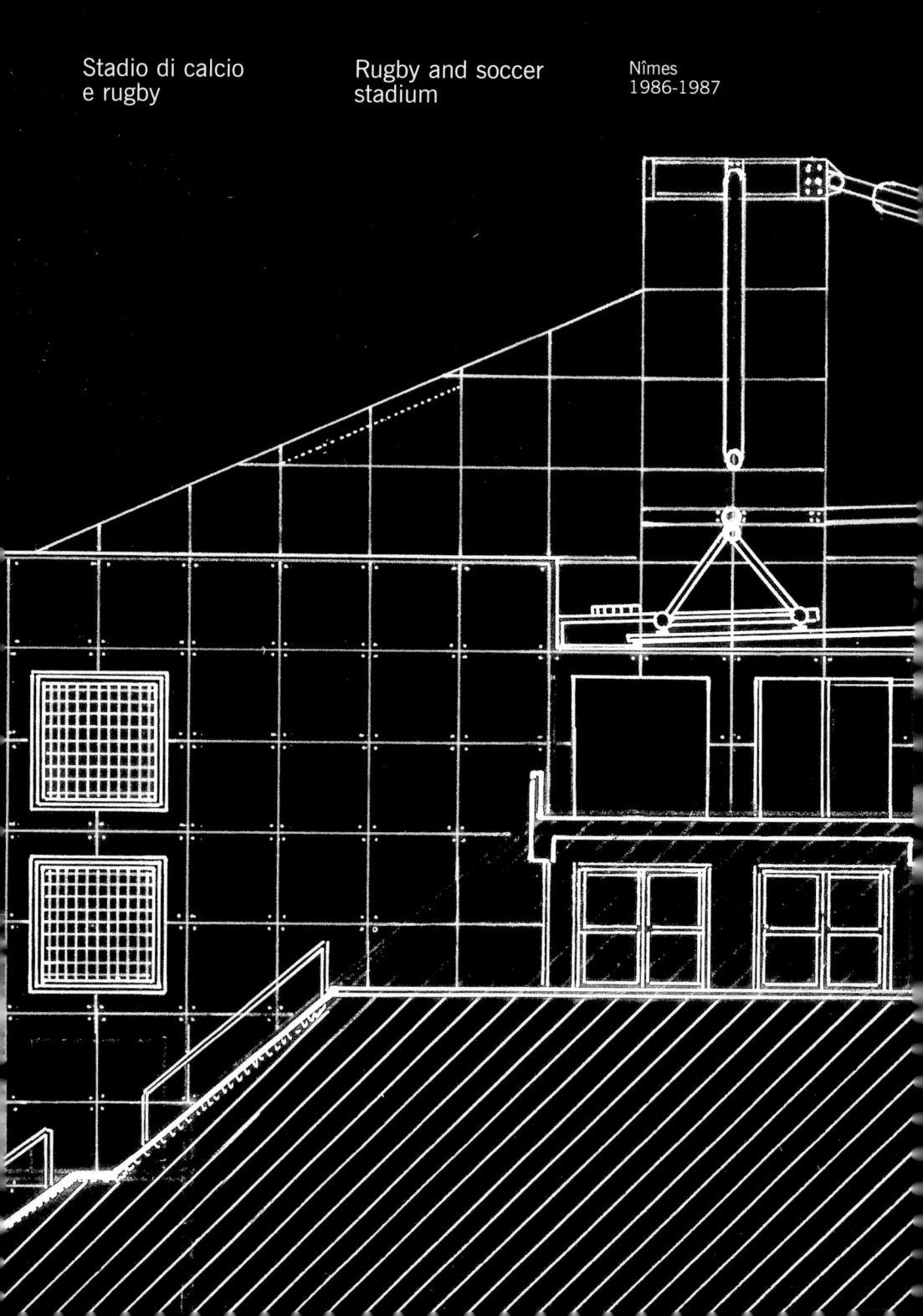

Rugby and soccer
stadium

Nîmes
1986-1987

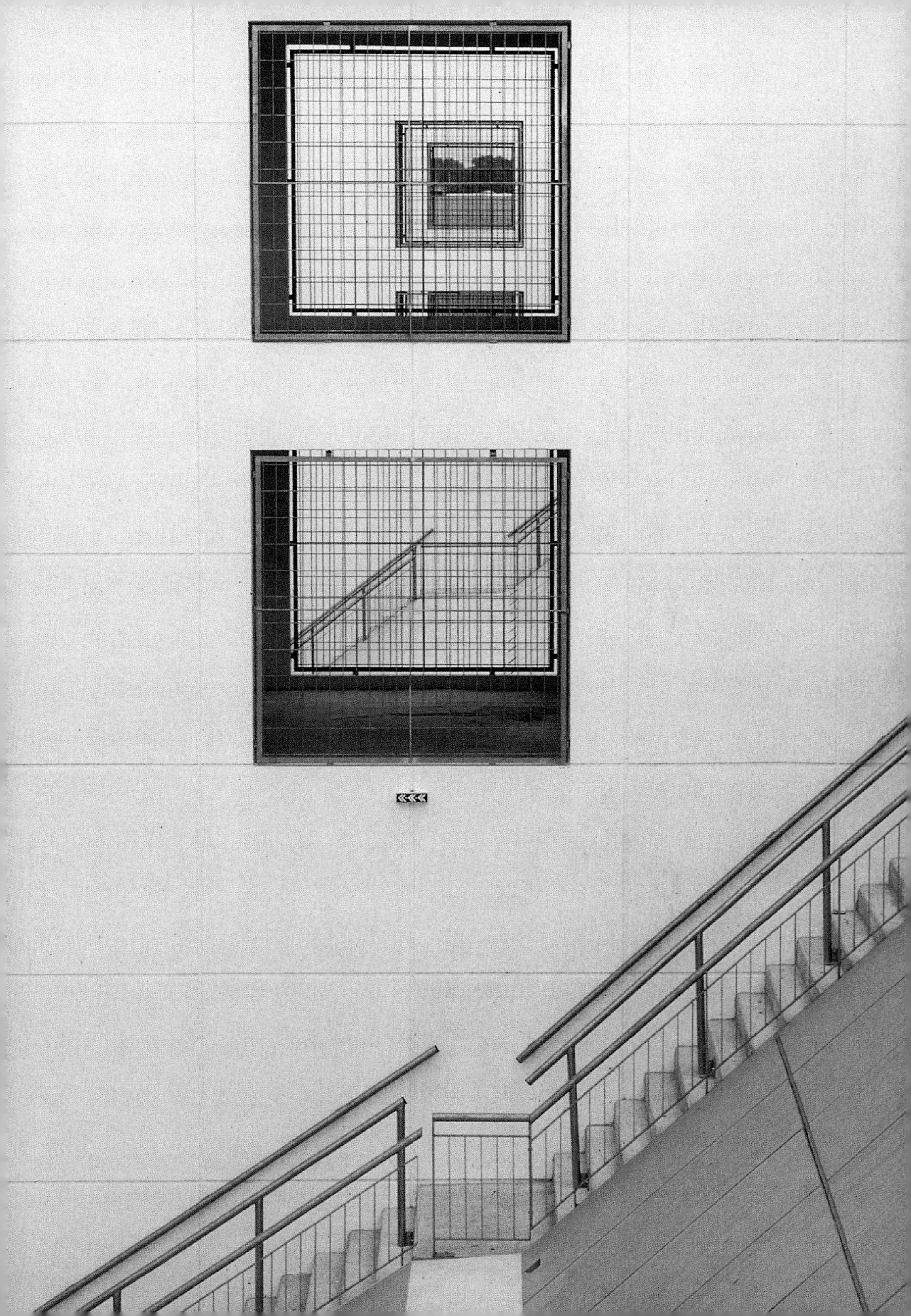

Dipartimenti di Scienze
dell'Università
degli Studi
al Parco d'Orléans

Science departments
in Parco d'Orléans

Con / With G. Polllni
Palermo, 1969-1988

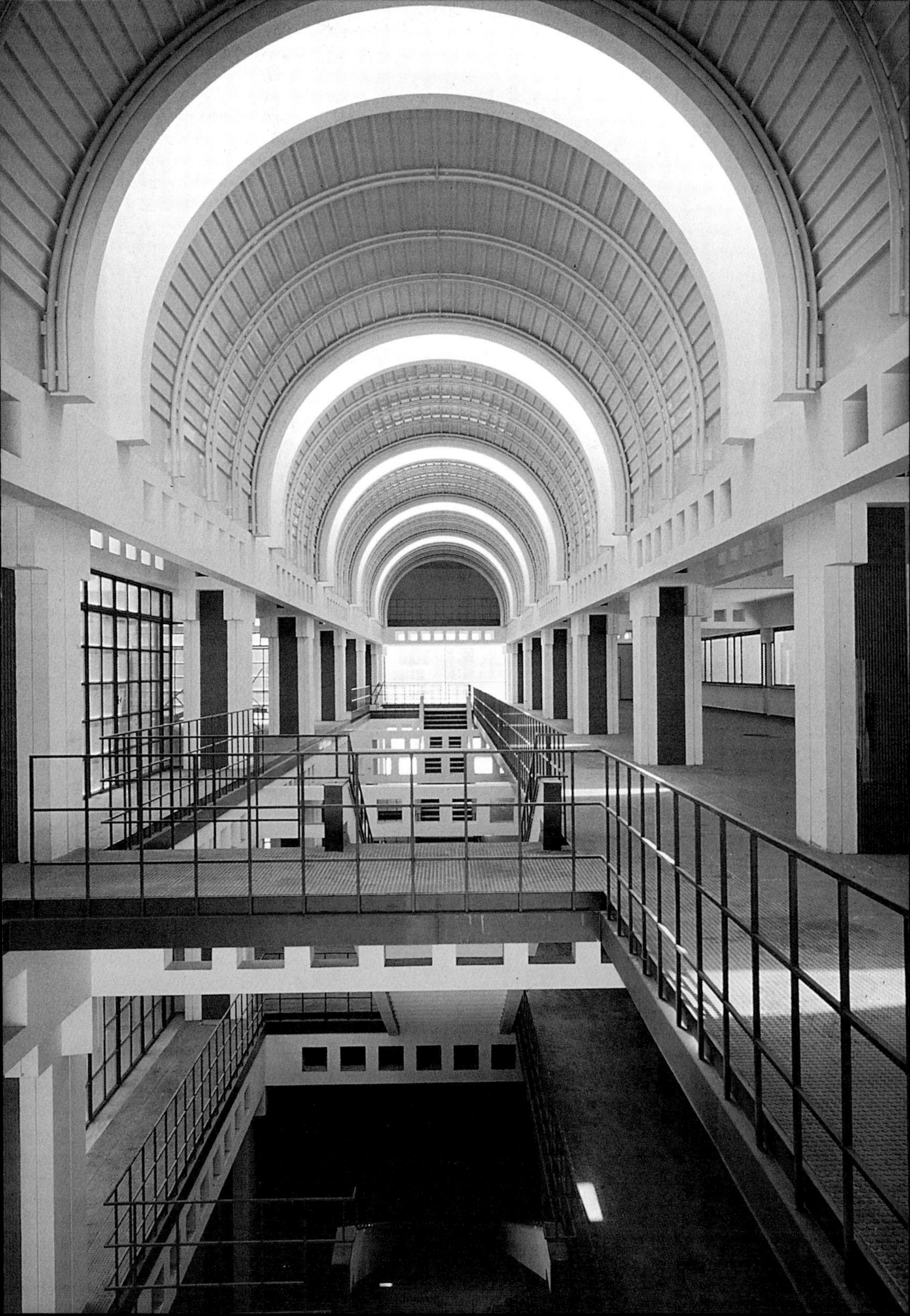

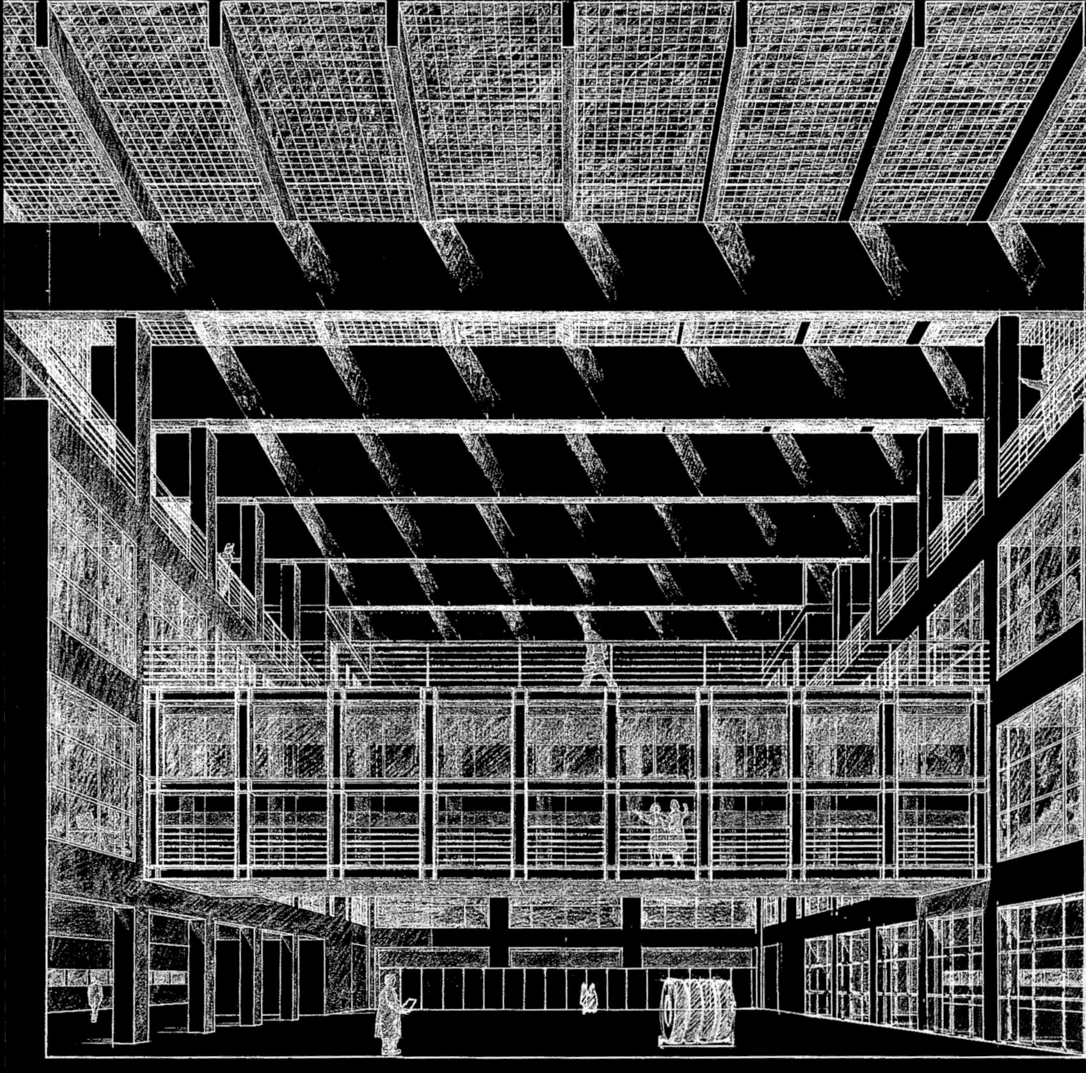

132

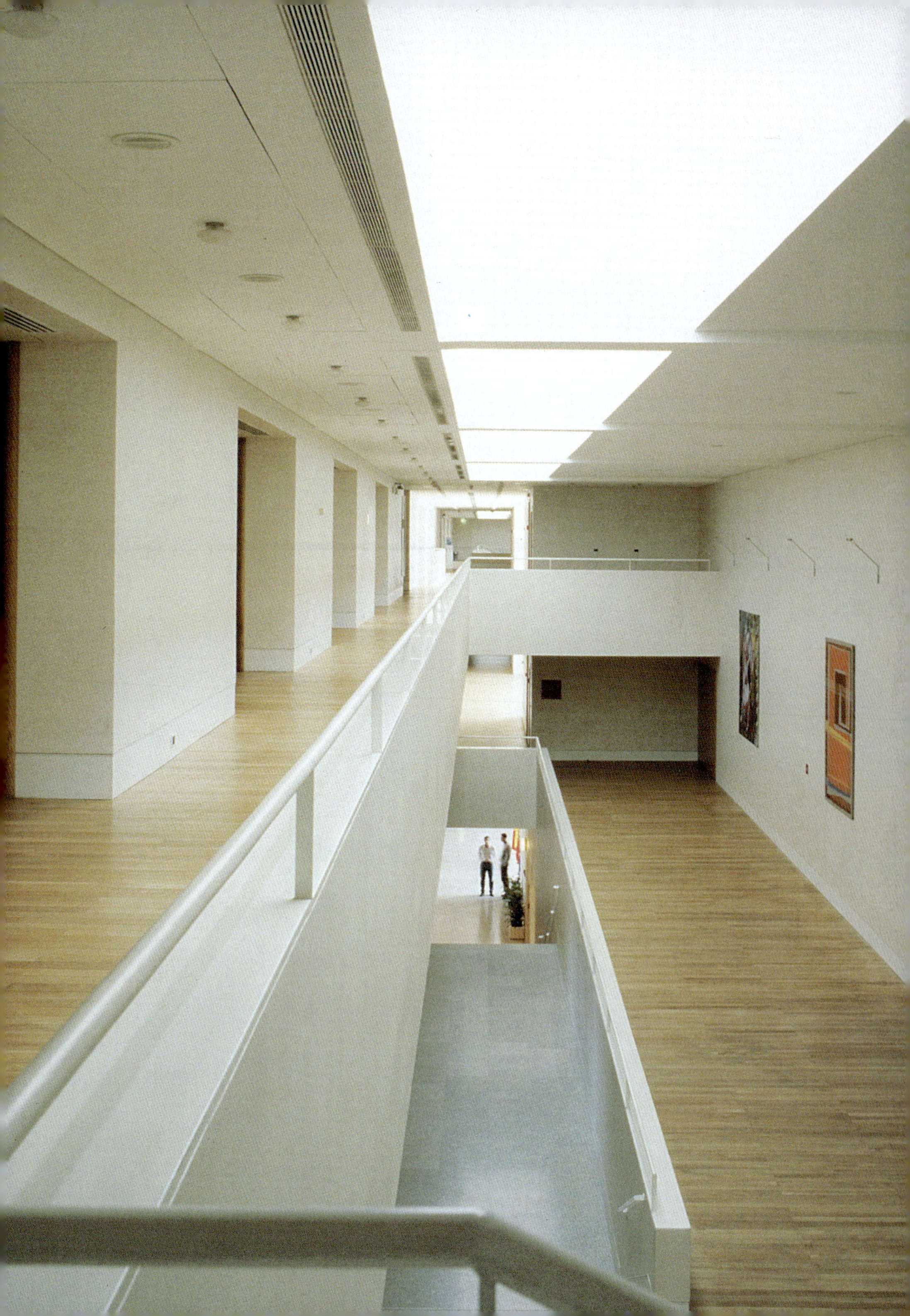

Quartiere residenziale
Quinta da Politeira
Leceia-Barcarena

Quinta da Politeira
Leceia-Barcarena
residential
development

Con / with Risco
Lisboa, 1993-1999

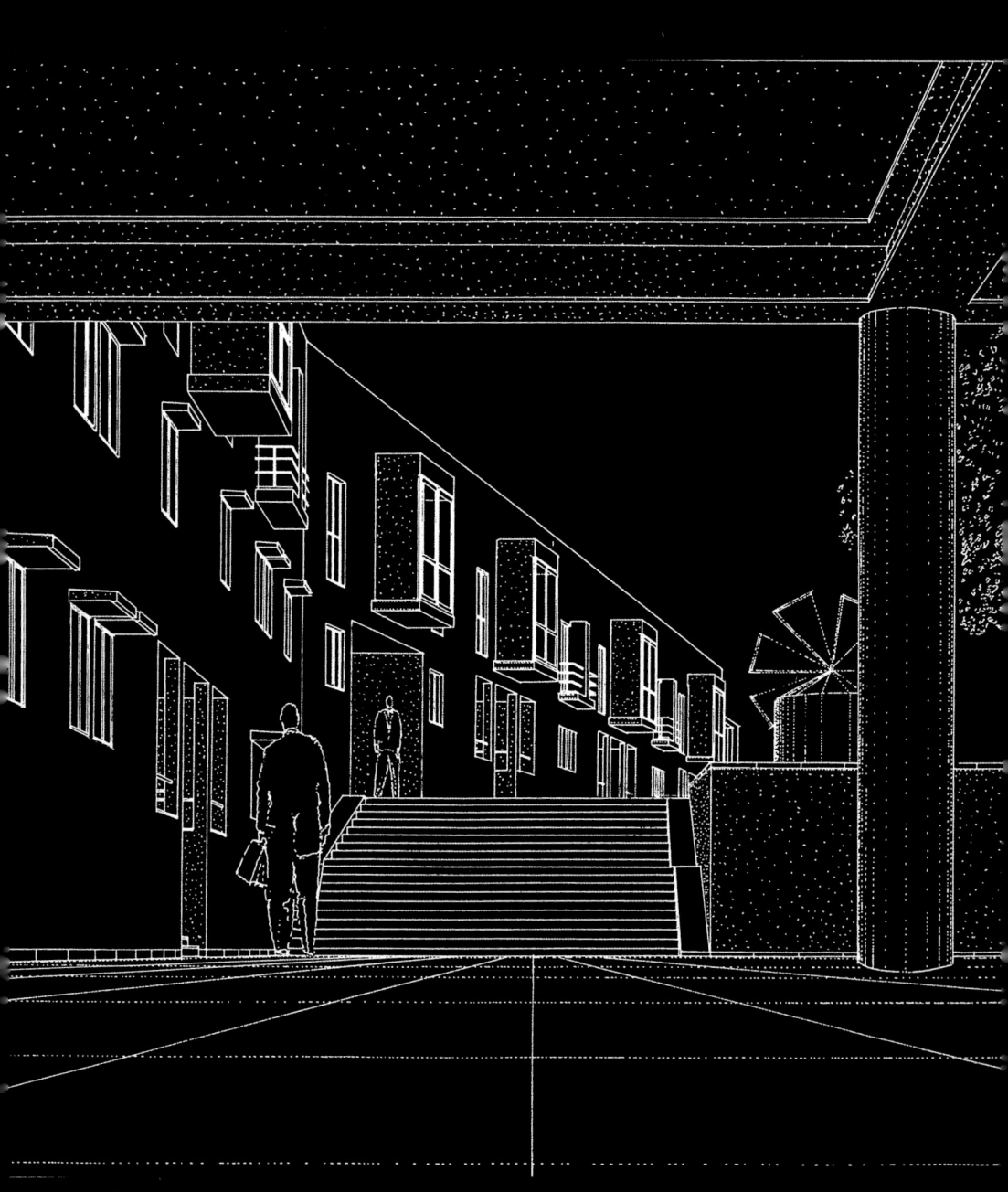

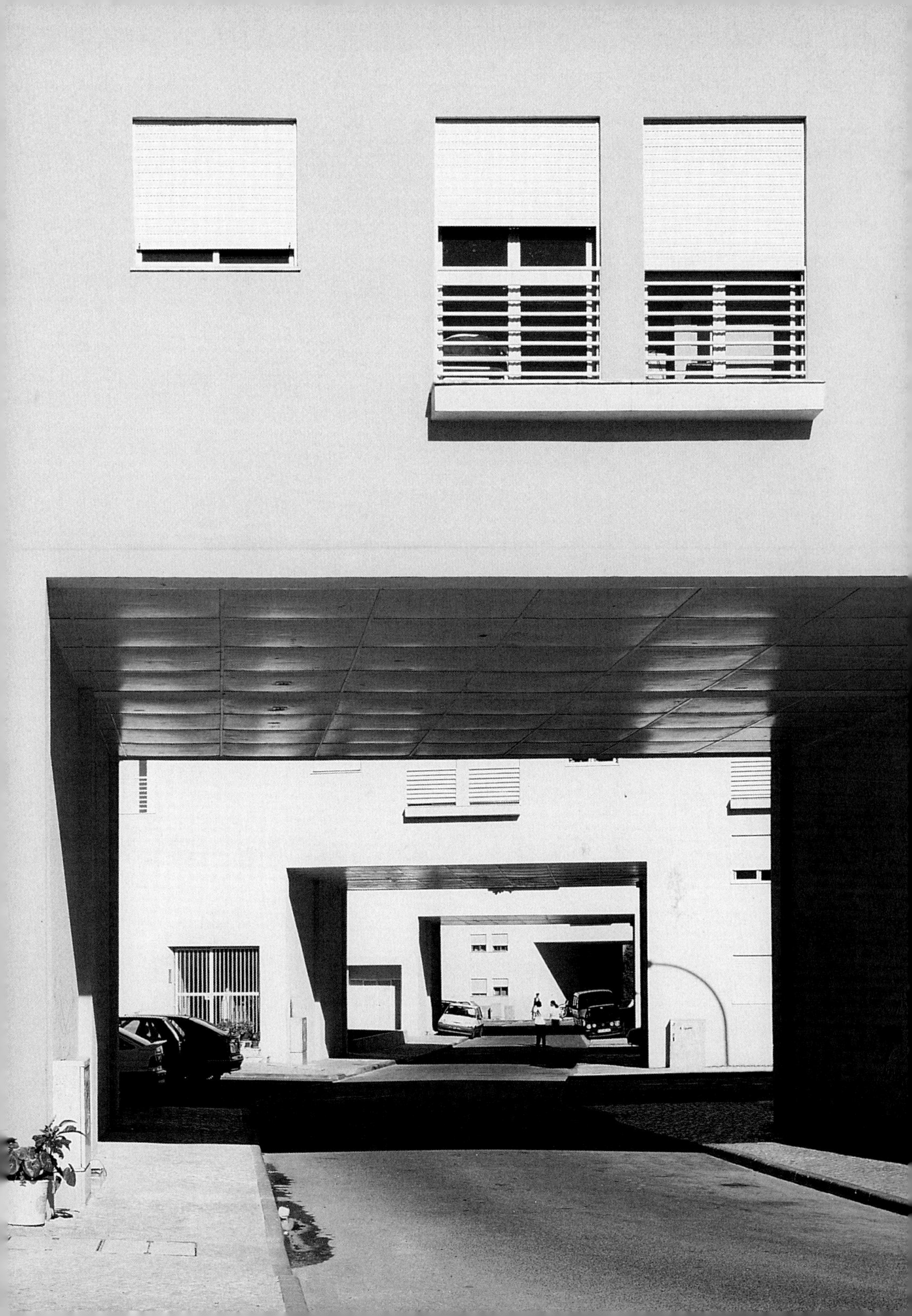

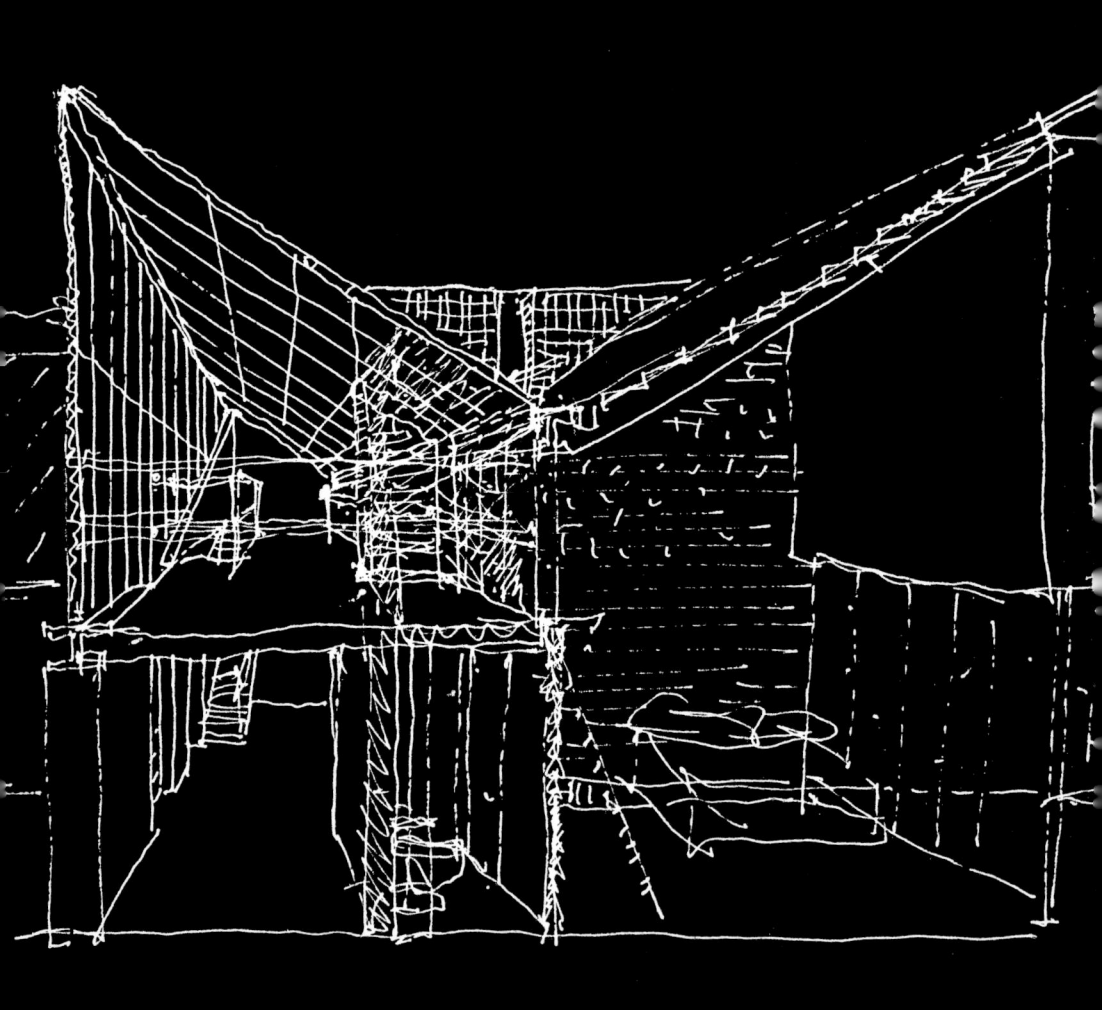

Casa Beldì Beldì residence Oleggio (Novara)
1977-1983

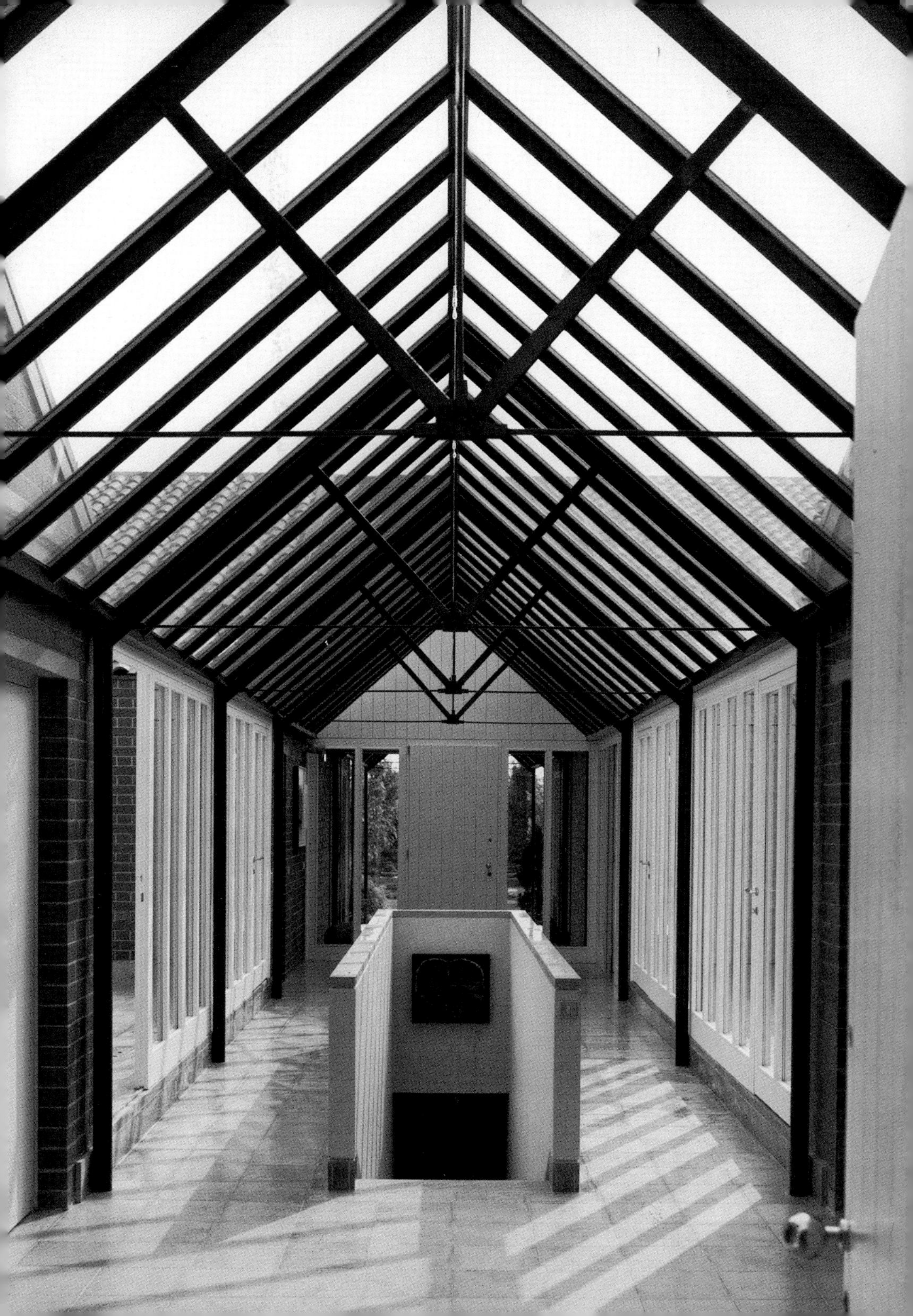

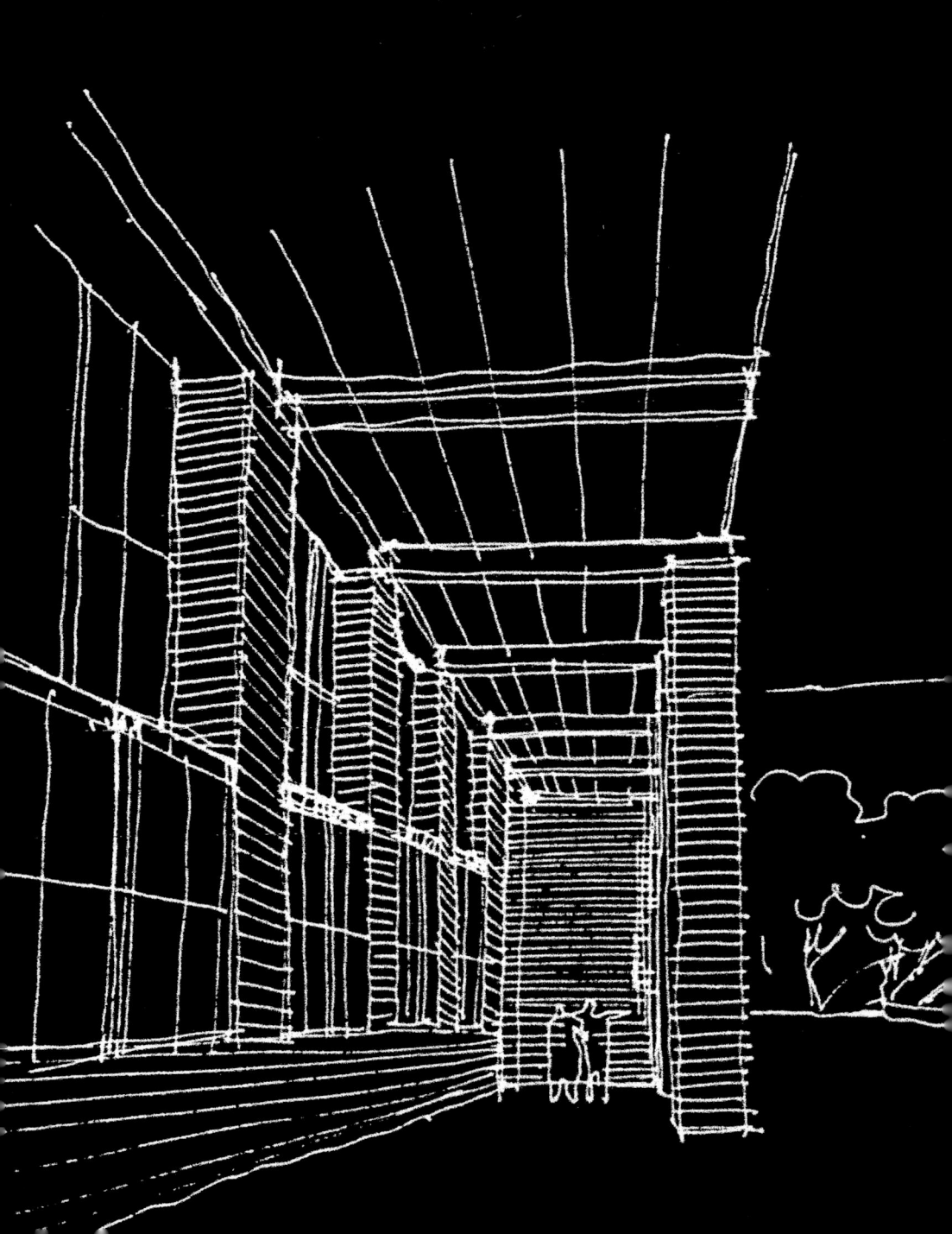

Sede della Regione Marche — Headquarters for the Marche region — Ancona, 1987-1990

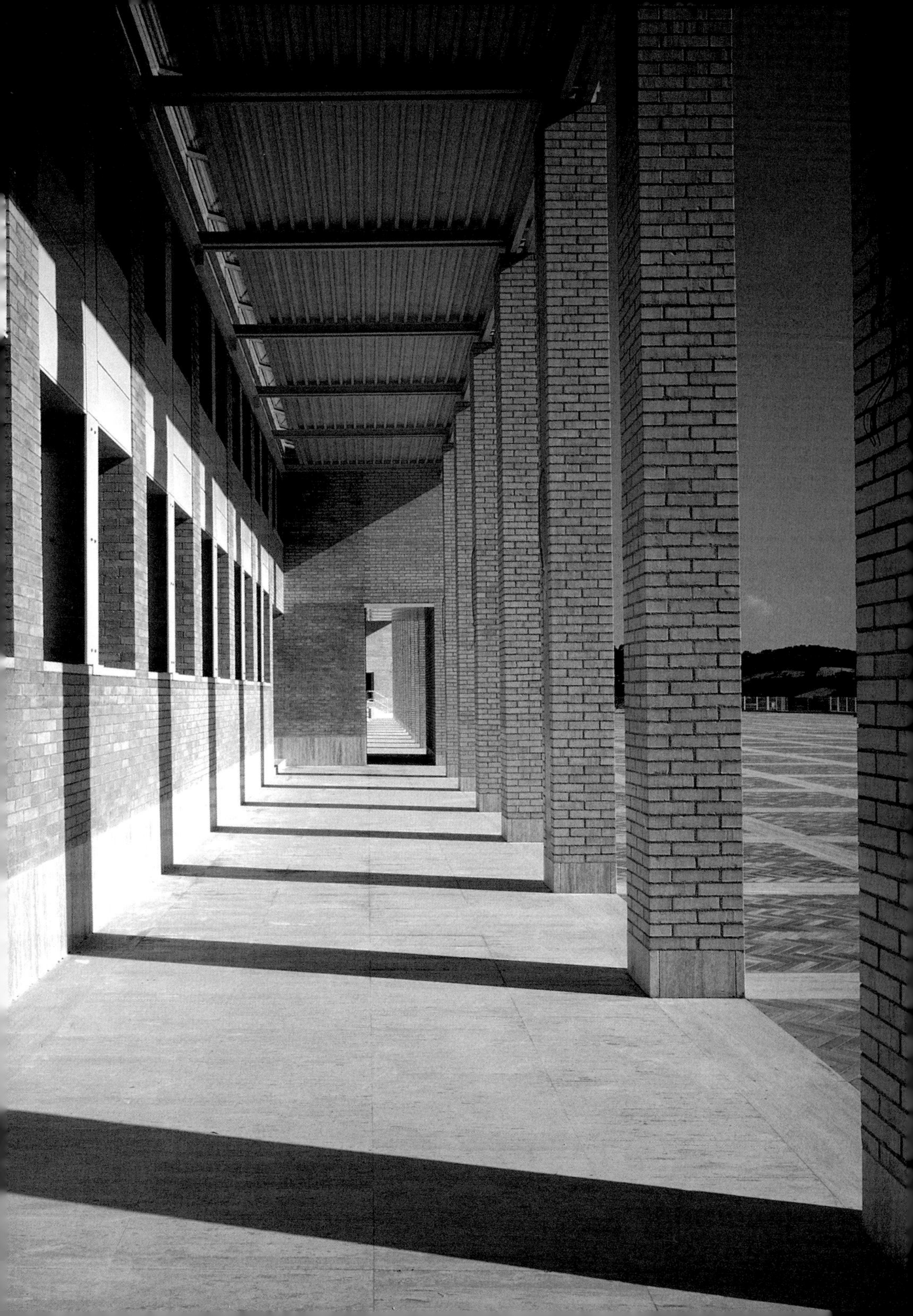

Sede dell'azienda municipalizzata pubblici servizi

Headquarters for the public service agency

Con / with F. Mascellani, M. Felisetti
Parma, 1987-1990

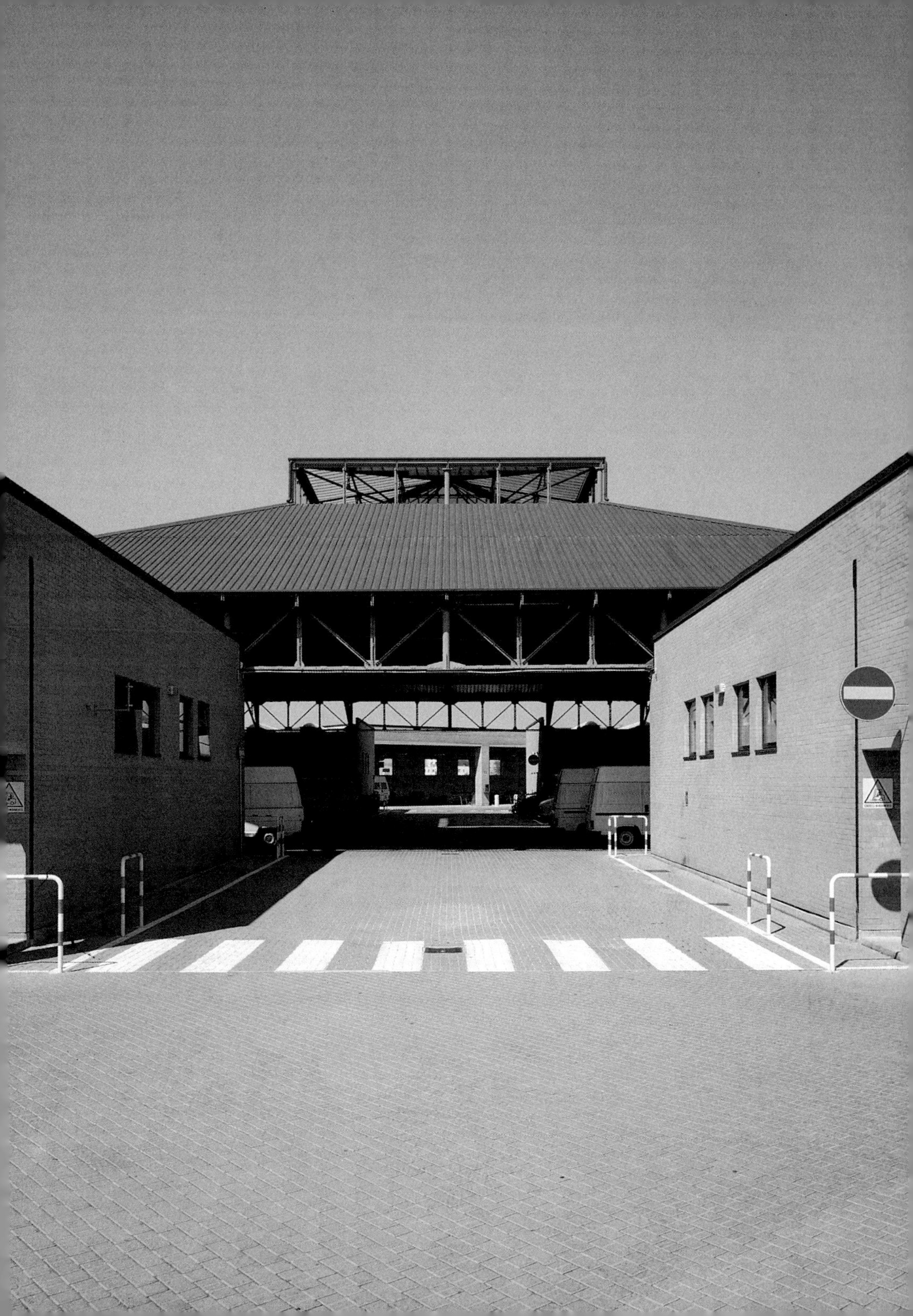

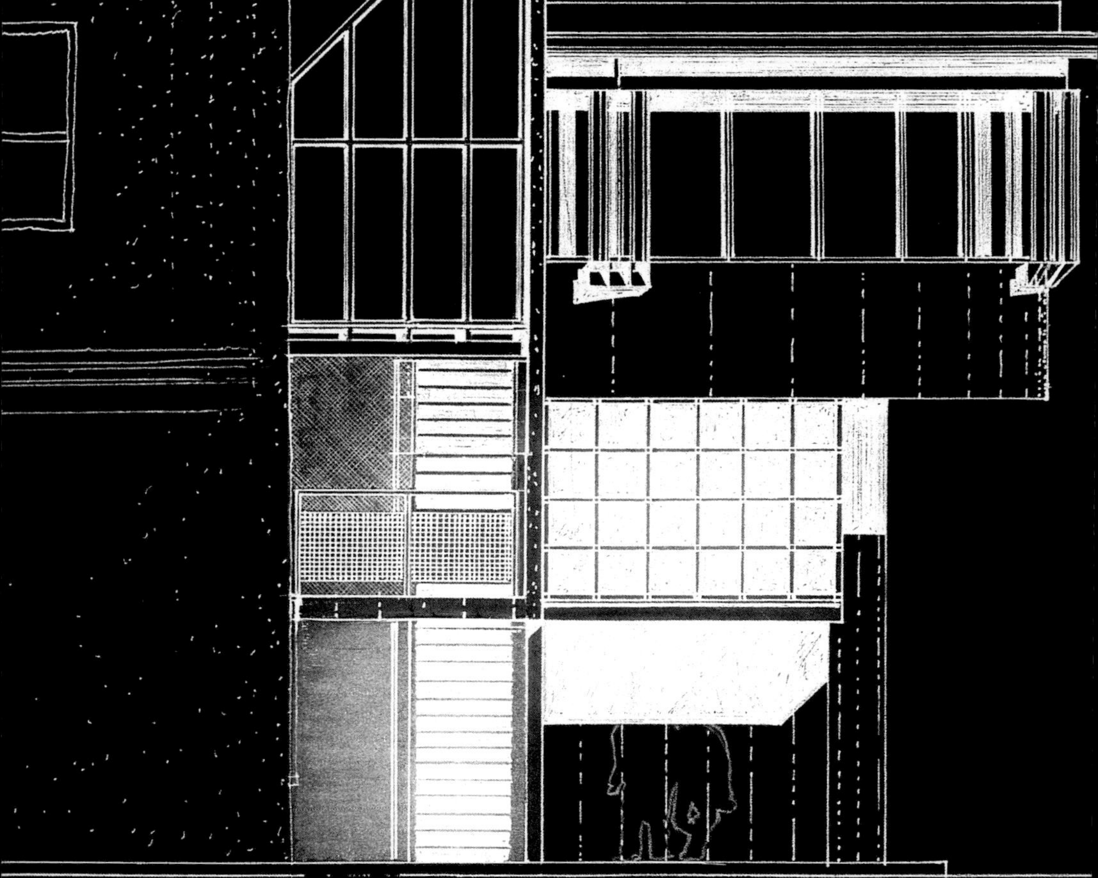

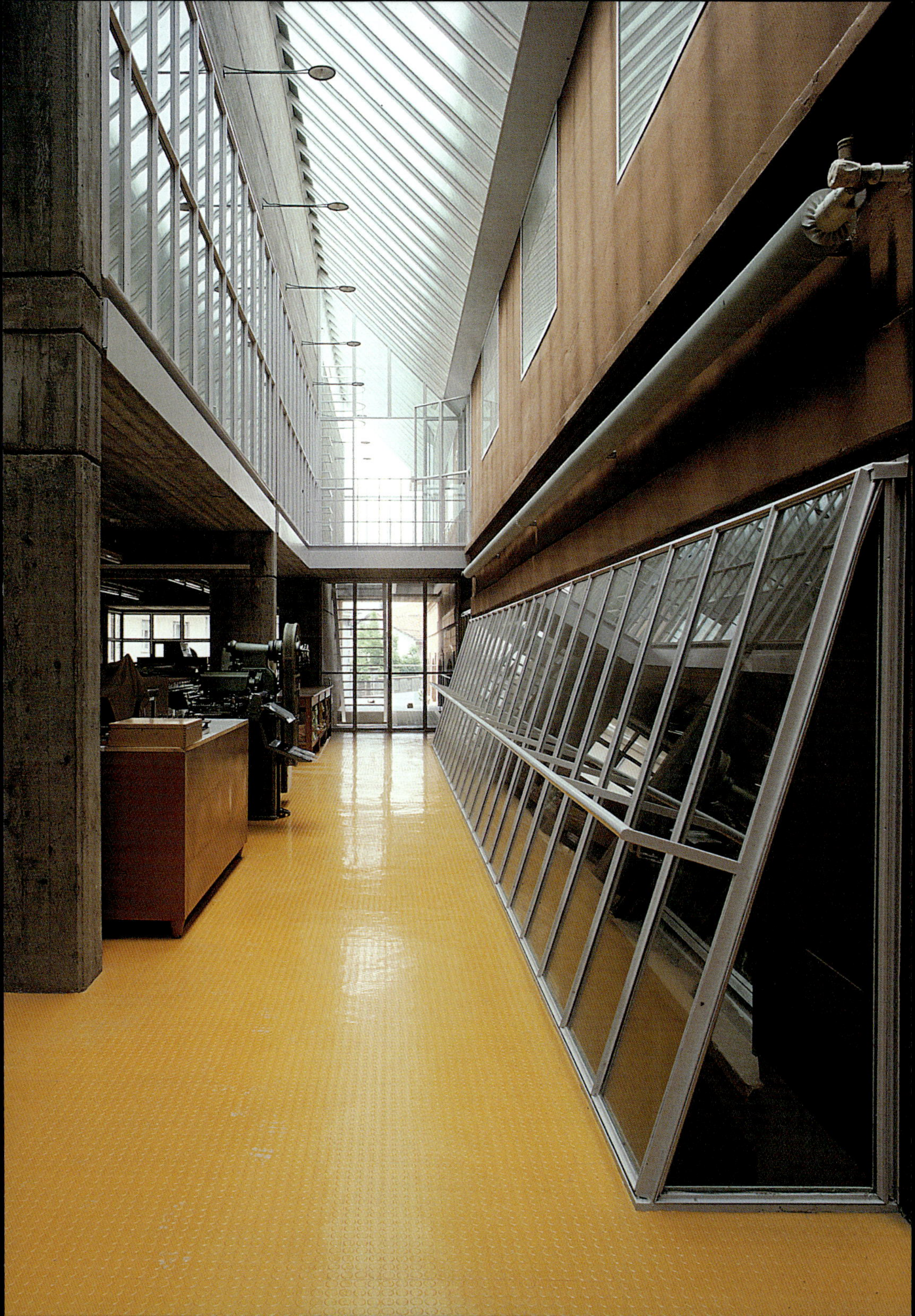

3. In profondità / In depth

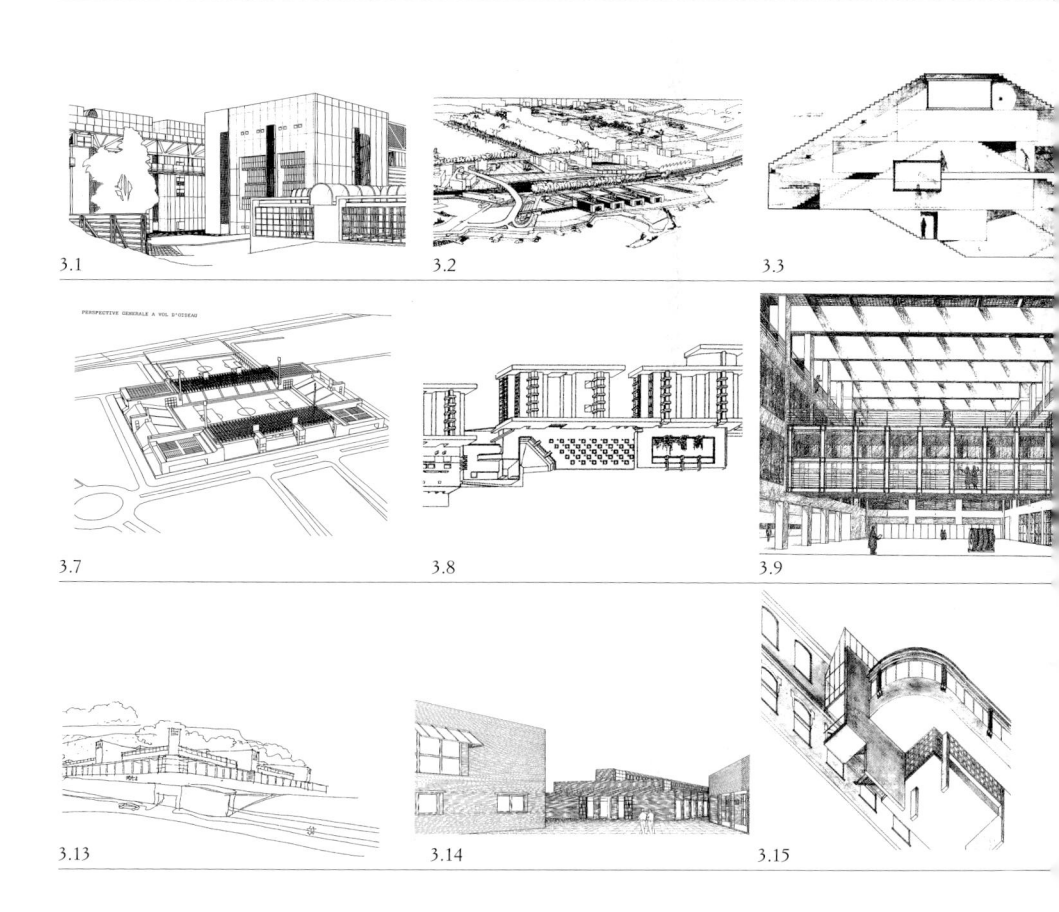

3.1

3.2

3.3

3.7

3.8

3.9

3.13

3.14

3.15

3.4

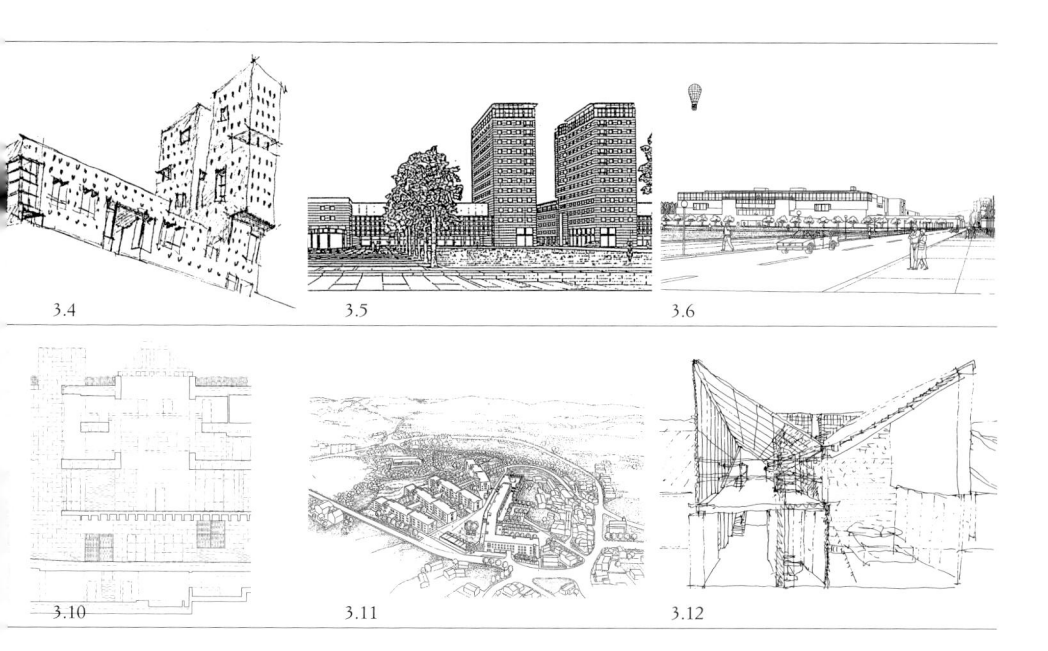

3.5

3.6

3.10

3.11

3.12

3. In profondità / In depth

3.1 Sede dell'Università degli Studi della Calabria, con E. Battisti, H. Matsui, P. Nicolin, F. Purini, C. Rusconi Clerici, B. Viganò
Cosenza, 1973-1979
Headquarters for the Università degli Studi della Calabria, with E. Battisti, H. Matsui, P. Nicolin, F. Purini, C. Rusconi Clerici, B. Viganò
Cosenza, 1973-1979

3.2 Centro ricerche ENEA
Portici (Napoli), 1984-1986
ENEA research centre
Portici (Napoli), 1984-1986

3.3 Sezione introduttiva sul tema del tempo libero per la XIII Triennale, con L. Berio, P. Brivio, U. Eco, L. Meneghetti, G. Stoppino, M. Vignelli, Milano 1964
Introduction section about leisure for the XIII Triennale, with L. Berio, P. Brivio, U. Eco, L. Meneghetti, G. Stoppino, M. Vignelli, Milano 1964

3.4 Abitazioni in cooperativa su via Sesto San Giovanni alla Bicocca
Milano, 1994-1998
Low-income housing in Bicocca
Milano, 1994-1998

3.5 Centro servizi nell'area San Carlo Arcella, con F. Messina, Padova, 1987-1995
Services centre in San Carlo Arcella, with F. Messina, Padova, 1987-1995

3.6 Centro culturale a Belém, con M. Salgado
Lisboa, 1988-1993
Belém cultural centre, with M. Salgado
Lisboa, 1988-1993

3.7 Stadio di calcio e rugby
Nîmes, 1986-1987
Rugby and soccer stadium
Nîmes, 1986-1987

3.8 Dipartimenti di Scienze
dell'Università degli Studi
al Parco d'Orléans,
con G. Pollini
Palermo, 1969-1988
Science departments
in Parco d'Orléans,
with G. Pollini
Palermo, 1969-1988

3.9 Centro ricerche Pirelli
alla Bicocca
Milano, 1994-1999
Pirelli research centre
in Bicocca
Milano, 1994-1999

3.10 Centro culturale a Belém,
con M. Salgado
Lisboa, 1988-1993
Belém cultural centre,
with M. Salgado
Lisboa, 1988-1993

3.11 Quartiere residenziale
Quinta da Politeira
Leceia-Barcarena,
con Risco
Lisboa, 1993-1999
Quinta da Politeira
Leceia-Barcarena
residential development,
With Risco
Lisboa, 1993-1999

3.12 Casa Beldì
Oleggio (Novara),
1977-1983
Beldì residence
Oleggio (Novara),
1977-1983

3.13 Sede della Regione
Marche
Ancona, 1987-1990
Headquarters for the
Marche region
Ancona, 1987-1990

3.14 Sede dell'azienda
municipalizzata
pubblici servizi,
con F. Mascellani,
M. Felisetti
Parma, 1987-1990
Headquarters for the
public service agency,
with F. Mascellani,
M. Felisetti
Parma 1987-1990

3.15 Uffici dell'industria
tessile Bossi
Cameri (Novara), 1980
Offices for Bossi
textile factory
Cameri (Novara), 1980

4. Visione diagonale / Diagonal view

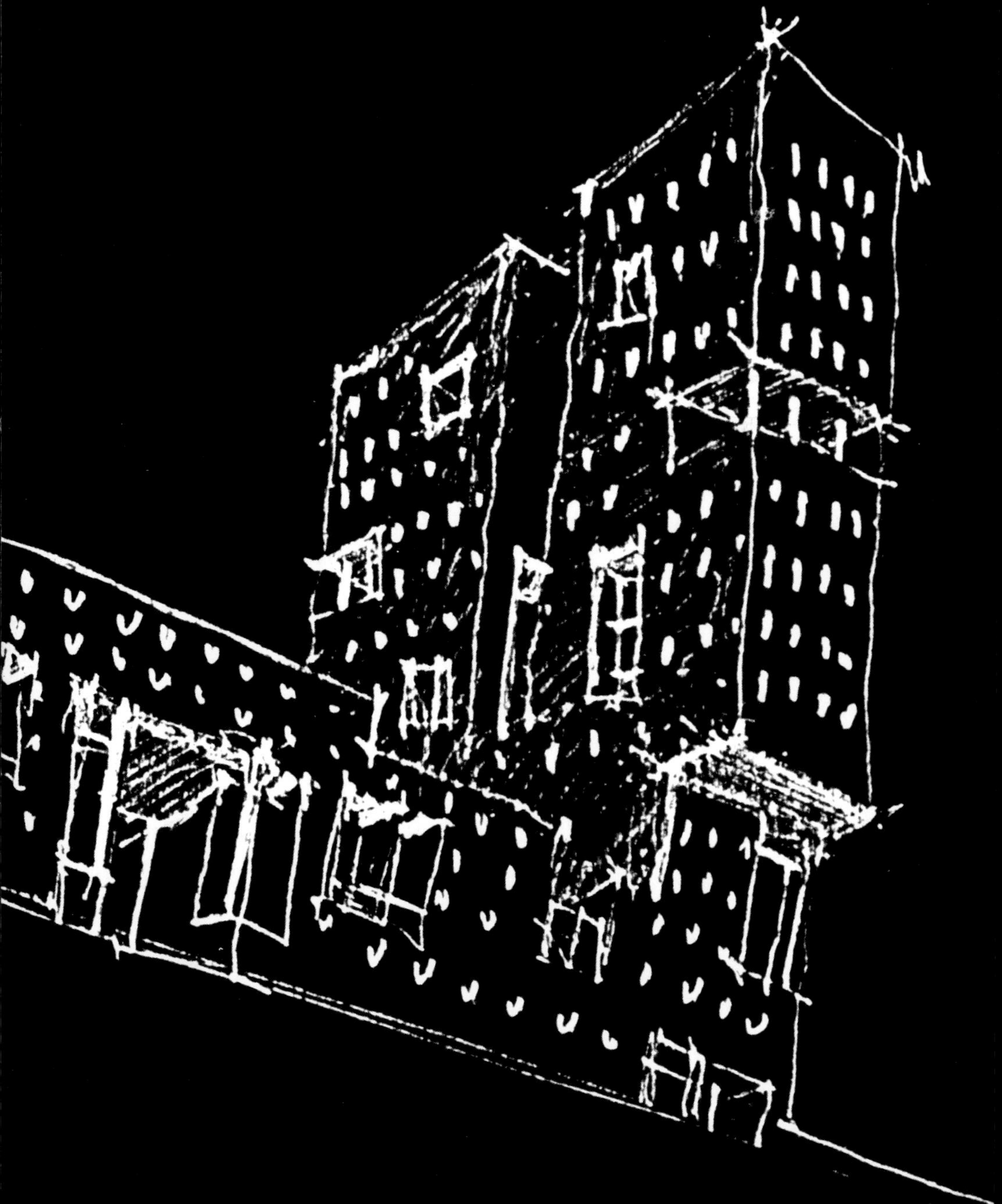

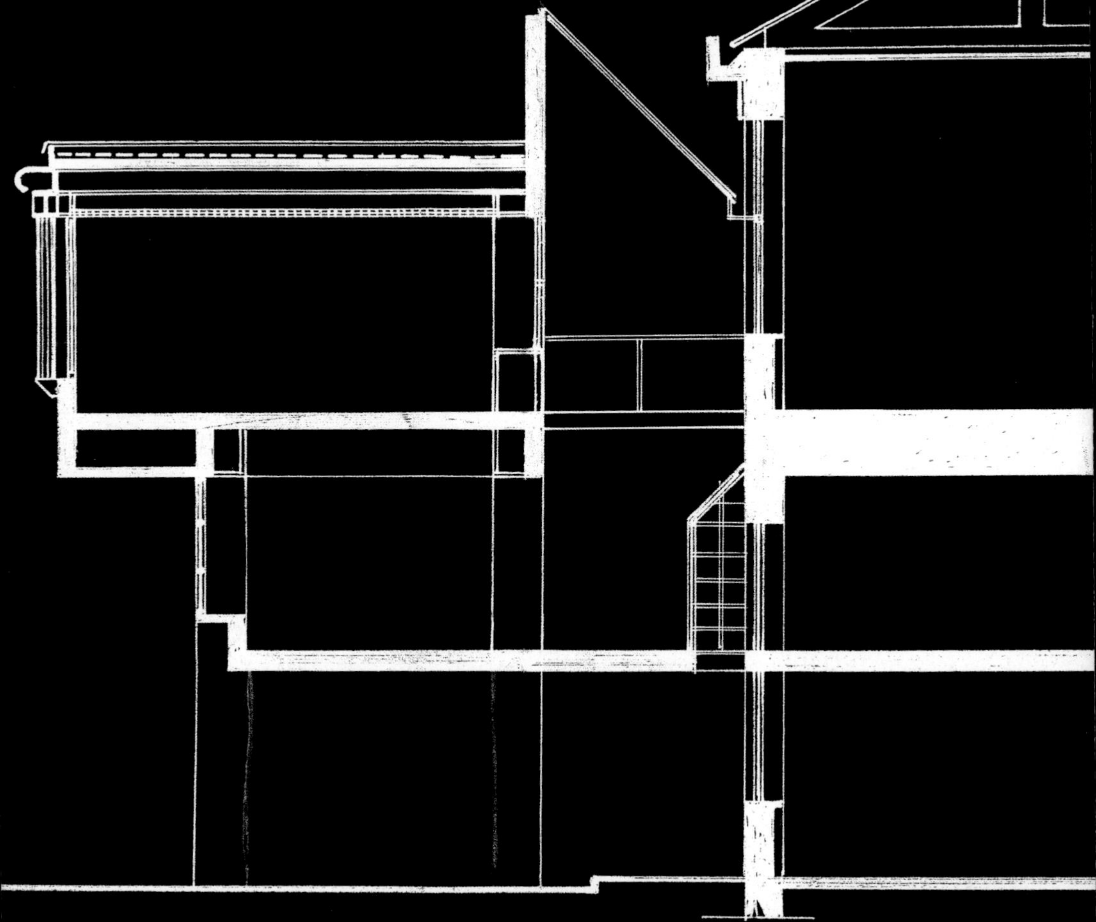

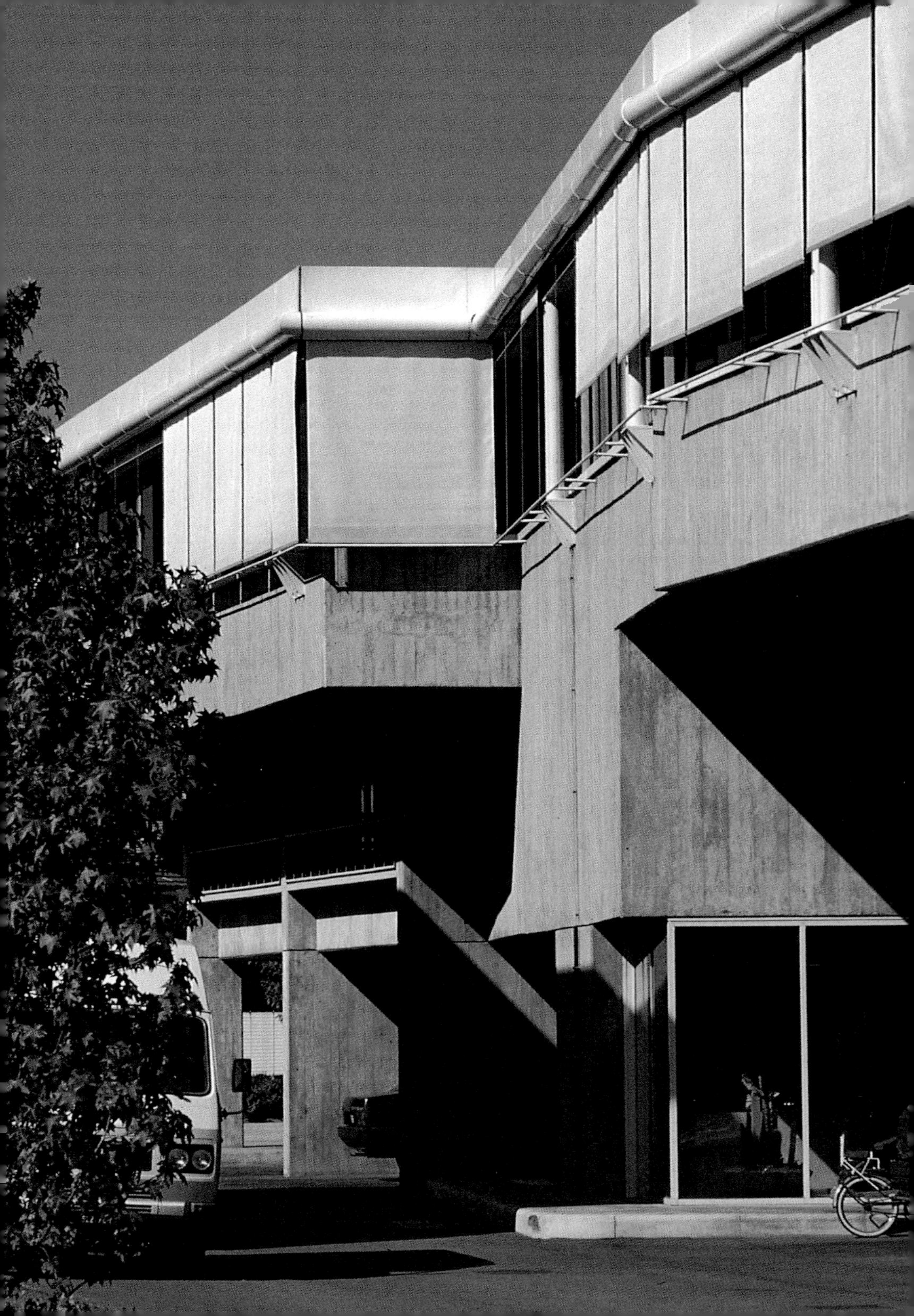

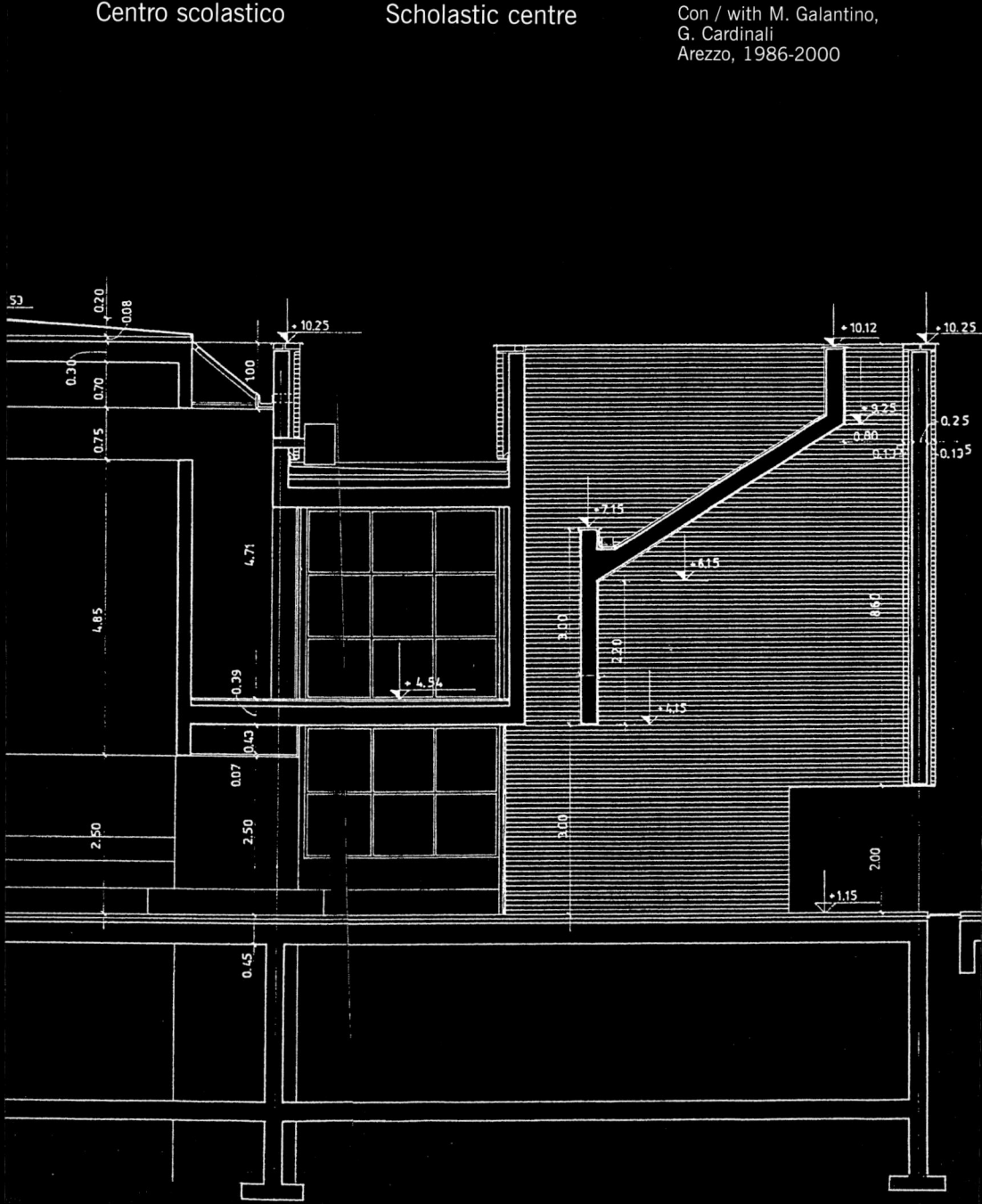

Centro scolastico — Scholastic centre — Con / with M. Galantino, G. Cardinali
Arezzo, 1986-2000

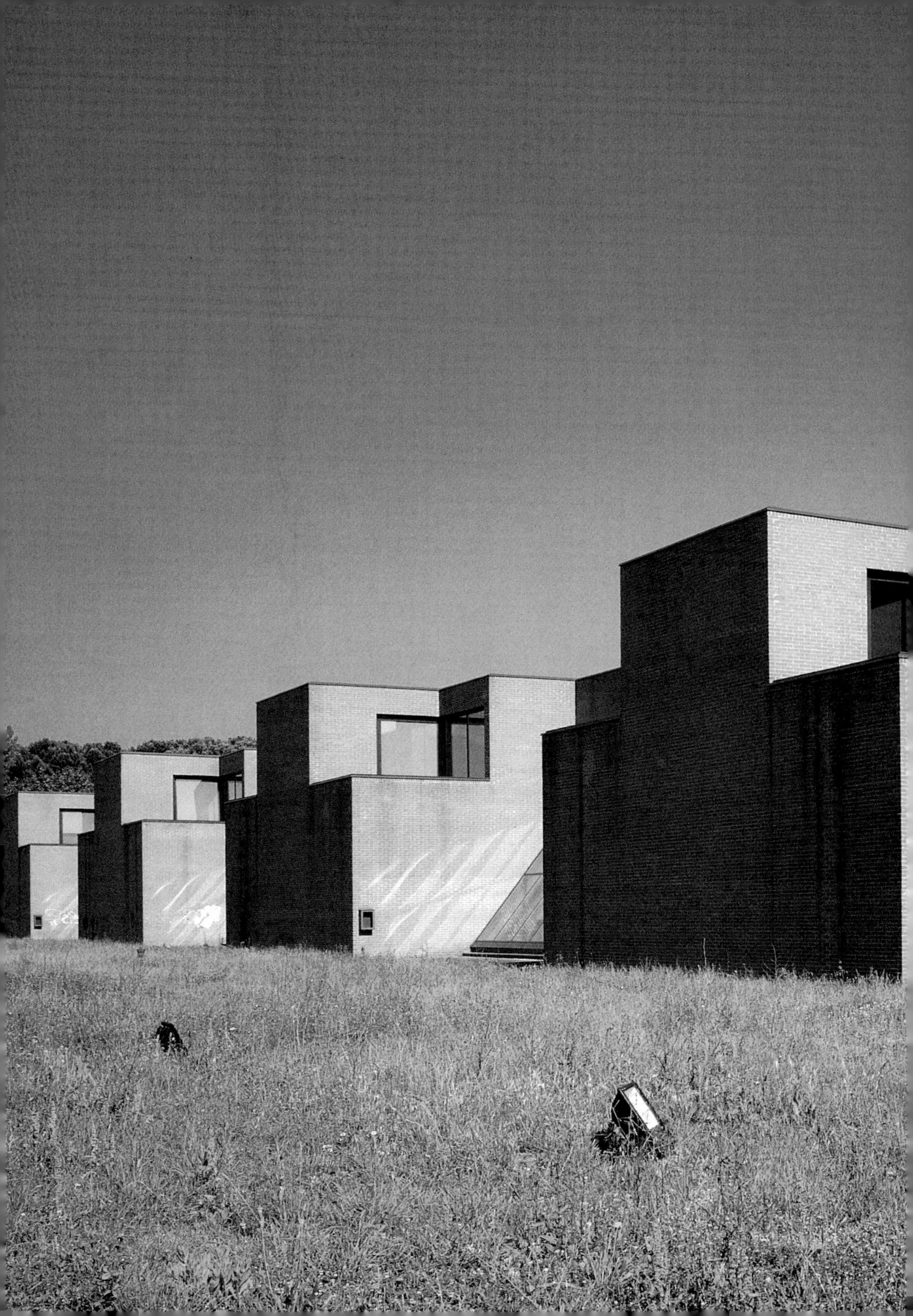

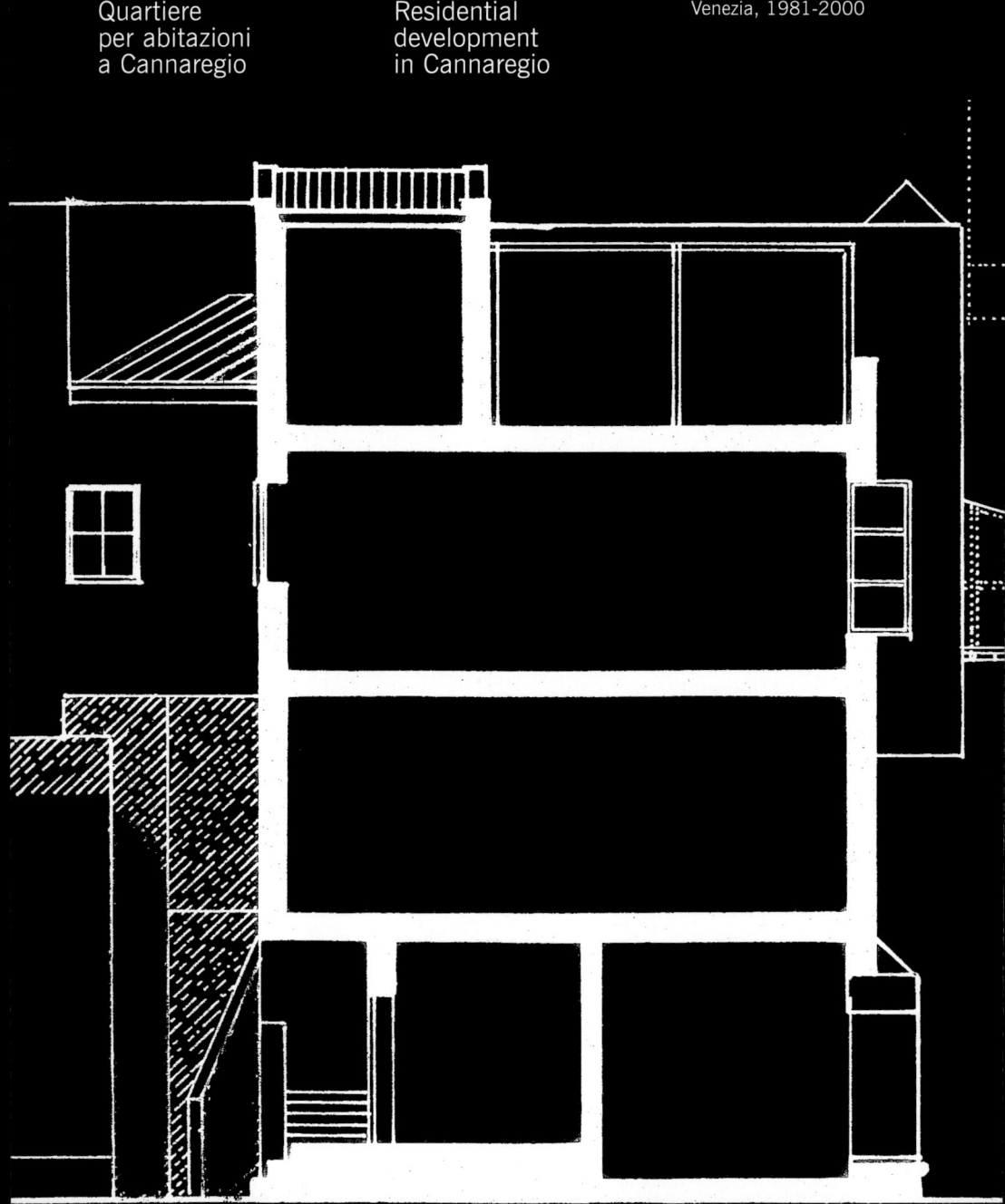

Quartiere per abitazioni a Cannaregio

Residential development in Cannaregio

Venezia, 1981-2000

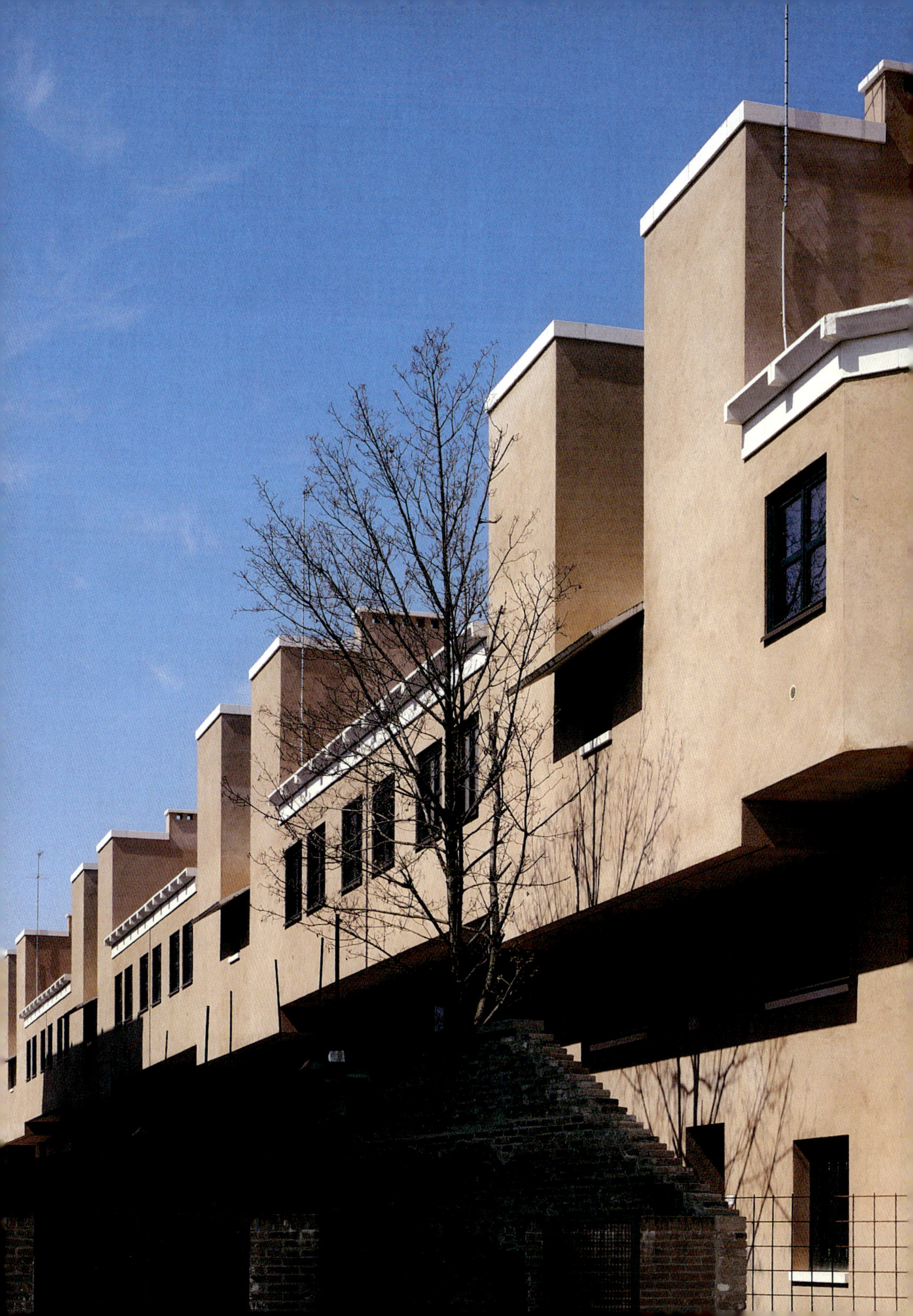

Centro ricerche Pirelli
alla Bicocca

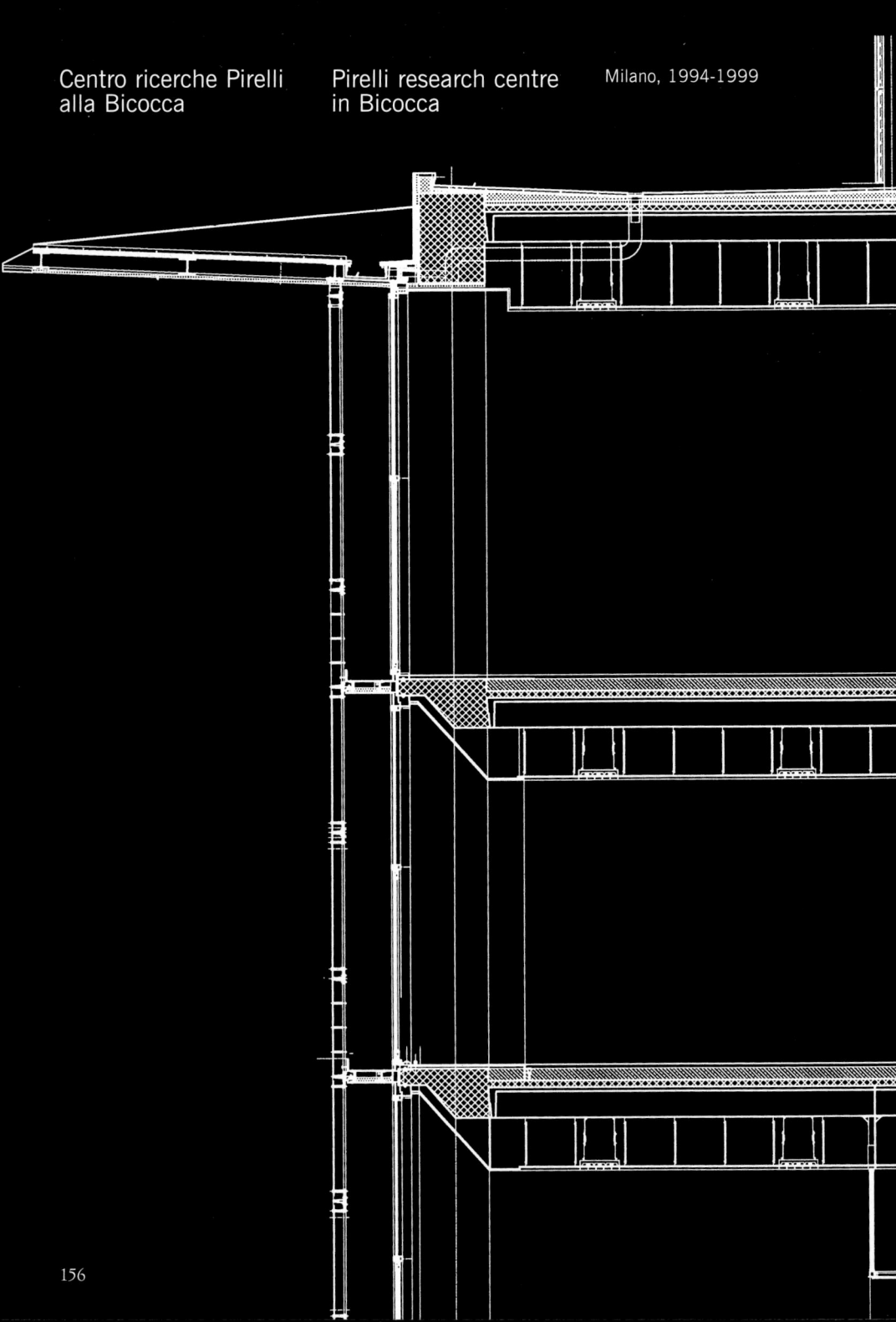

Pirelli research centre
in Bicocca

Milano, 1994-1999

Centro ricerche ENEA
alla Casaccia

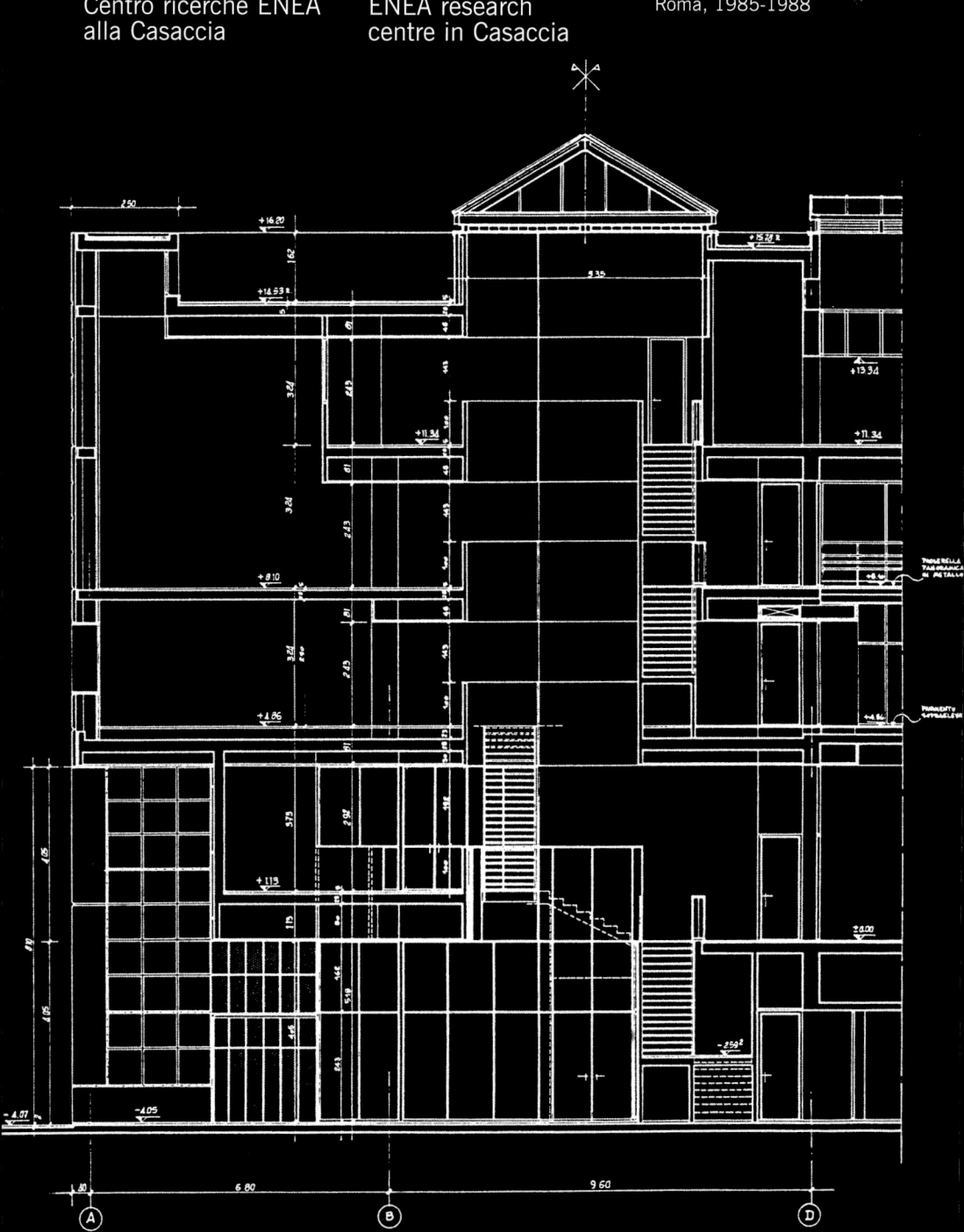

ENEA research
centre in Casaccia

Roma, 1985-1988

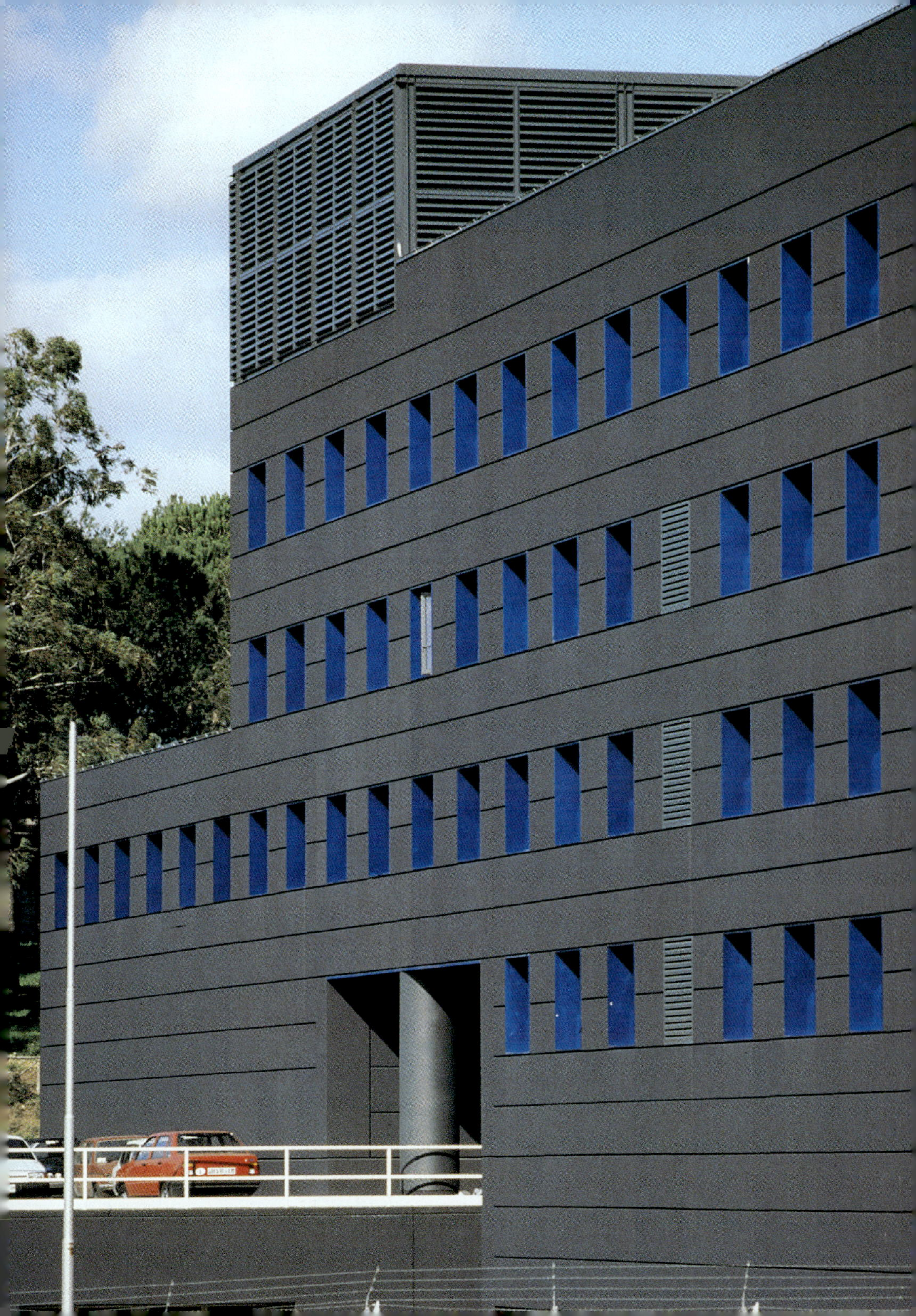

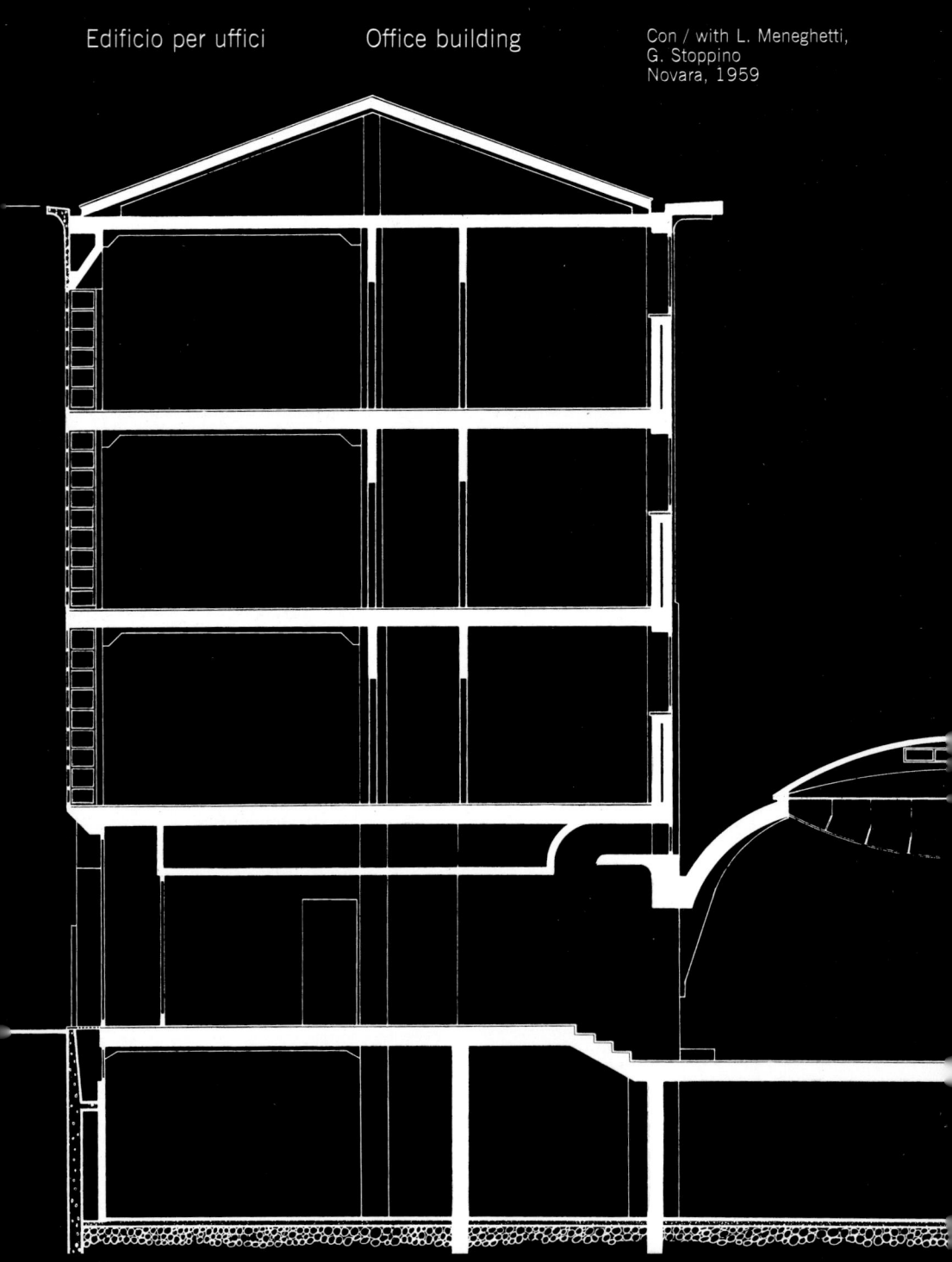

Edificio per uffici   Office building   Con / with L. Meneghetti,
G. Stoppino
Novara, 1959

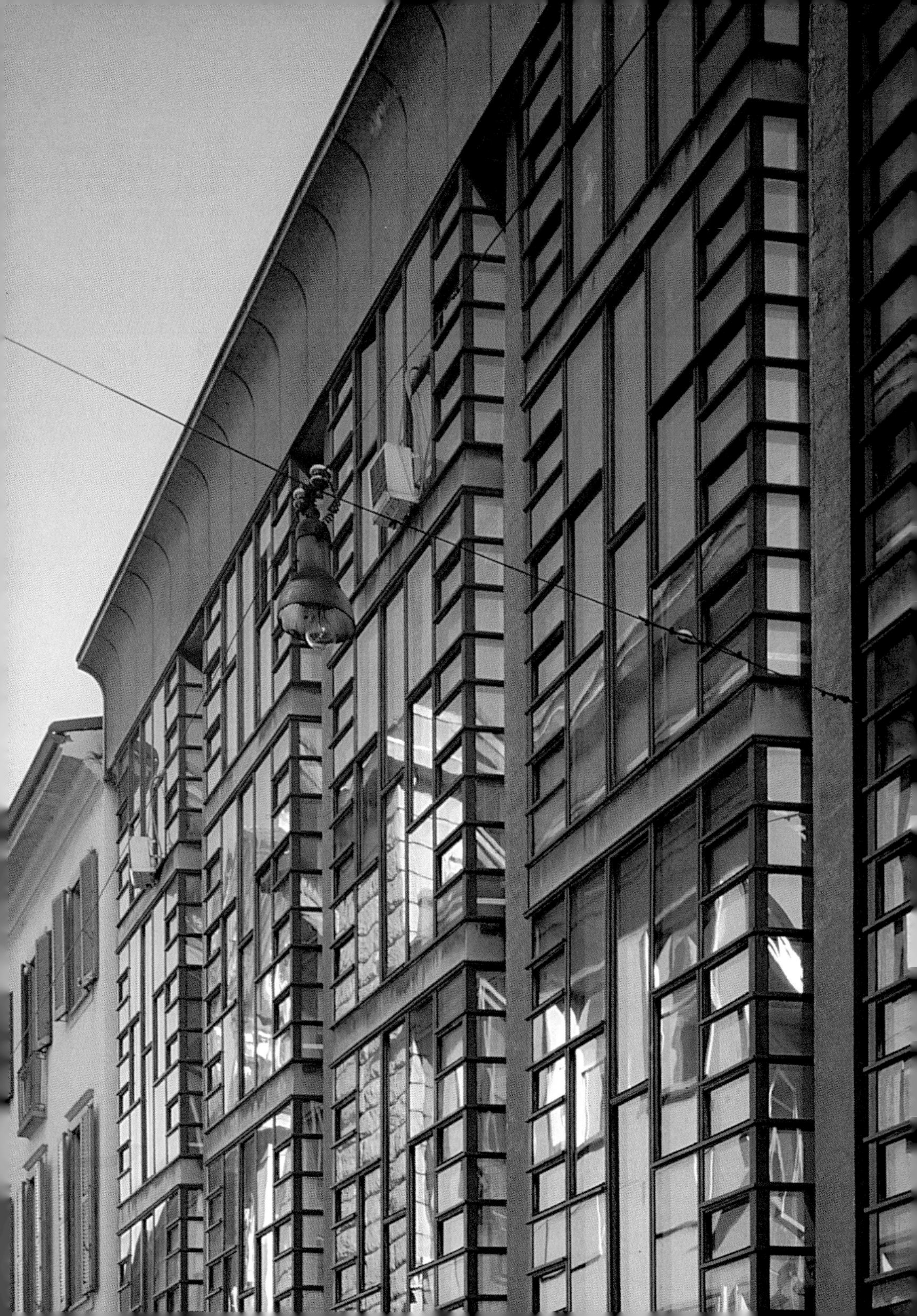

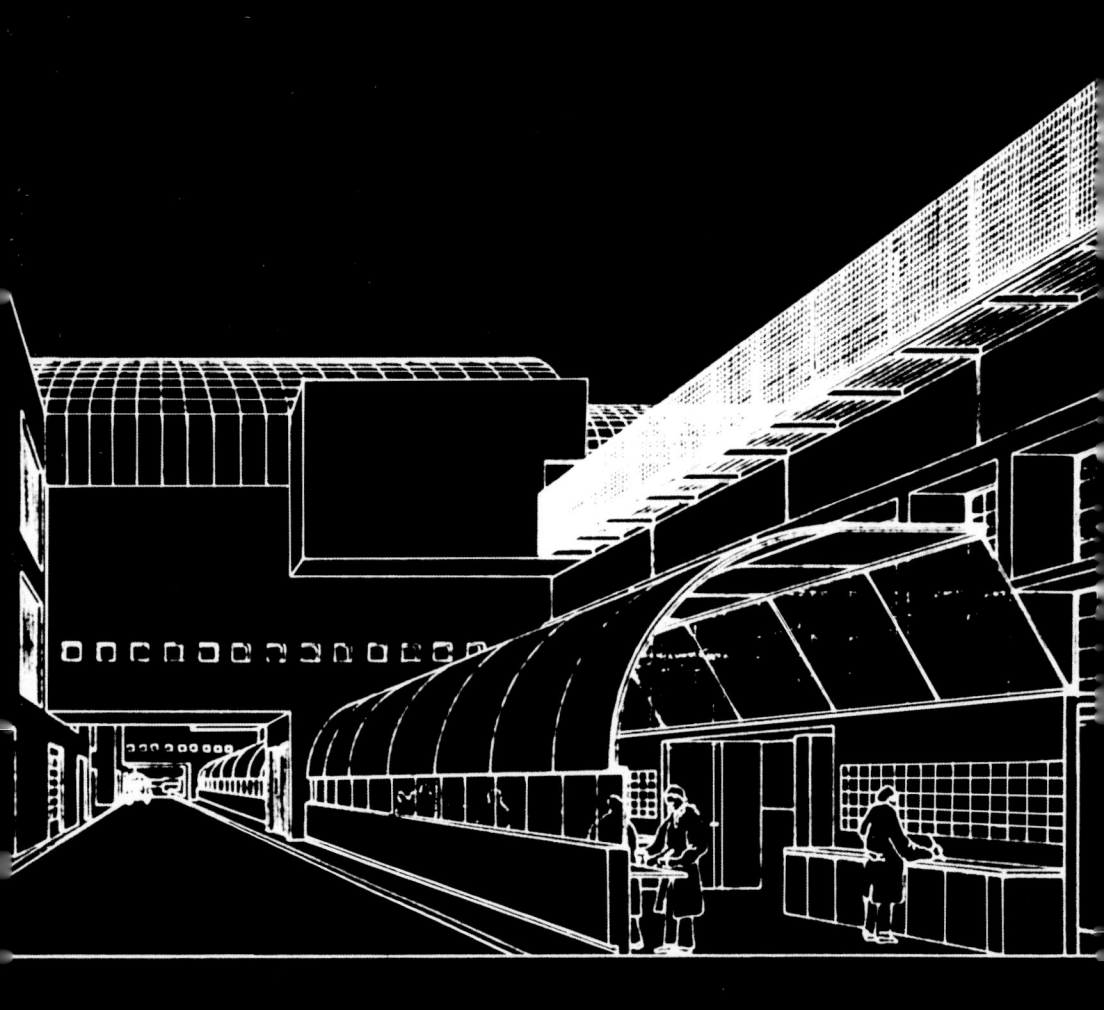

Centro ricerche ENEA   ENEA   Portici (Napoli)
                        research centre   1984-1986

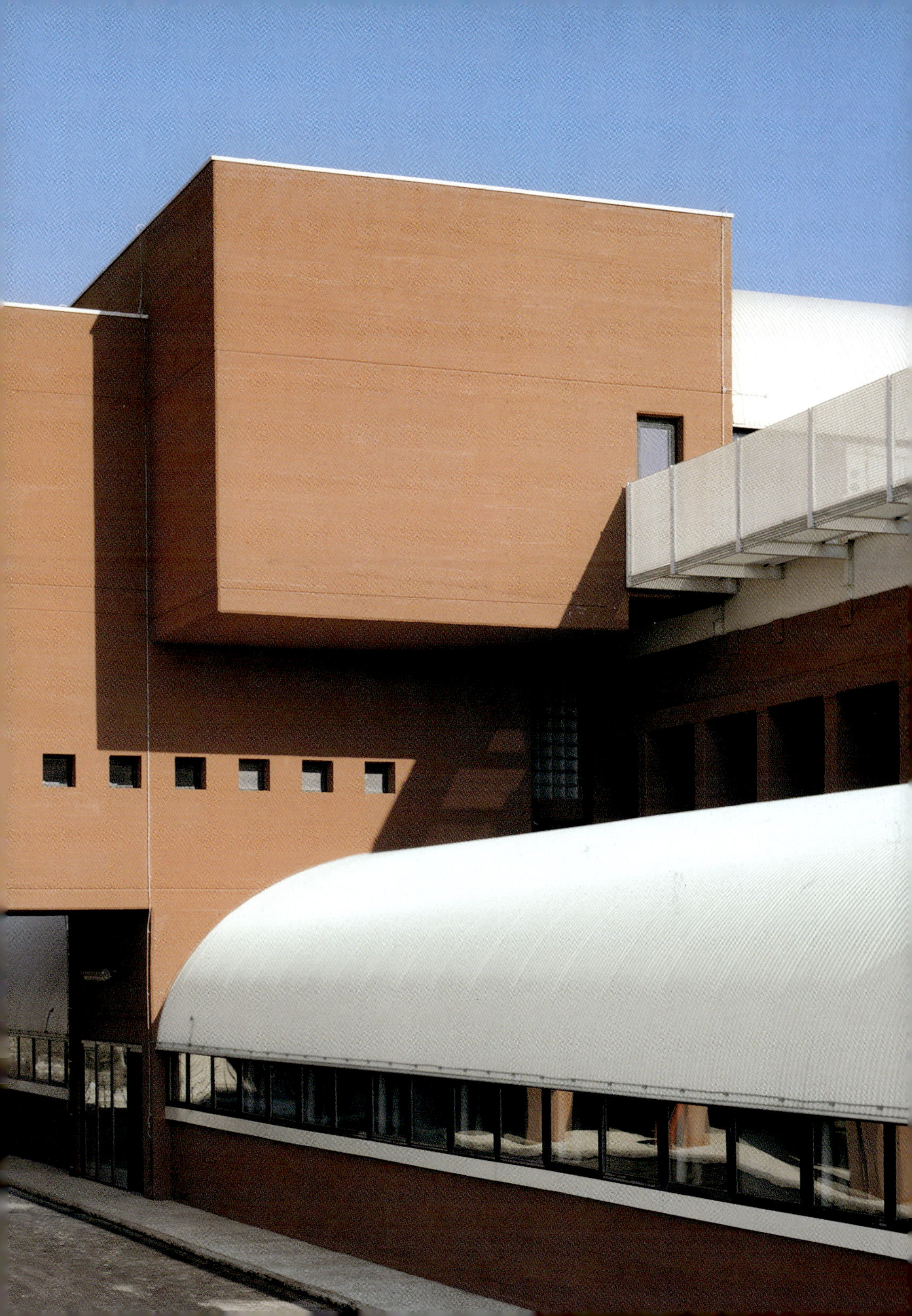

Casa a quattro piani — Four-story residence — Con / with L. Meneghetti, G. Stoppino
Cameri (Novara), 1960

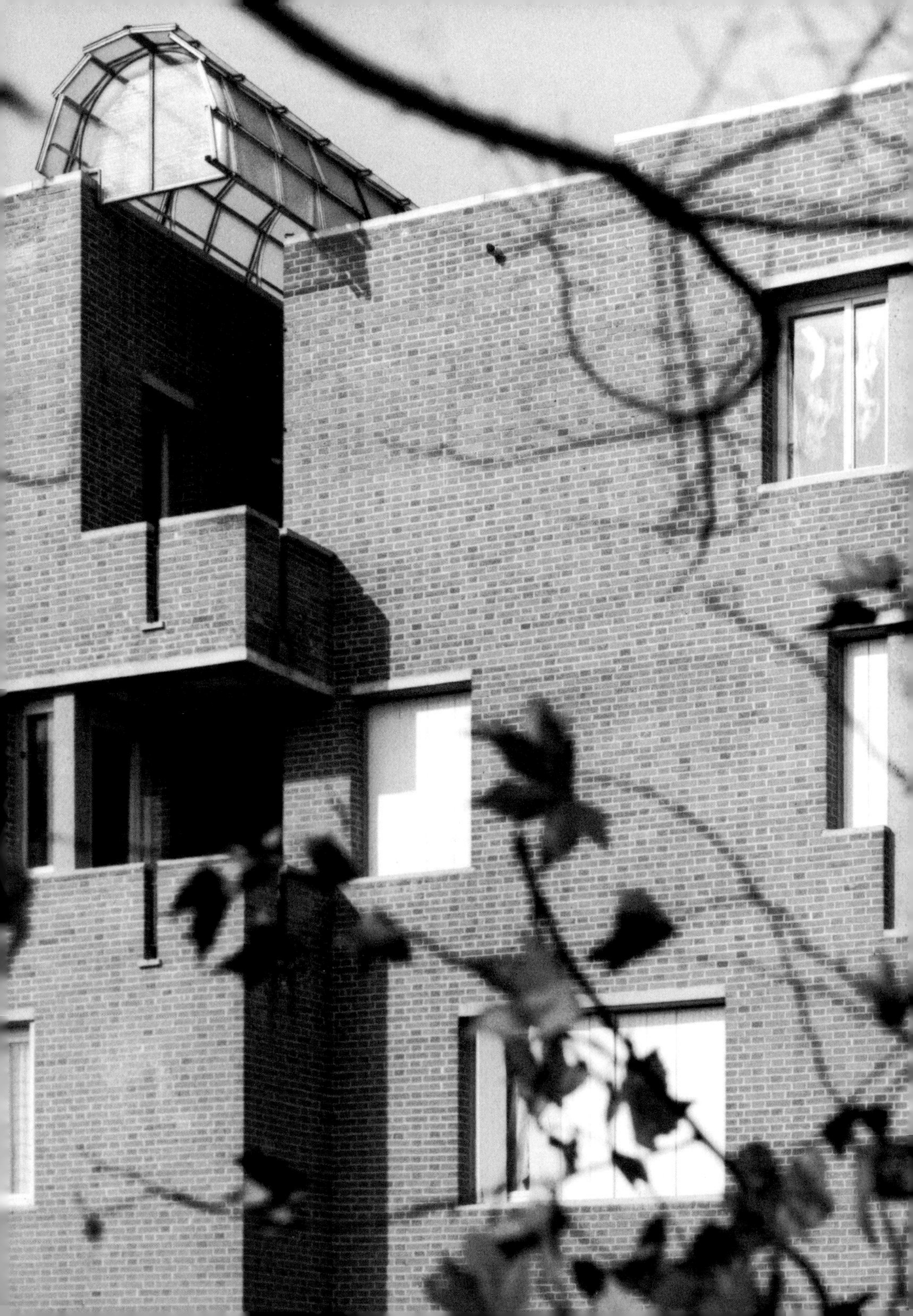

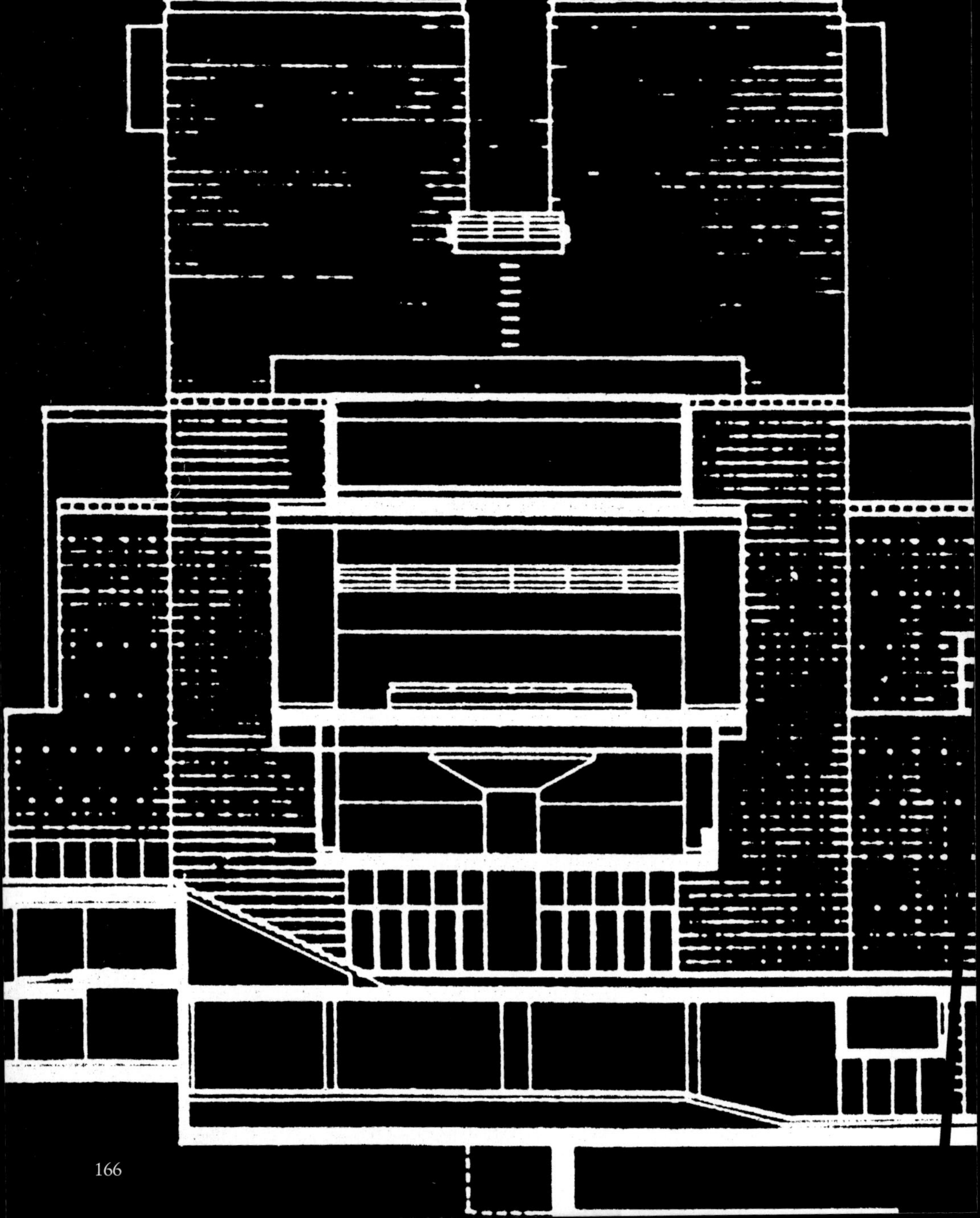

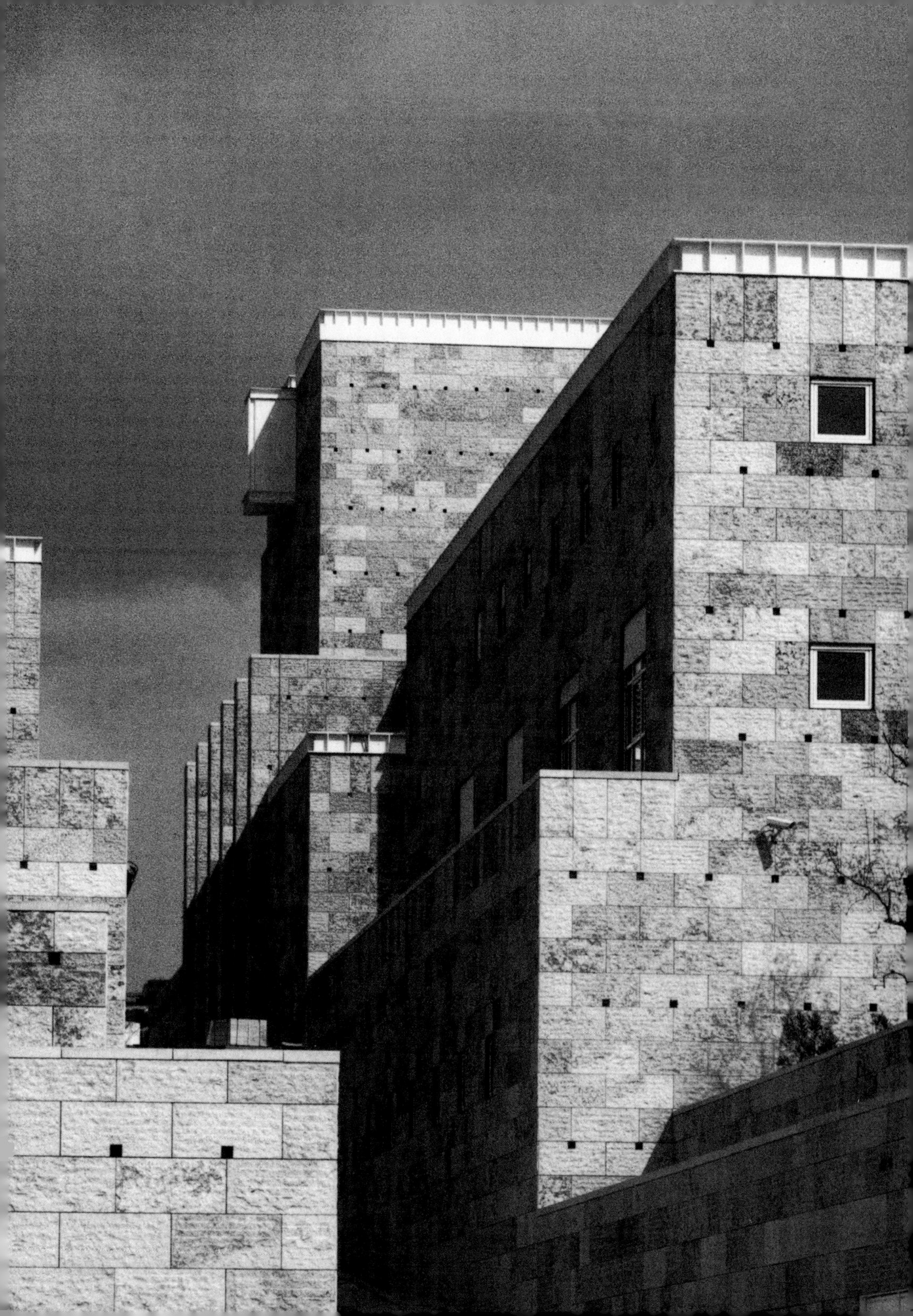

Edifici per abitazione in cooperativa

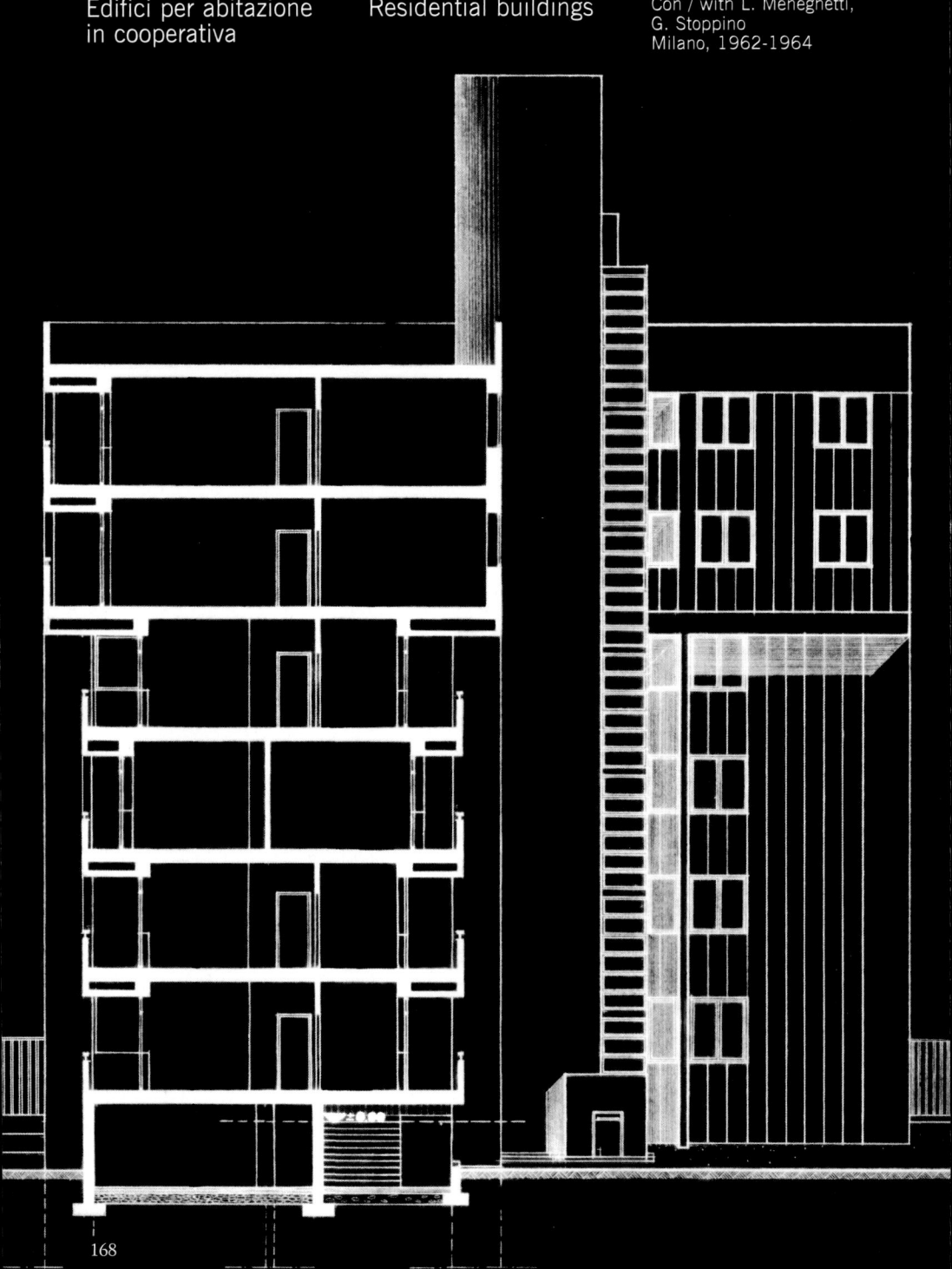

Residential buildings

Con / with L. Meneghetti, G. Stoppino
Milano, 1962-1964

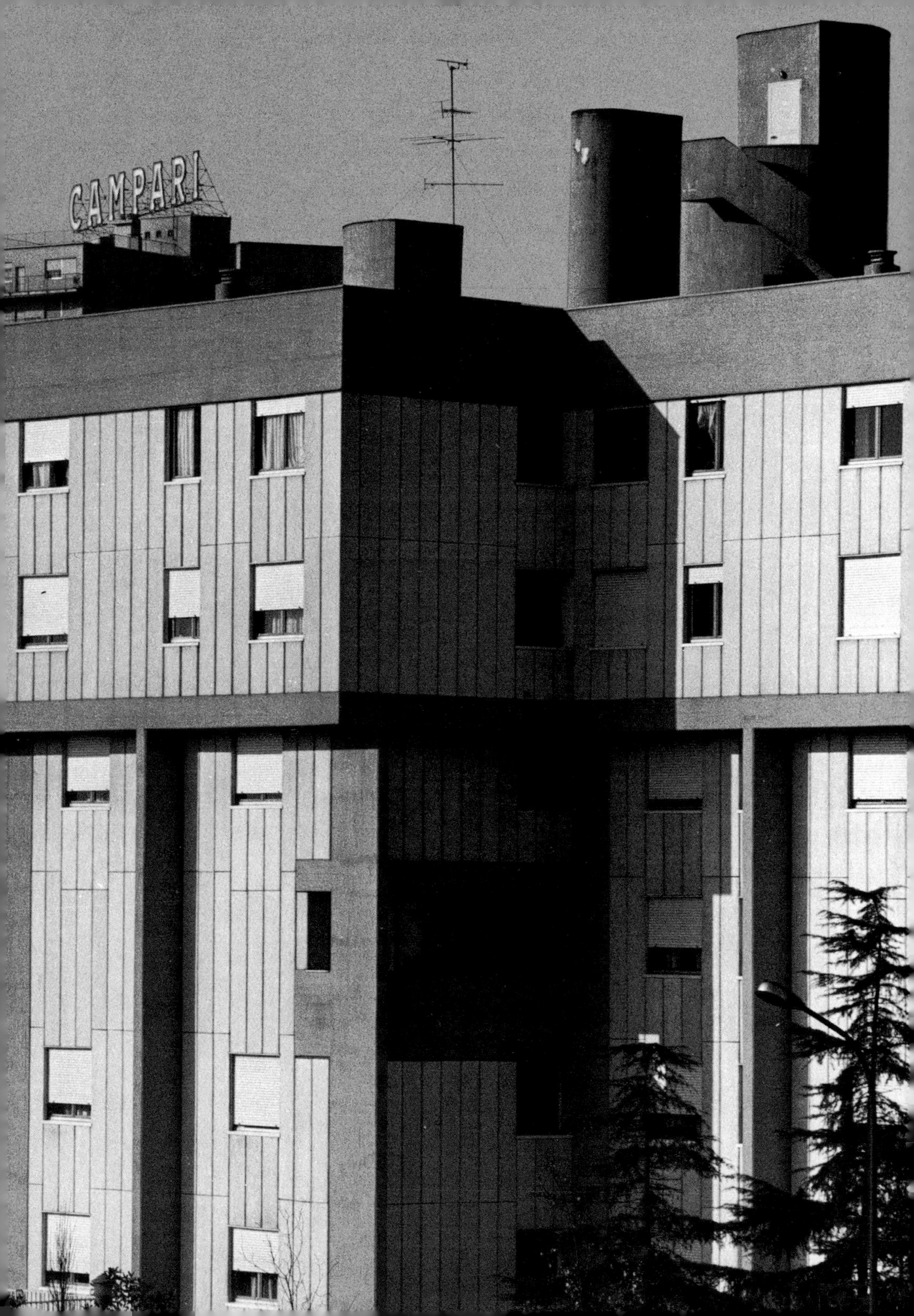
CAMPARI

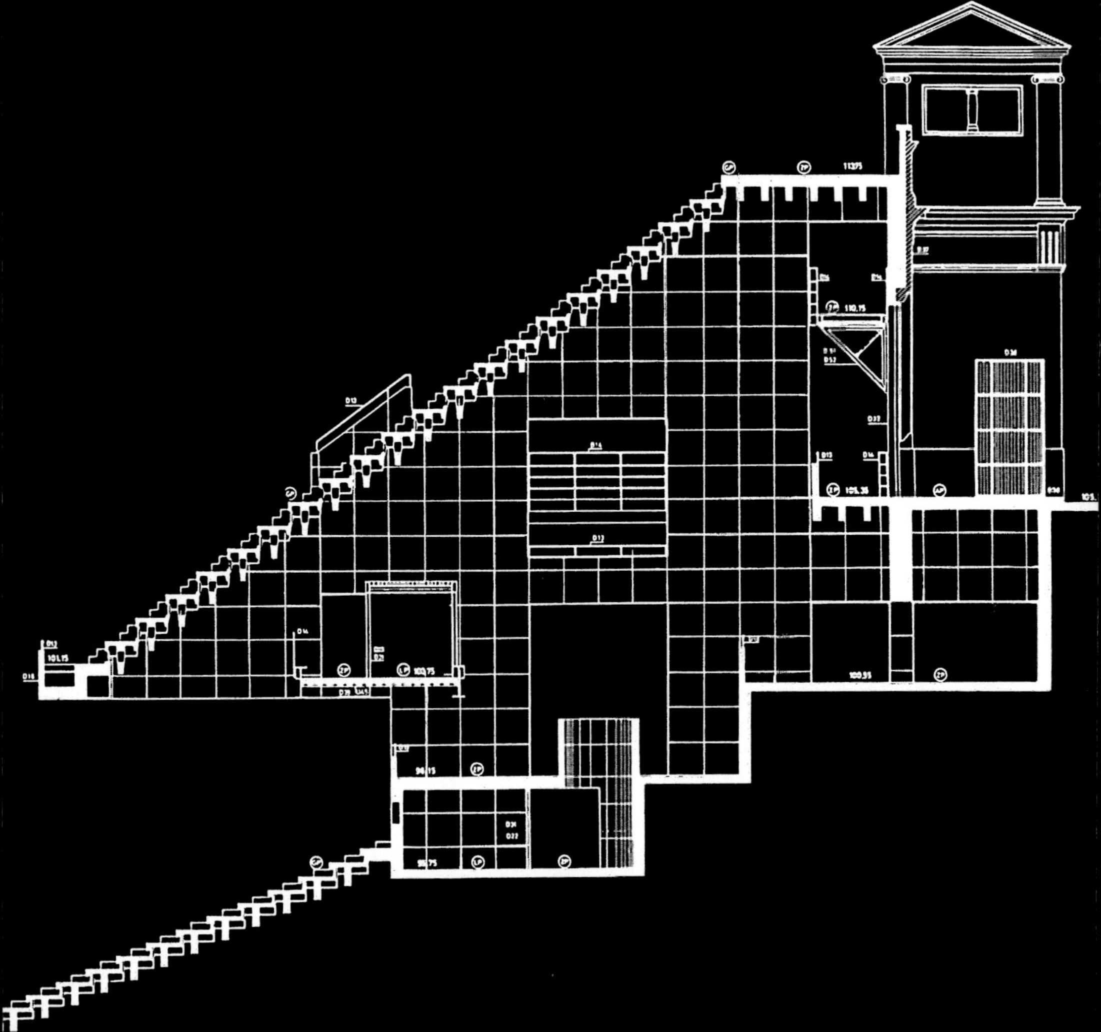

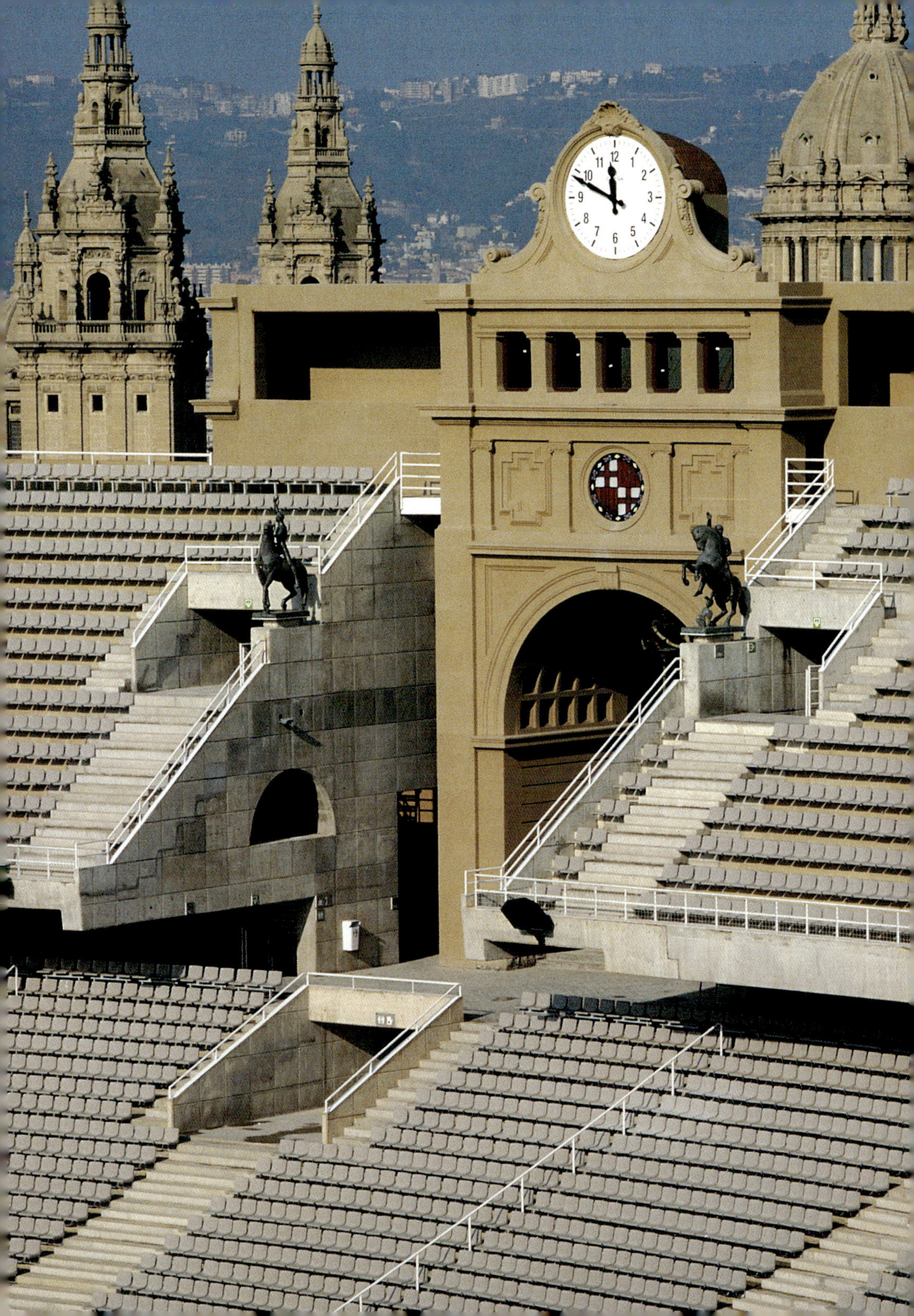

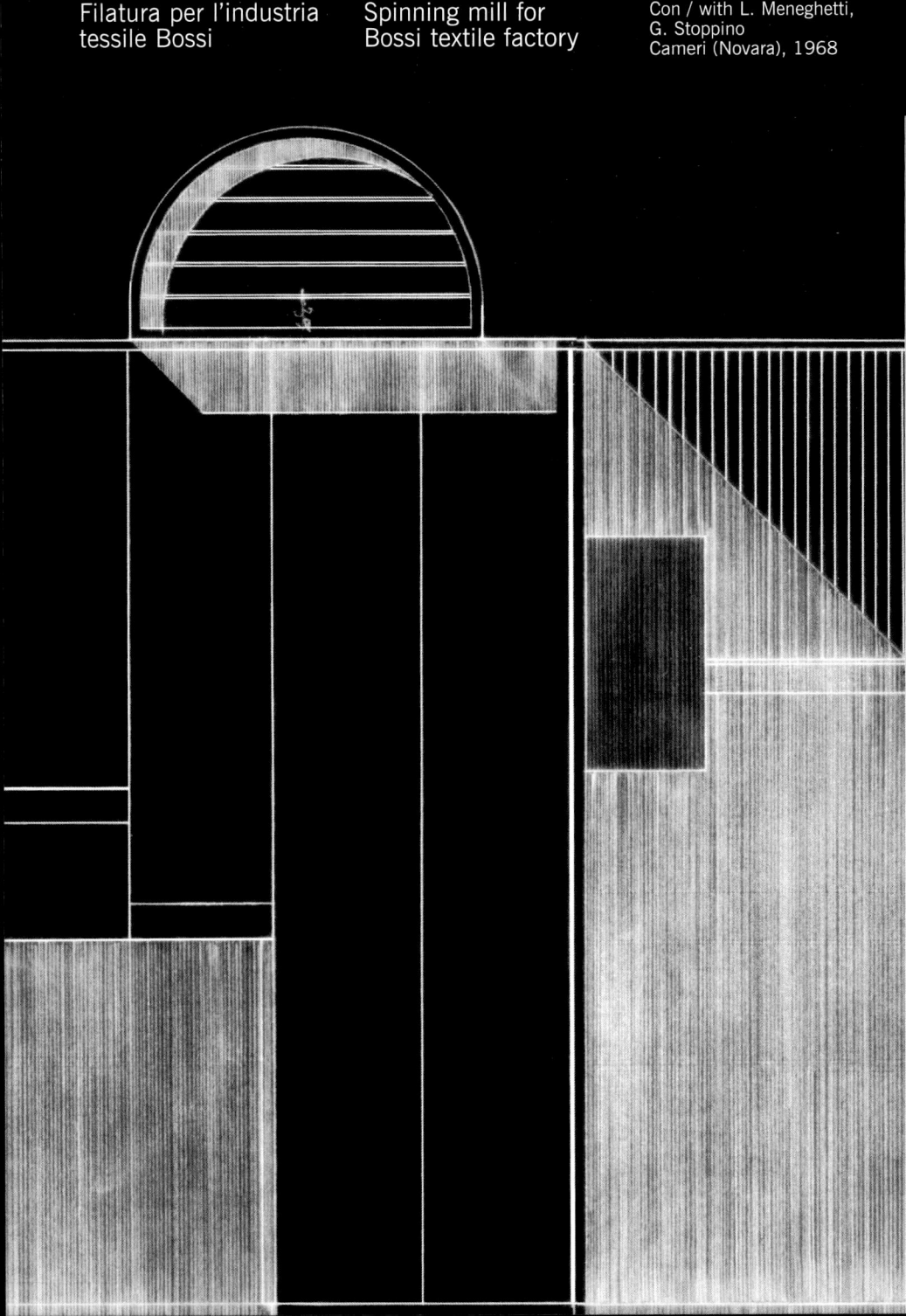

Filatura per l'industria tessile Bossi

Spinning mill for Bossi textile factory

Con / with L. Meneghetti, G. Stoppino
Cameri (Novara), 1968

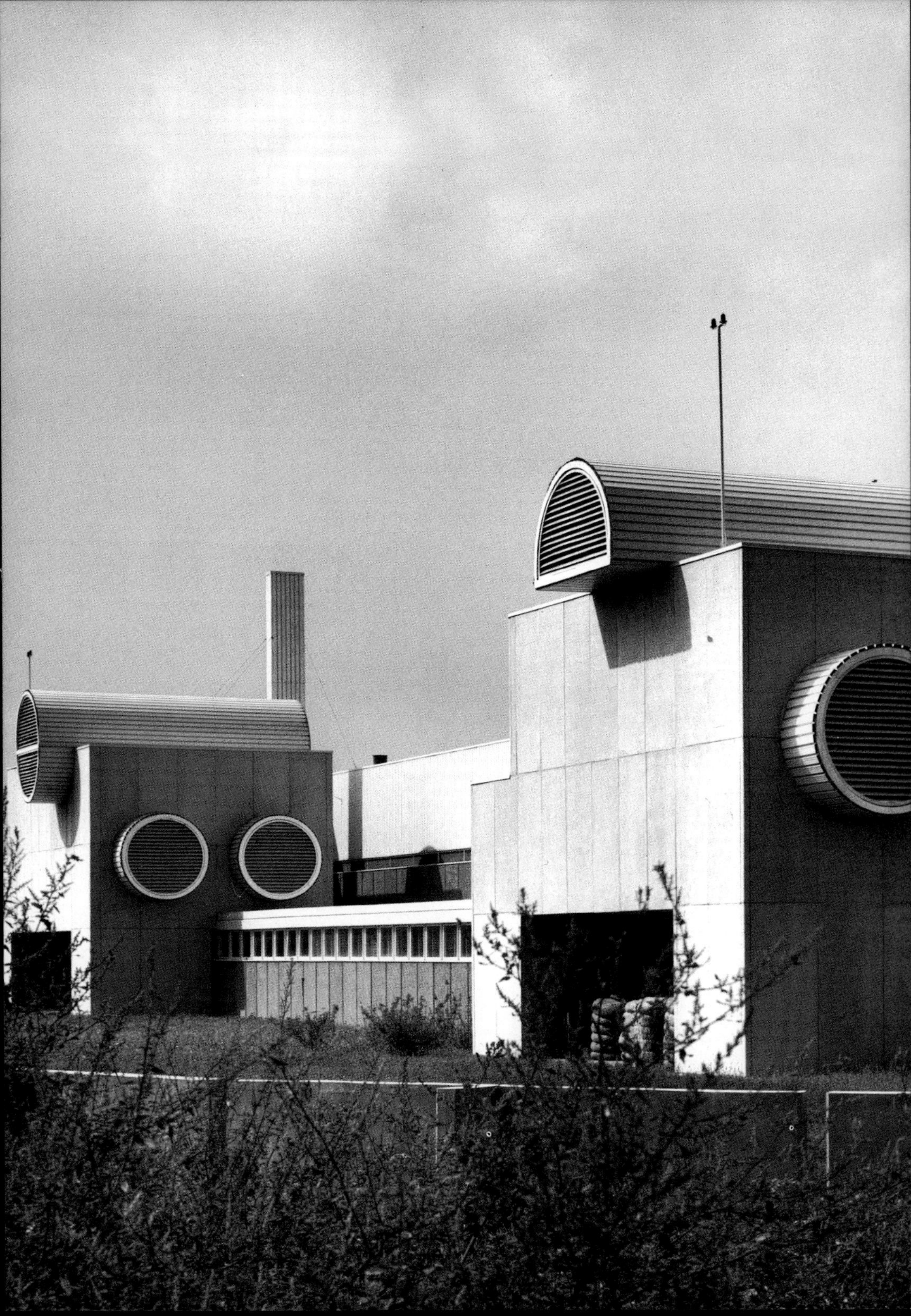

Esplanade P
alla Bicocca

residential buildings
in Bicocca

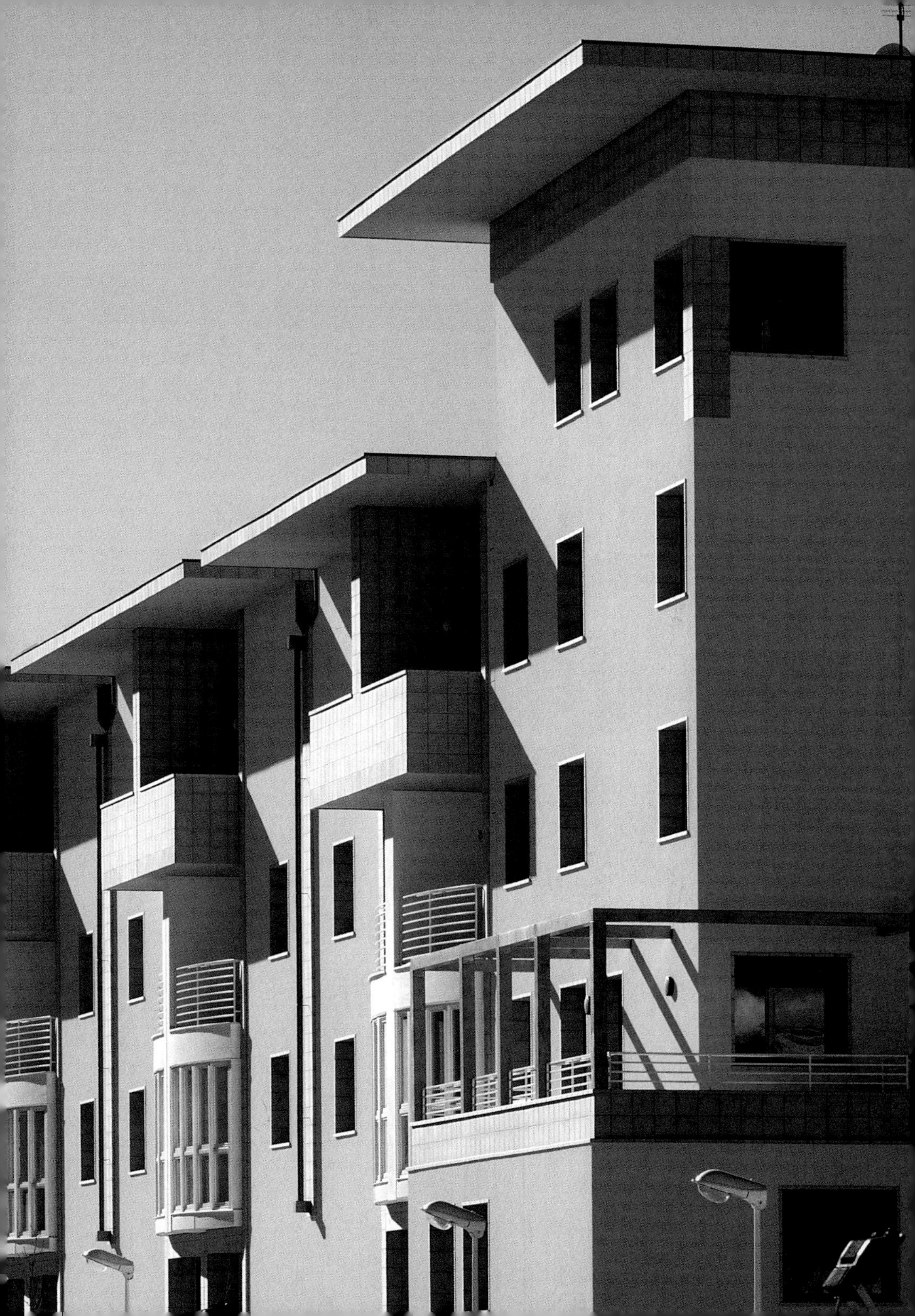

Casa Beldì

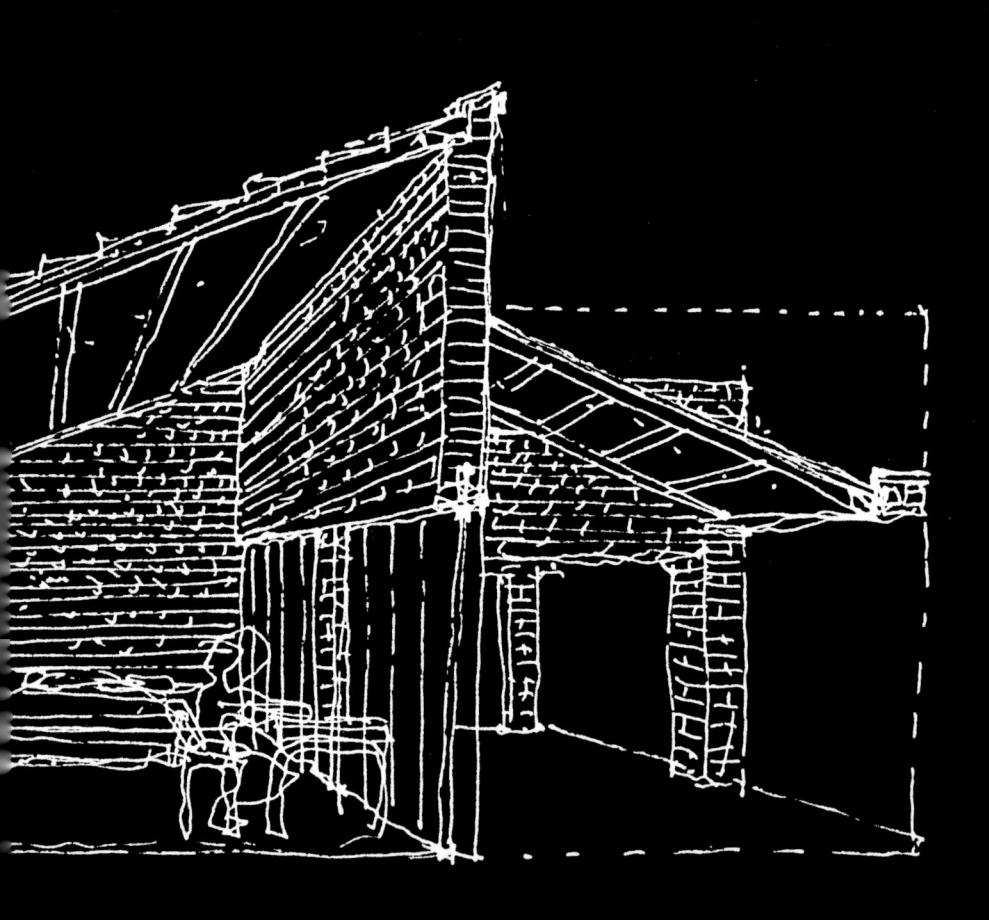

Beldì residence

Oleggio (Novara)
1977-1983

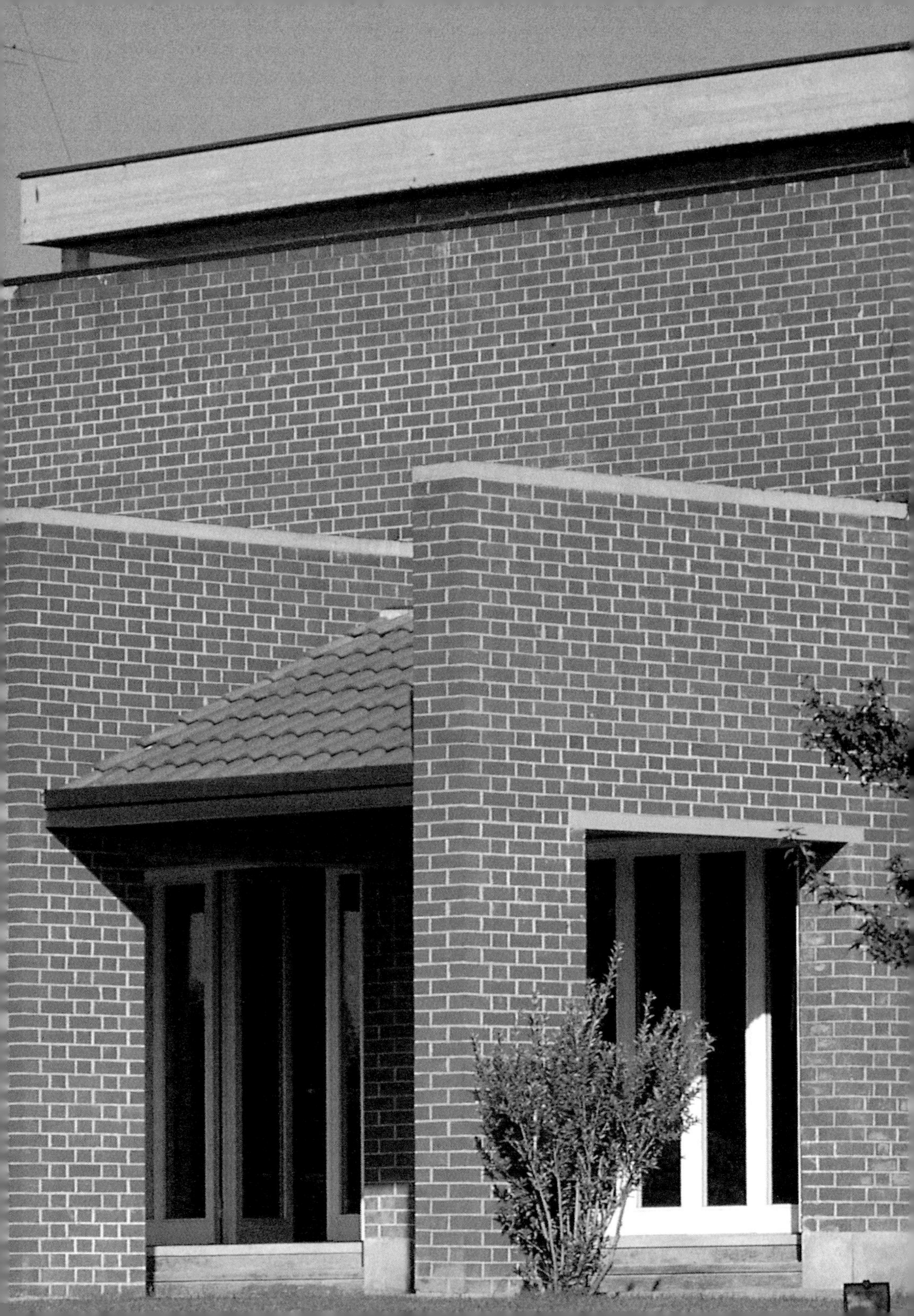

Dipartimenti di Scienze dell'Università degli Studi al Parco d'Orléans

Science departments in Parco d'Orléans

Con / with G. Polin
Palermo
1969-1988

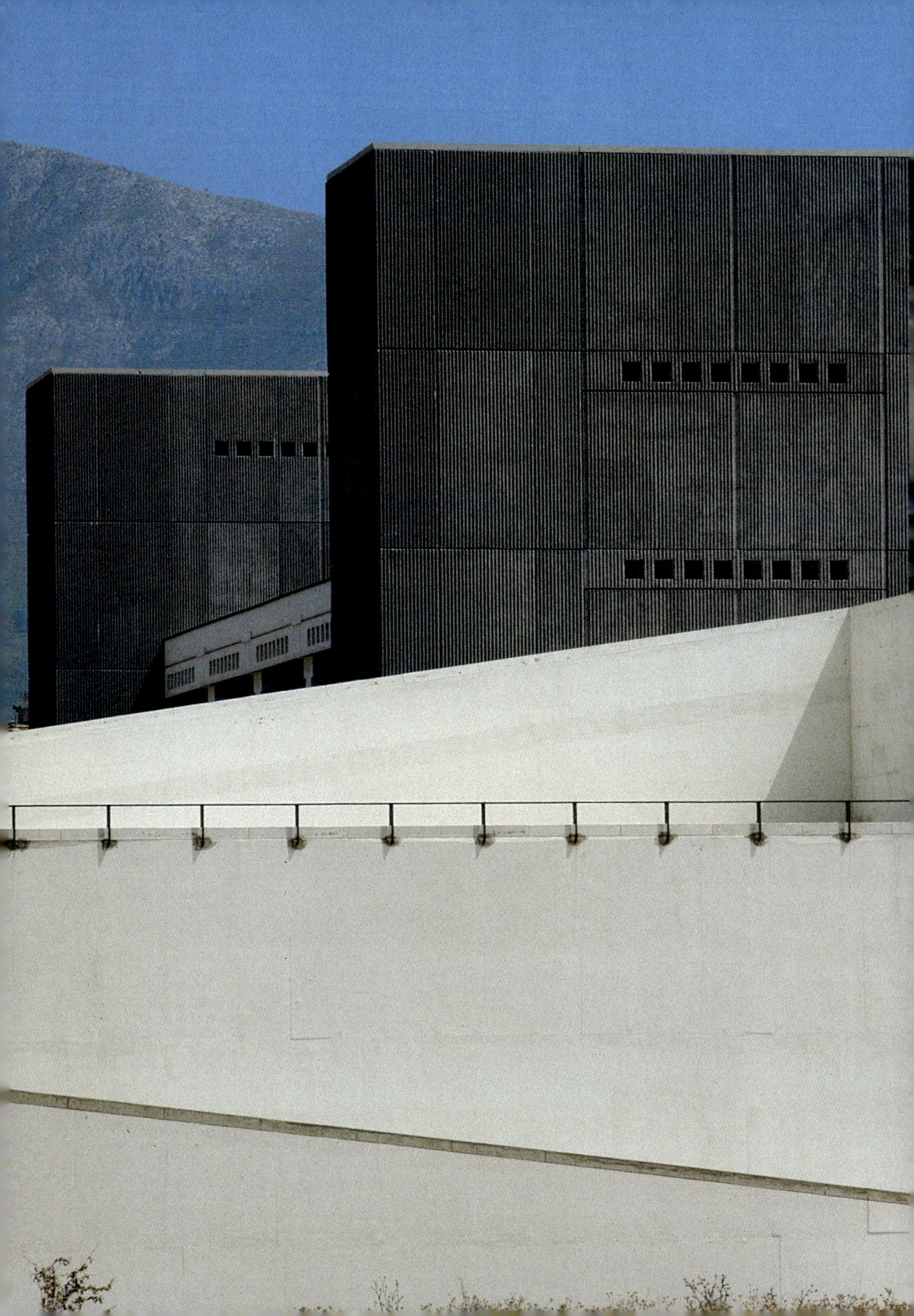

Quartiere per abitazioni a Cannaregio / Residential development in Cannaregio

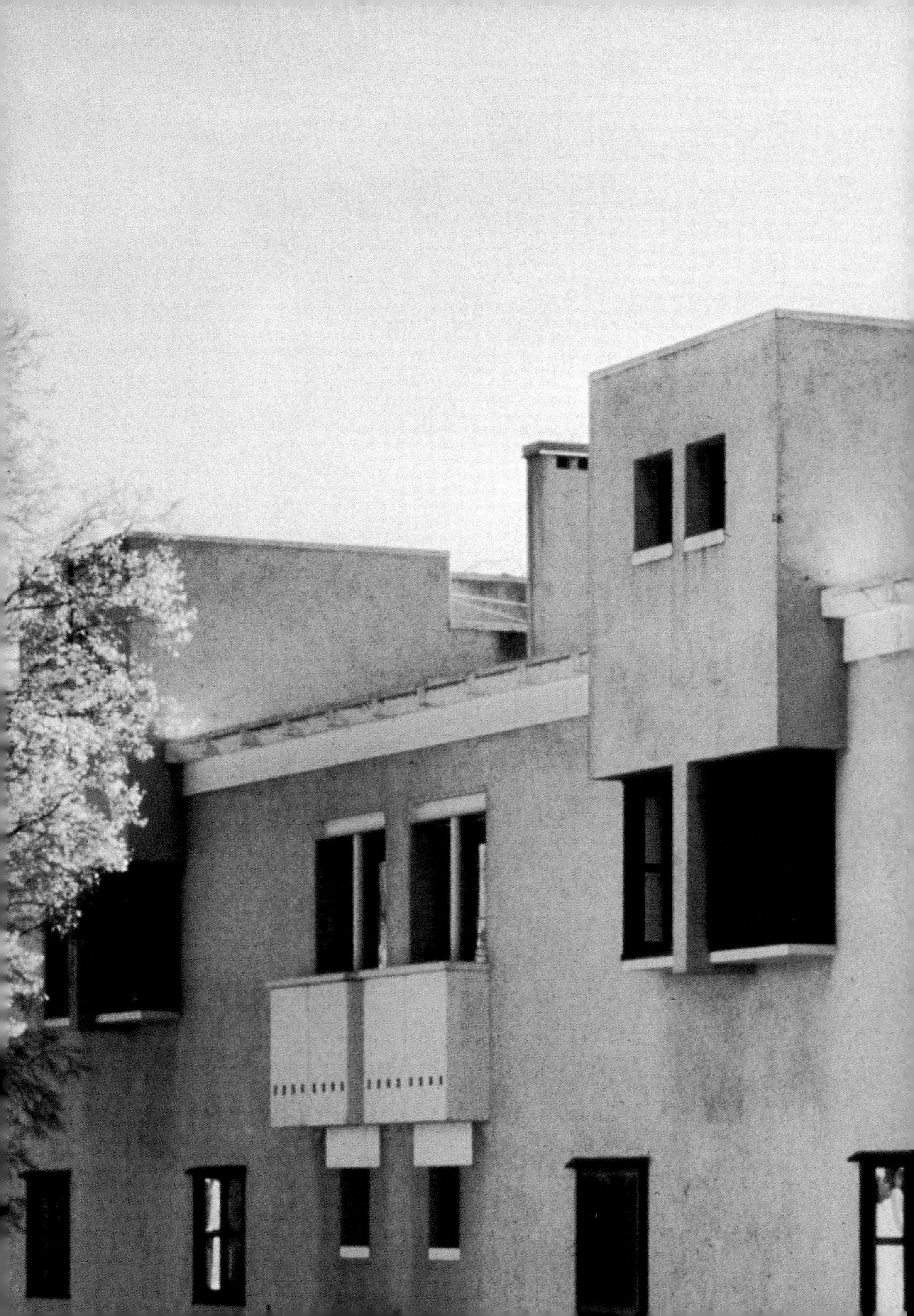

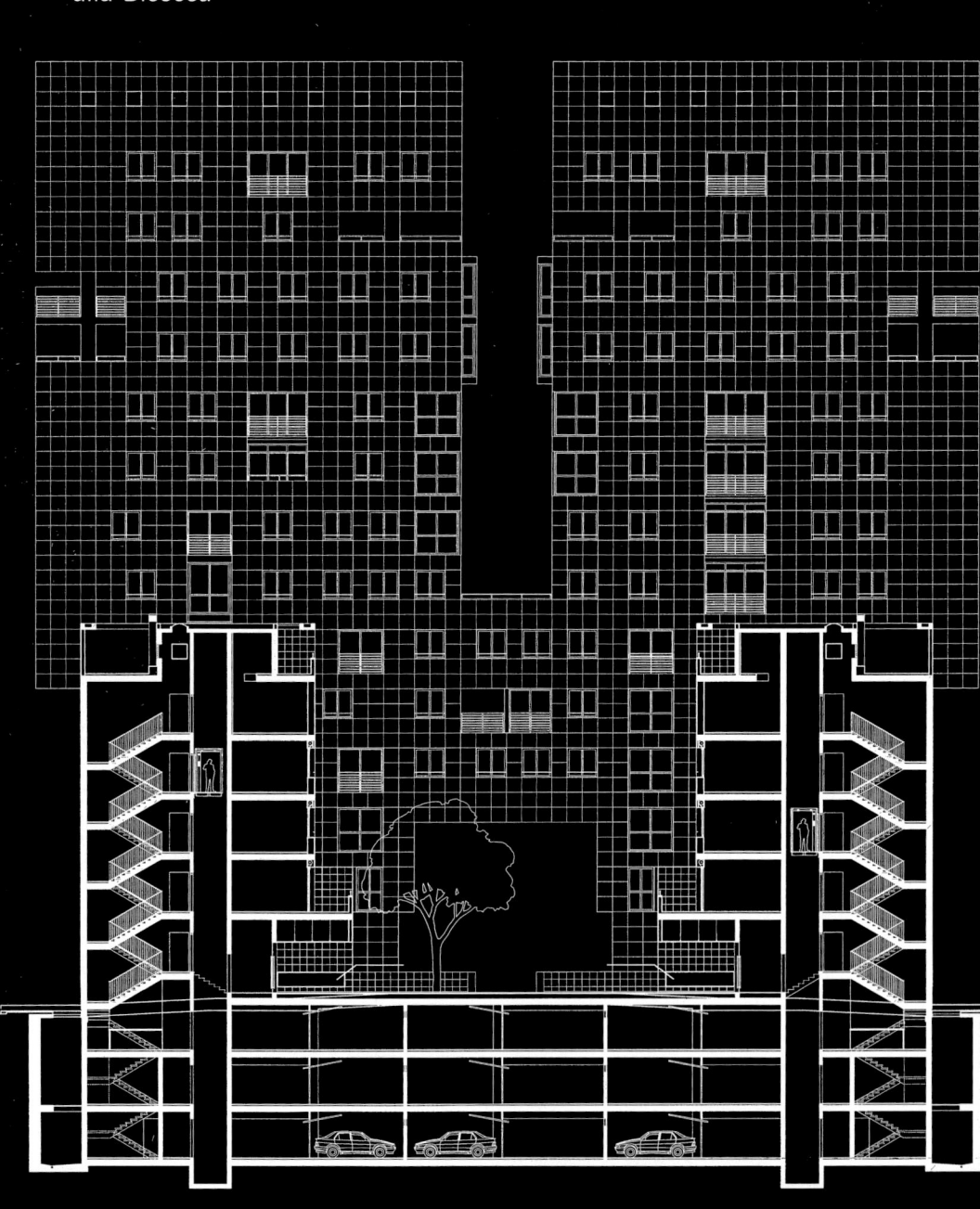

Abitazioni in cooperativa su via Sesto San Giovanni alla Bicocca

Low-income housing in Bicocca

Milano, Bicocca
1994-1998

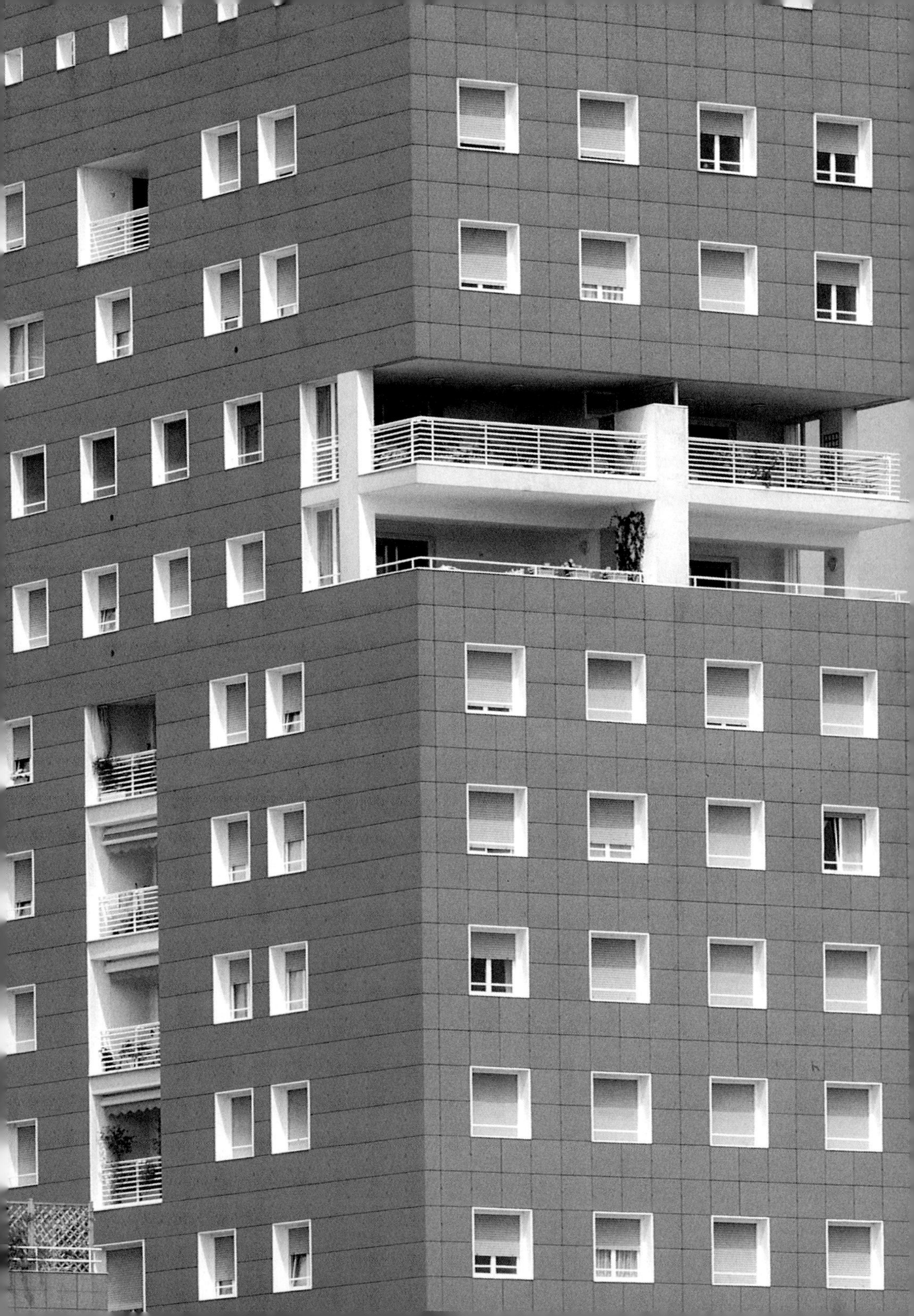

Quartiere residenziale
Quinta da Politeira
Leceia-Barcarena

Quinta da Politeira
Leceia-Barcarena
residential
development

Con / with Risco
Lisboa, 1993-1999

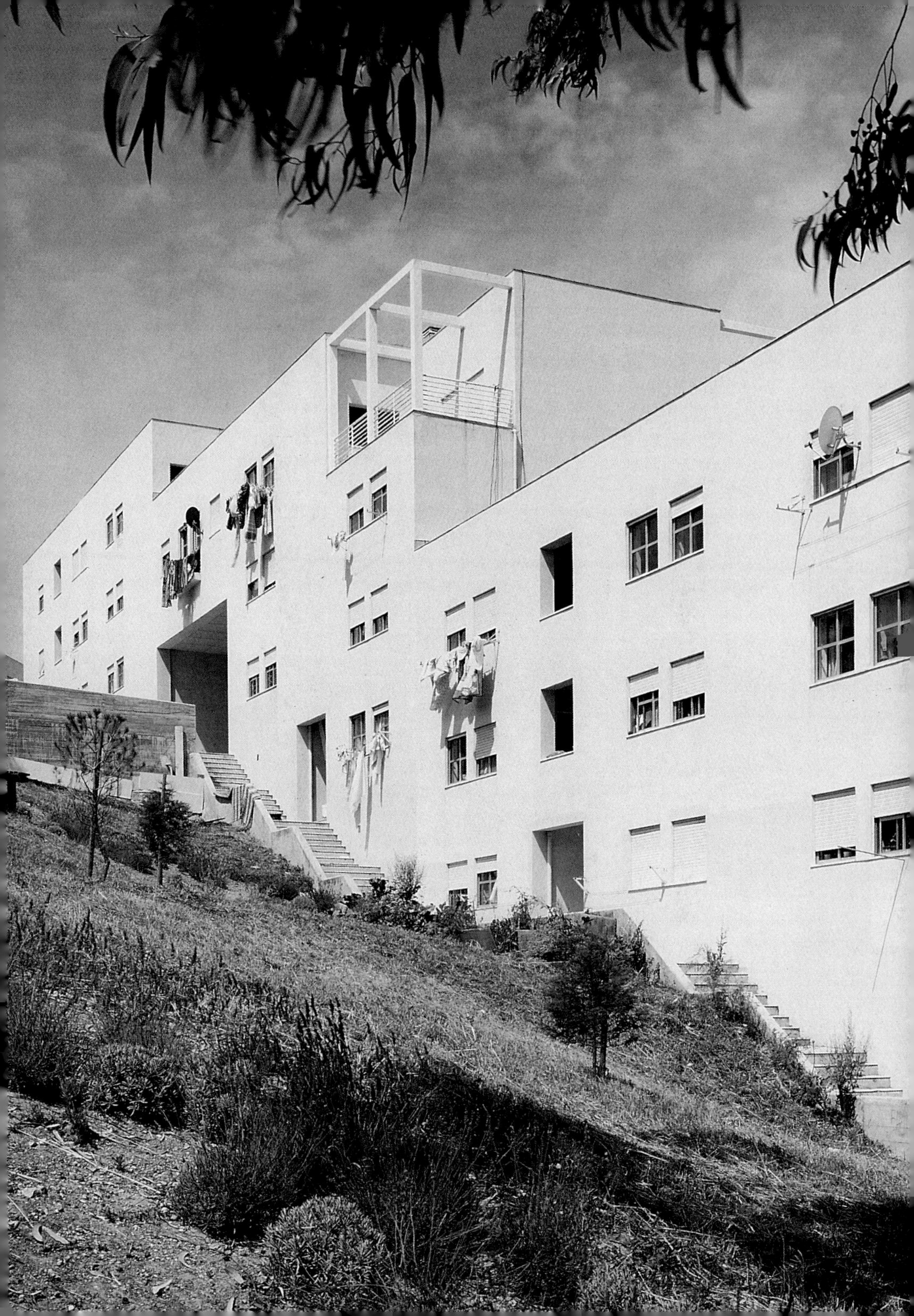

4. Visione diagonale / Diagonal view

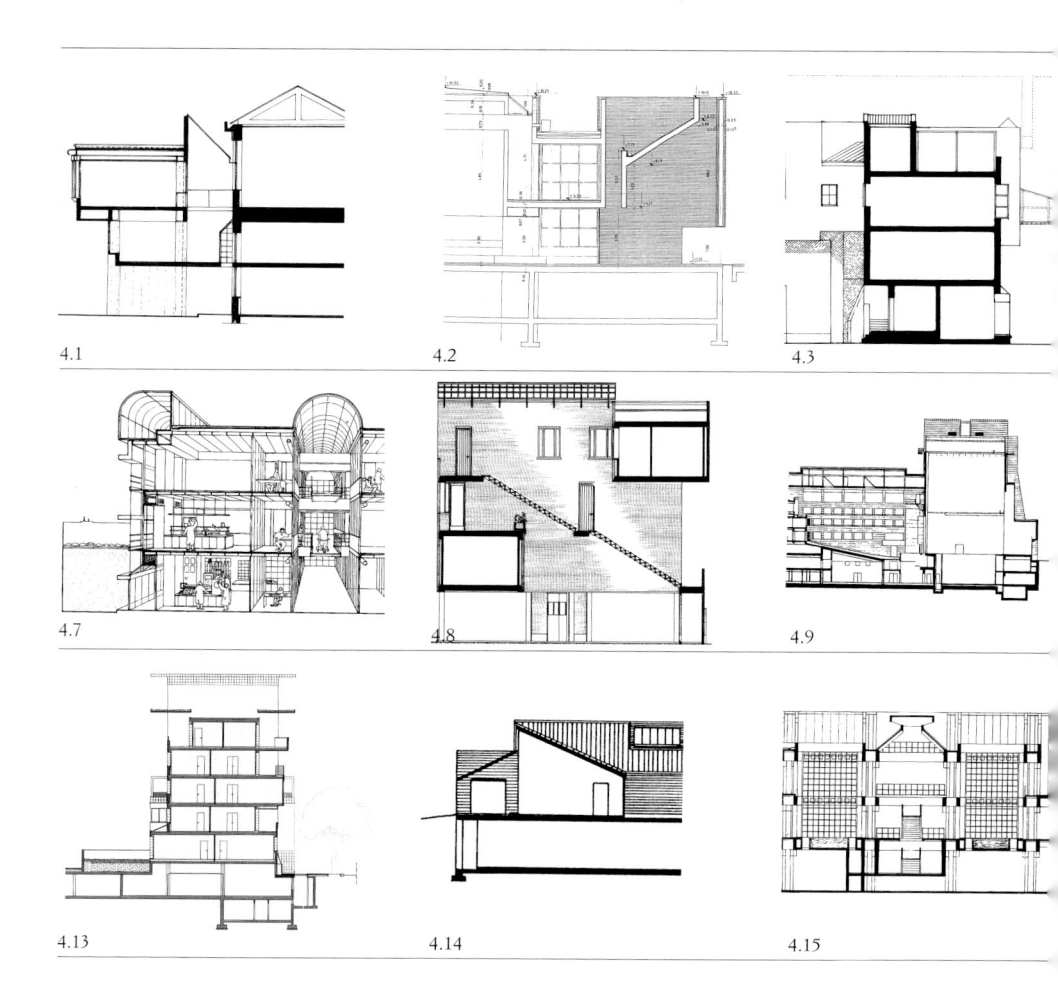

4.1

4.2

4.3

4.7

4.8

4.9

4.13

4.14

4.15

4.4

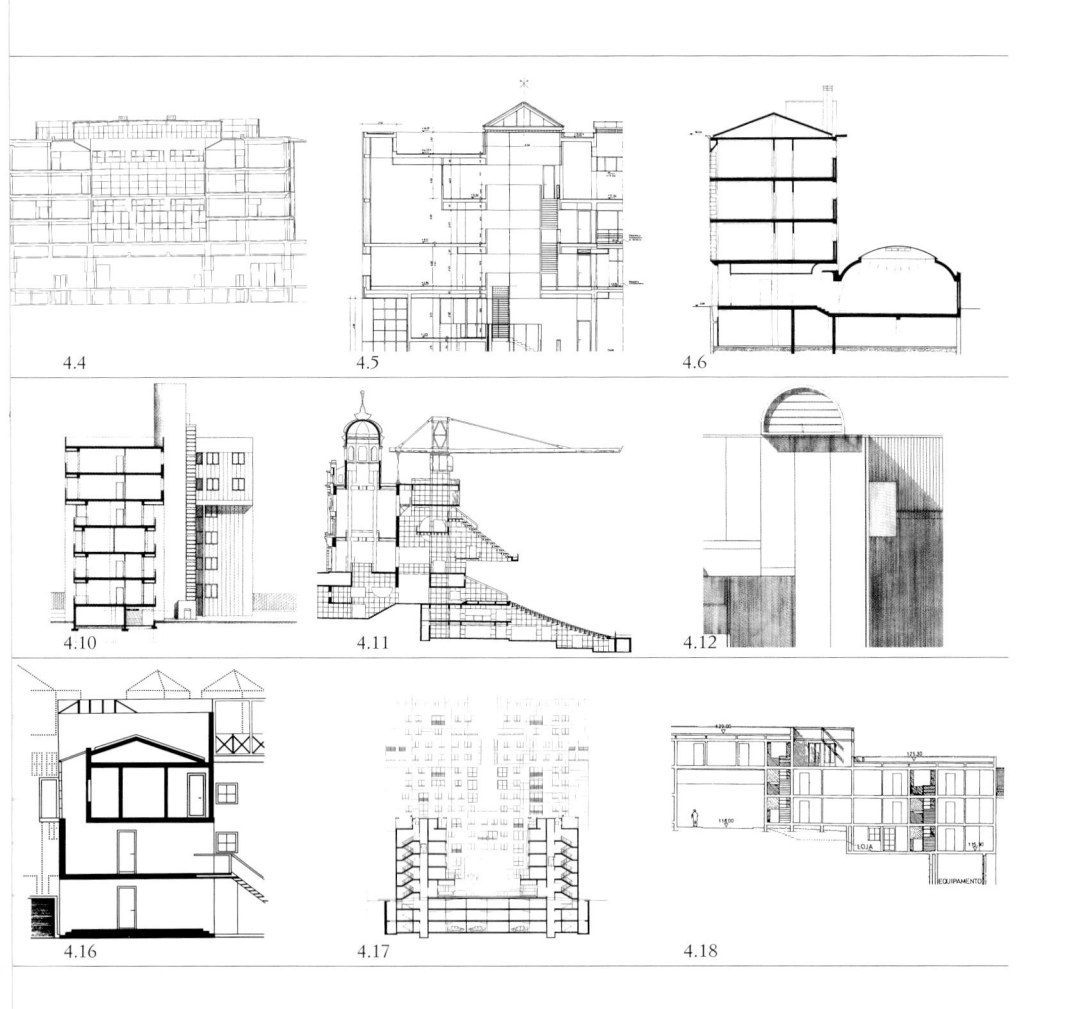

4.5

4.6

4.10

4.11

4.12

4.16

4.17

4.18

5. Frammento e paesaggio / Fragment and landscape

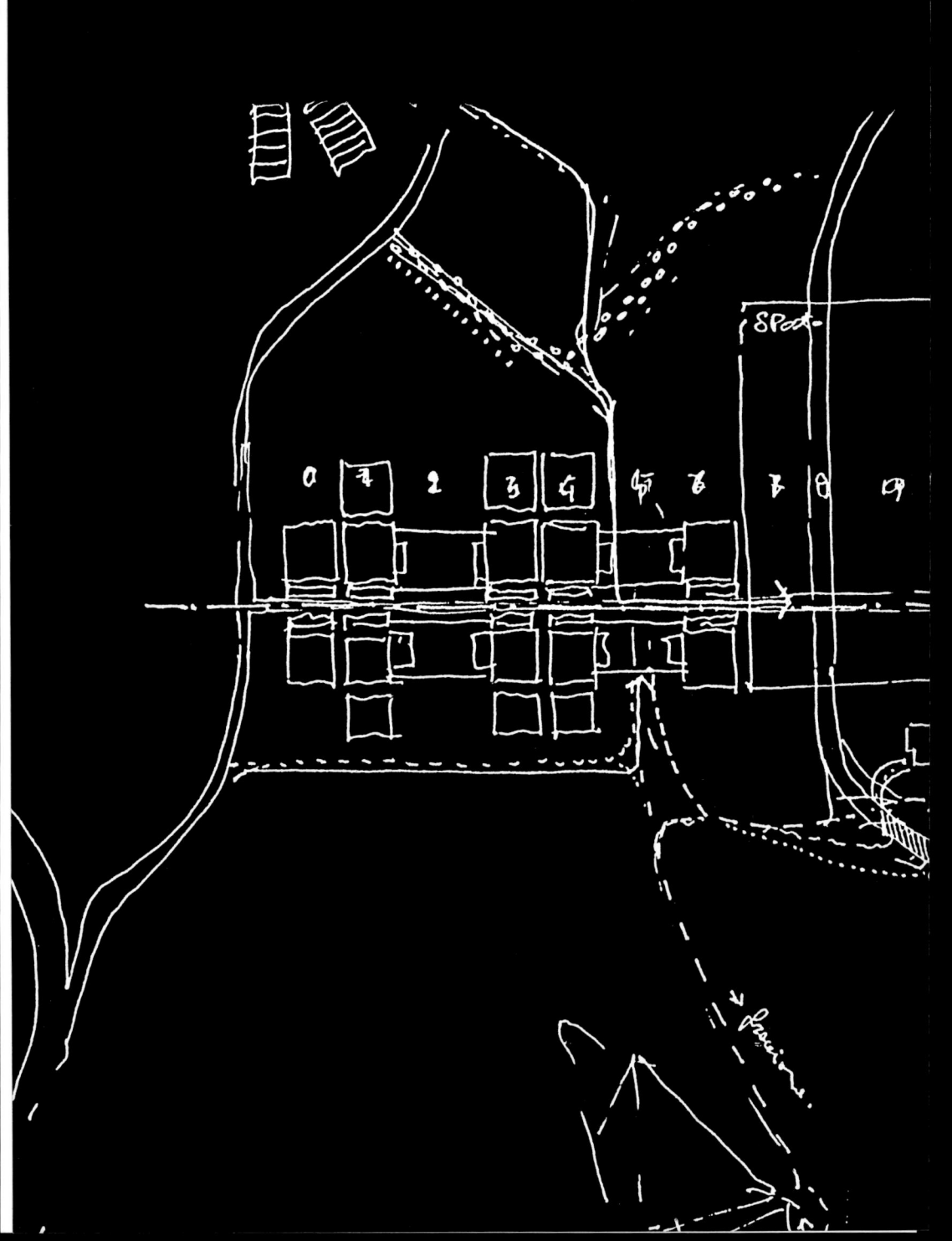

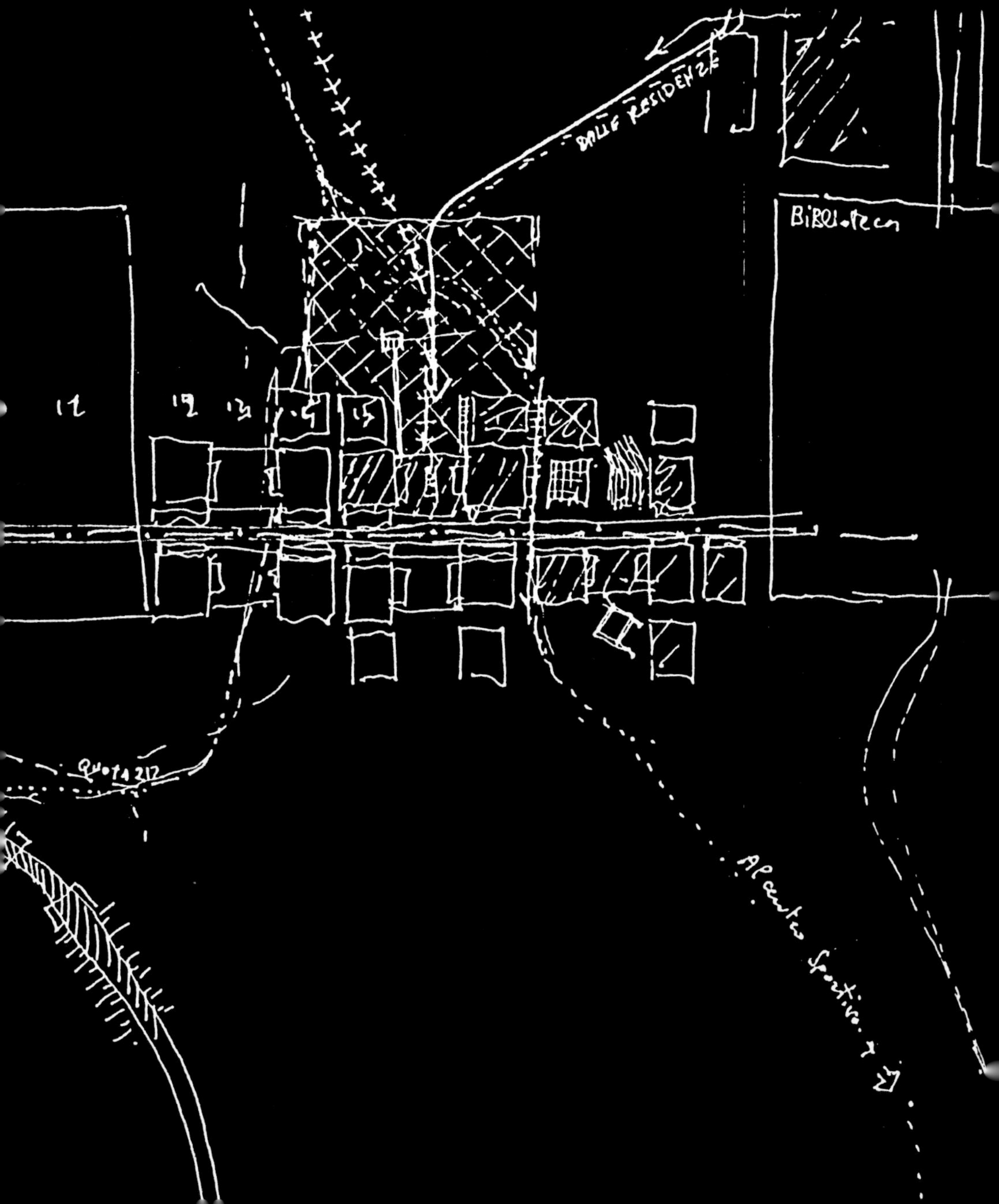
DALLE RESIDENZE
Biblioteca
QUOTA 212
Al centro sportivo

Centrale per teleriscaldamento

Power plant for district heating

Sampierdarena (Genova), 1988-1990

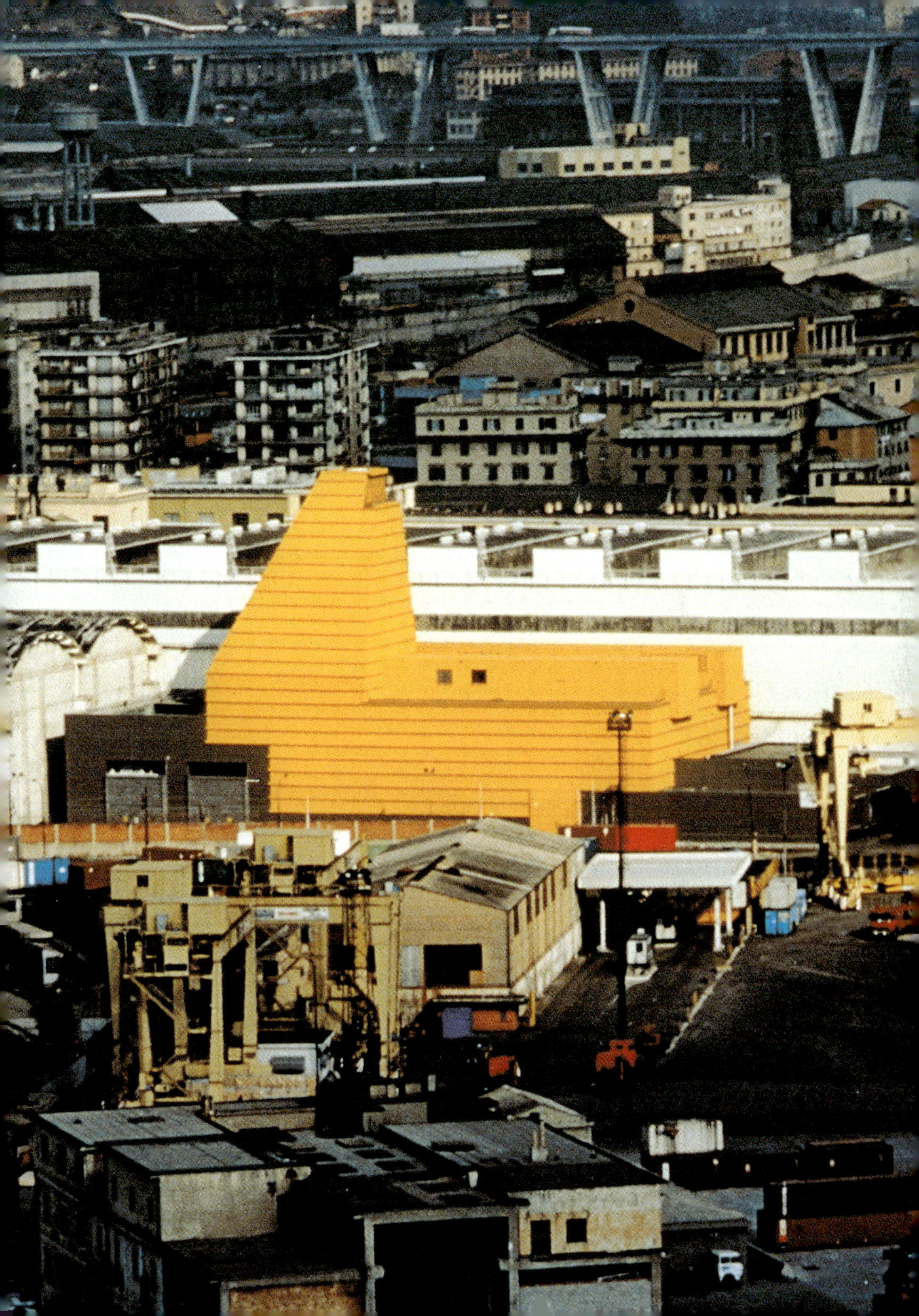

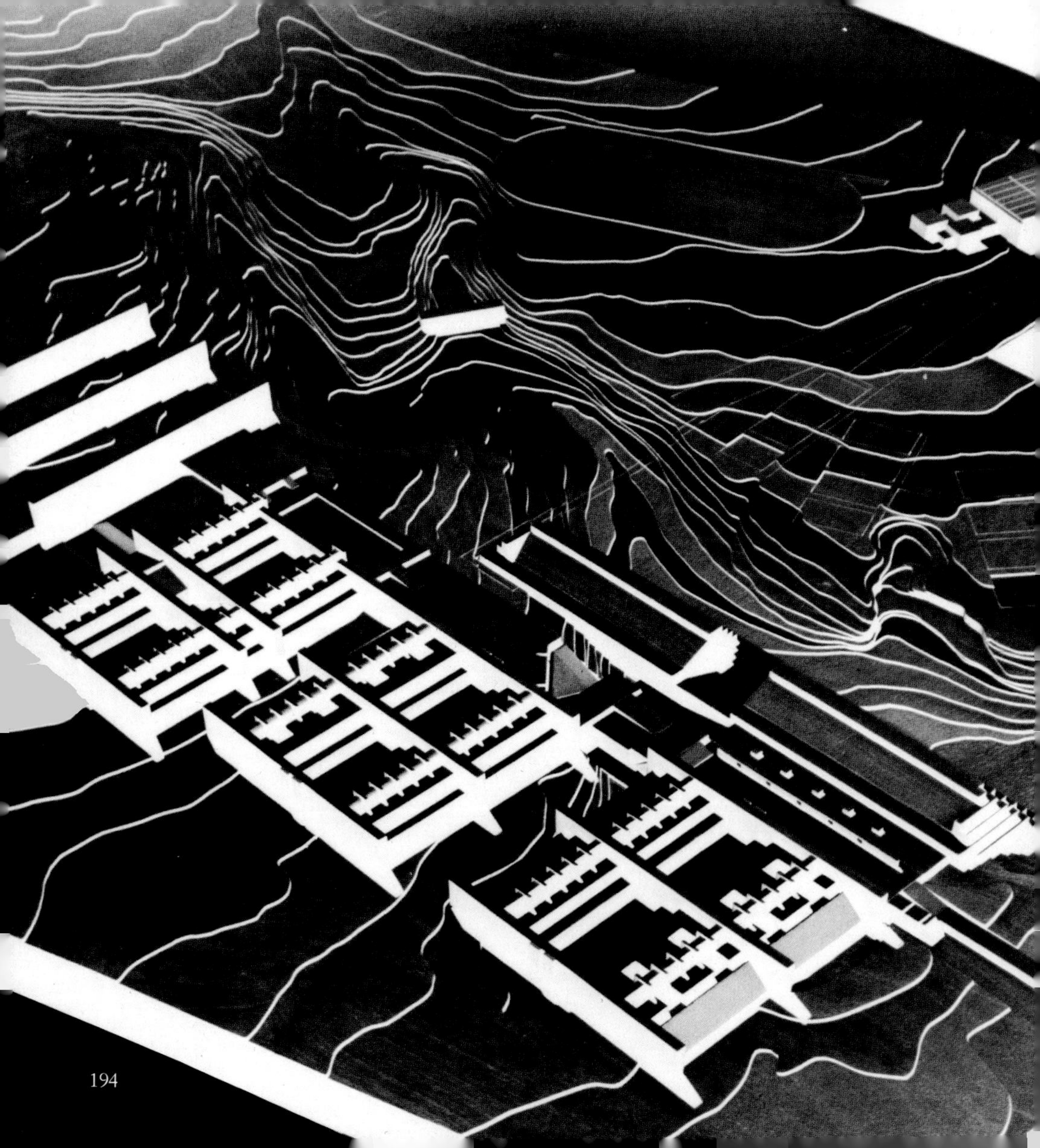

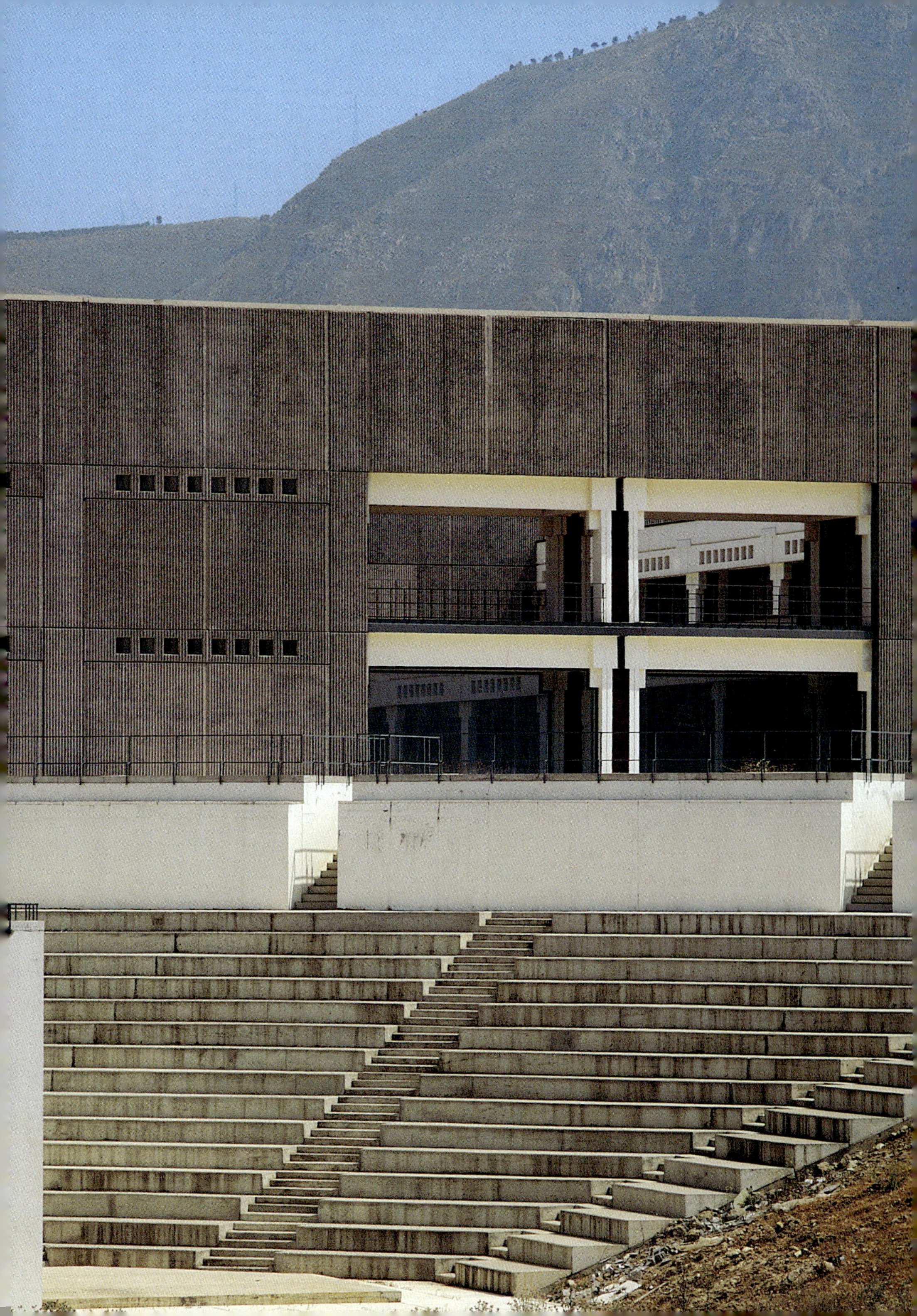

Sede CNR-Consiglio Nazionale delle Ricerche alla Bicocca

Headquarters for the CNR-National Research Centre in Bicocca

Milano, 1991-1993

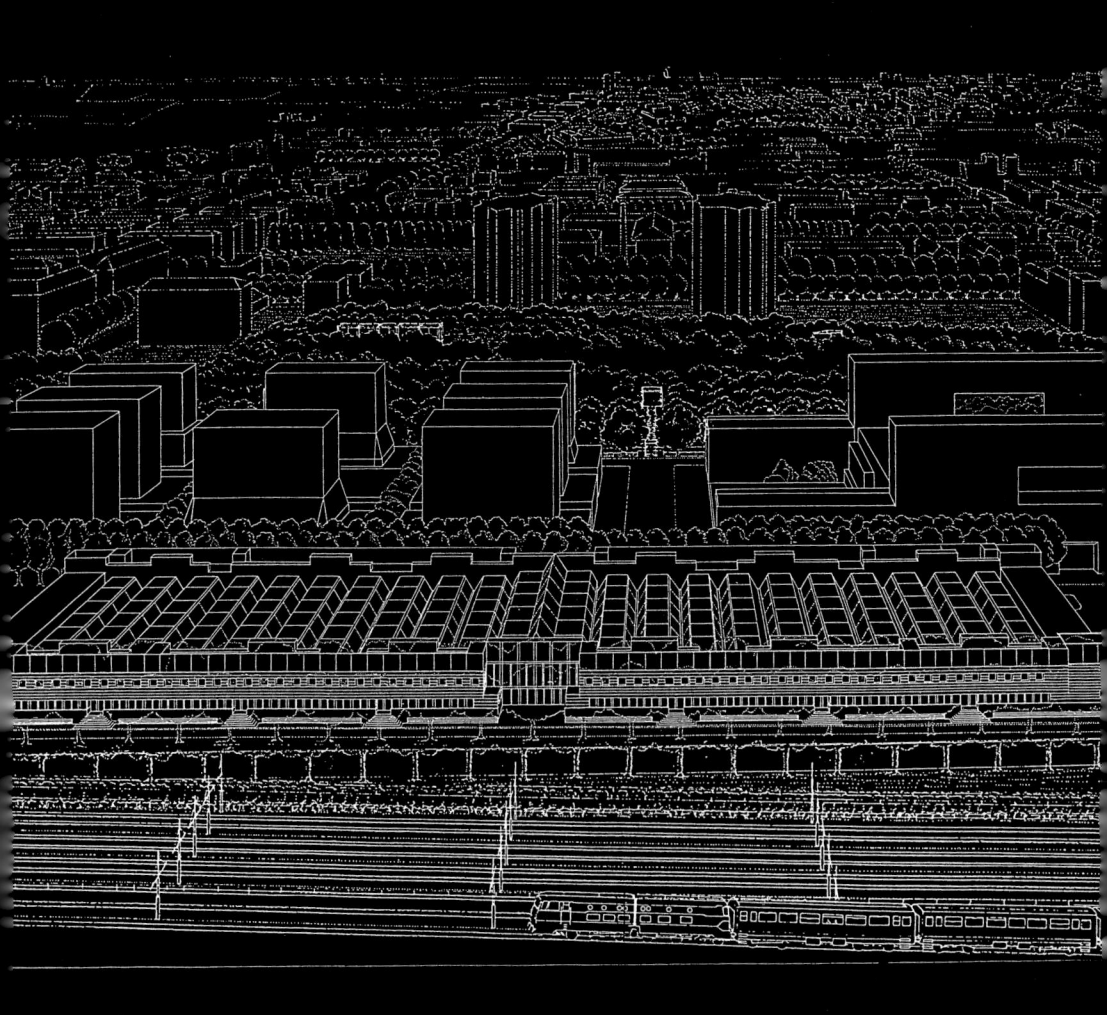

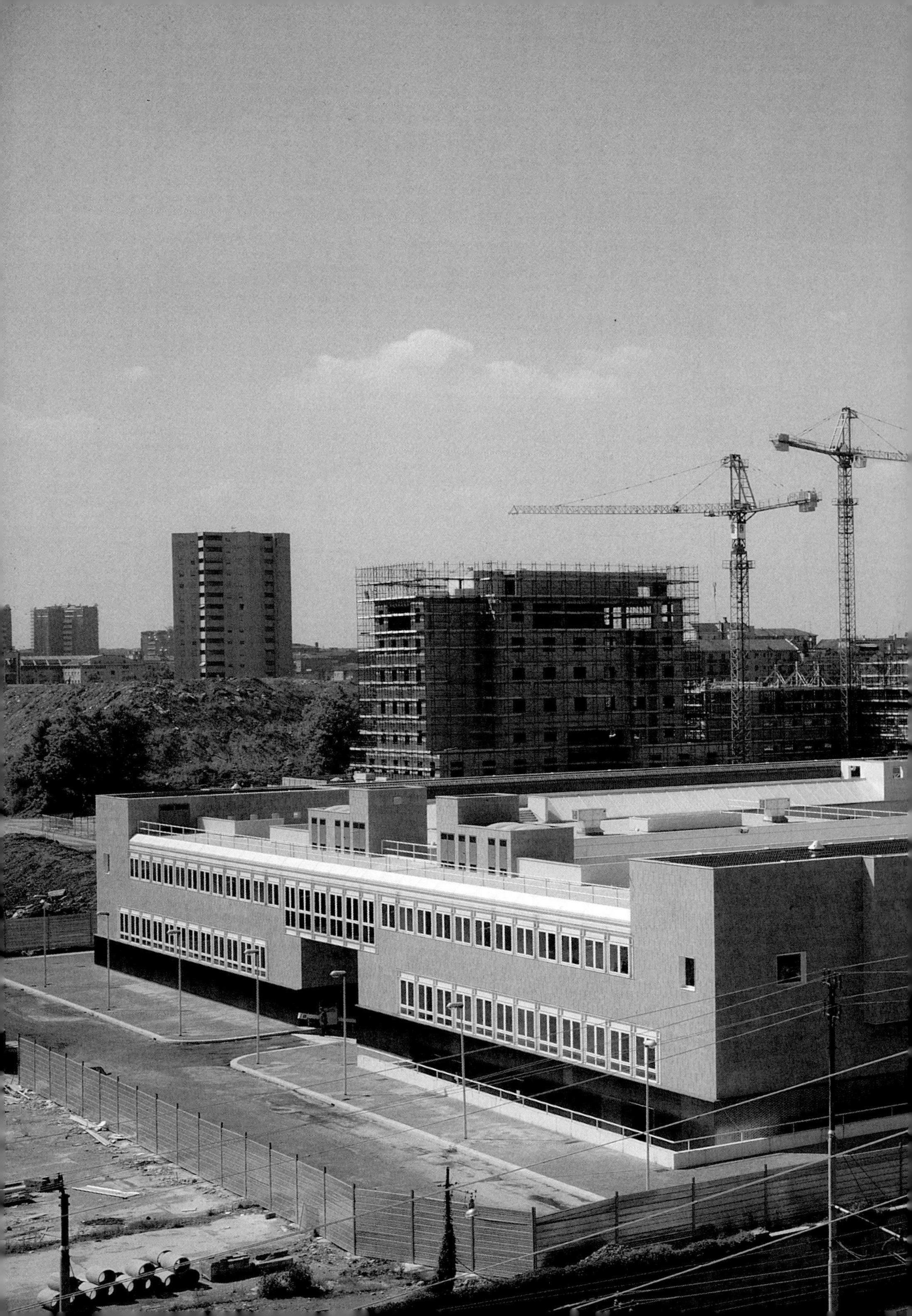

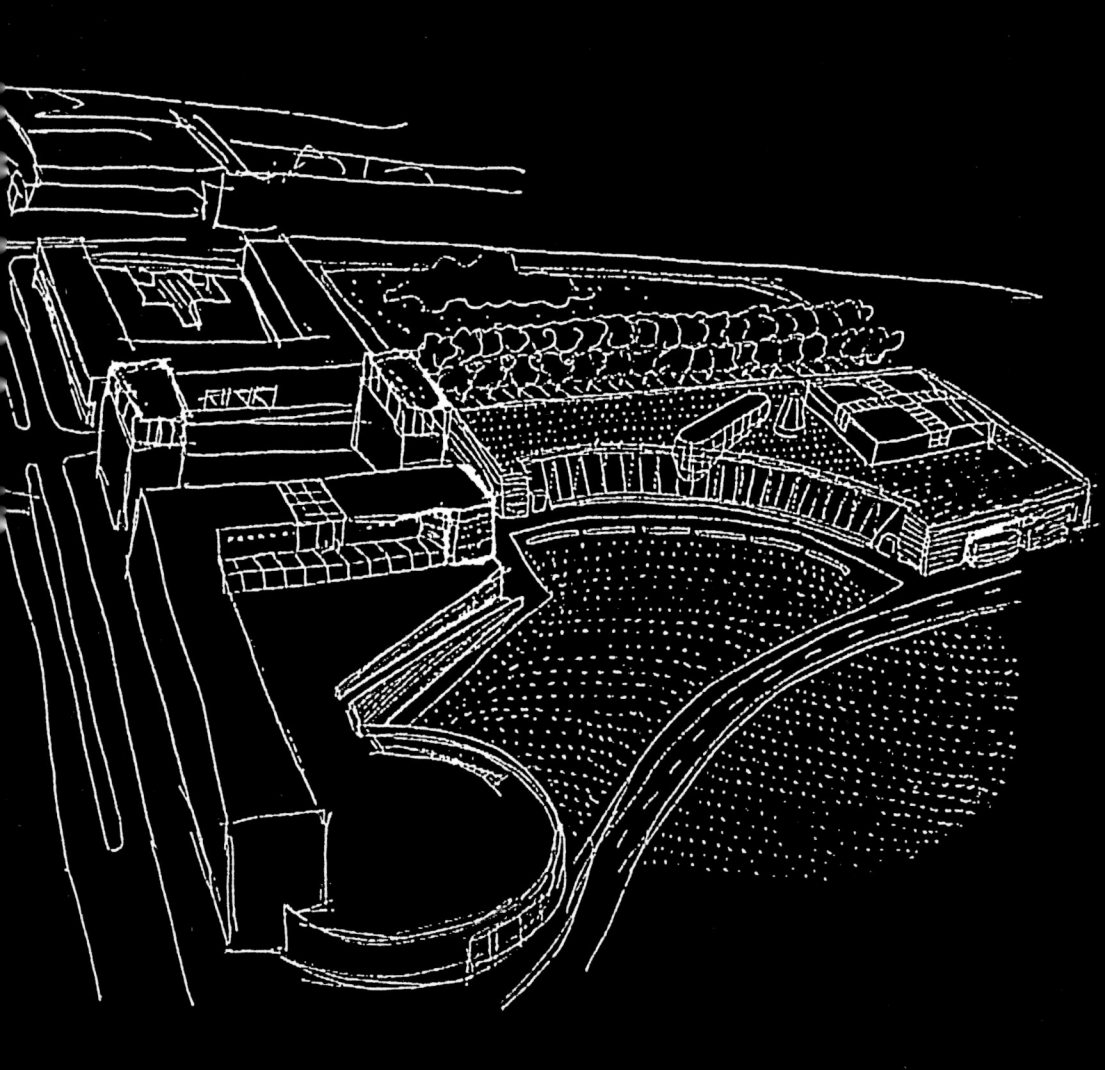

Centro congressi   Convention centre   Darfo Boario Terme (Brescia)
1993-1995

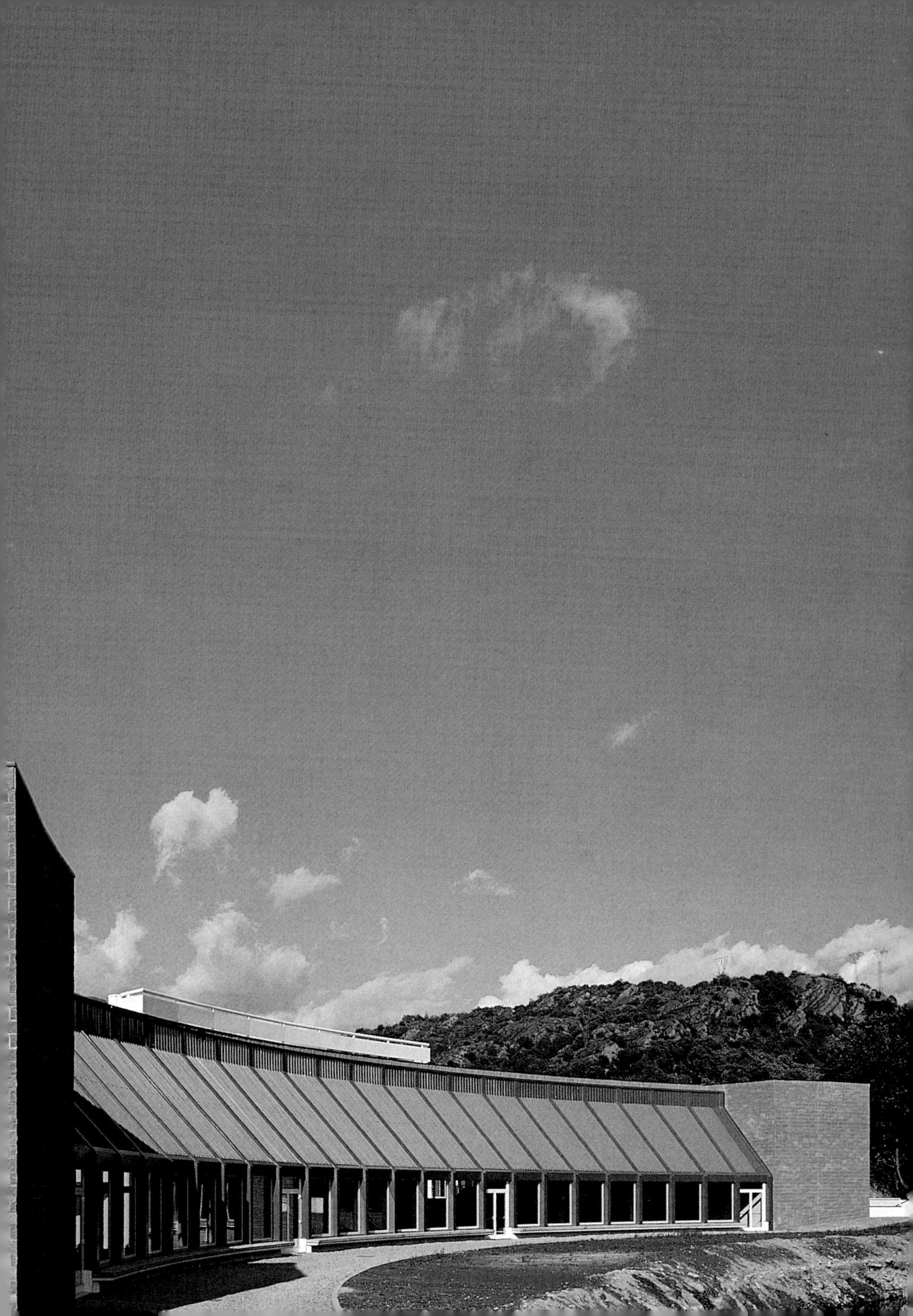

Sede della Regione Marche

Headquarters for the Marche region

Ancona, 1987-1990

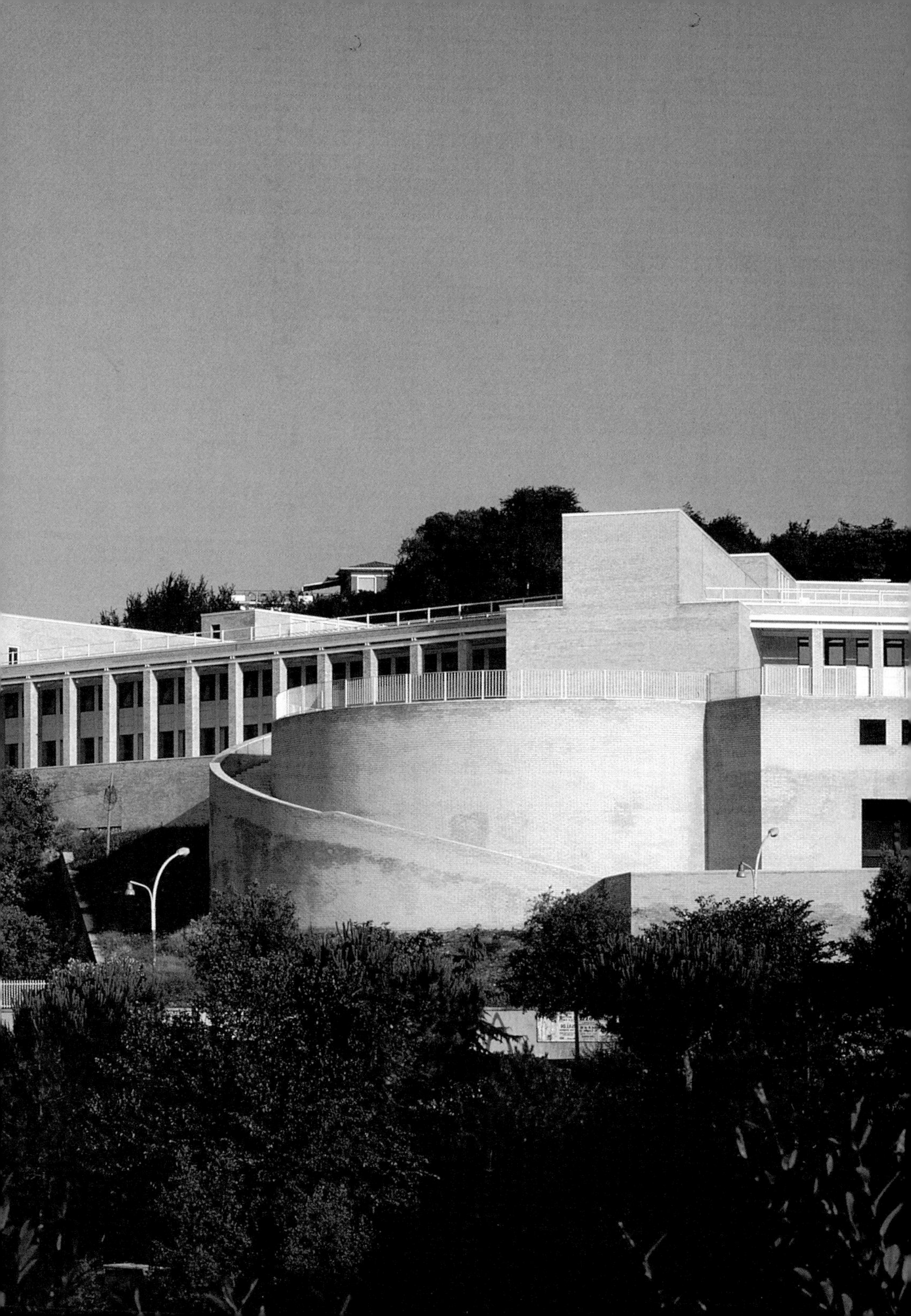

| Sede dell'azienda municipalizzata pubblici servizi | Headquarters for the public service agency | Con / with F. Mascellani, M. Felisetti
Parma, 1987-1990 |

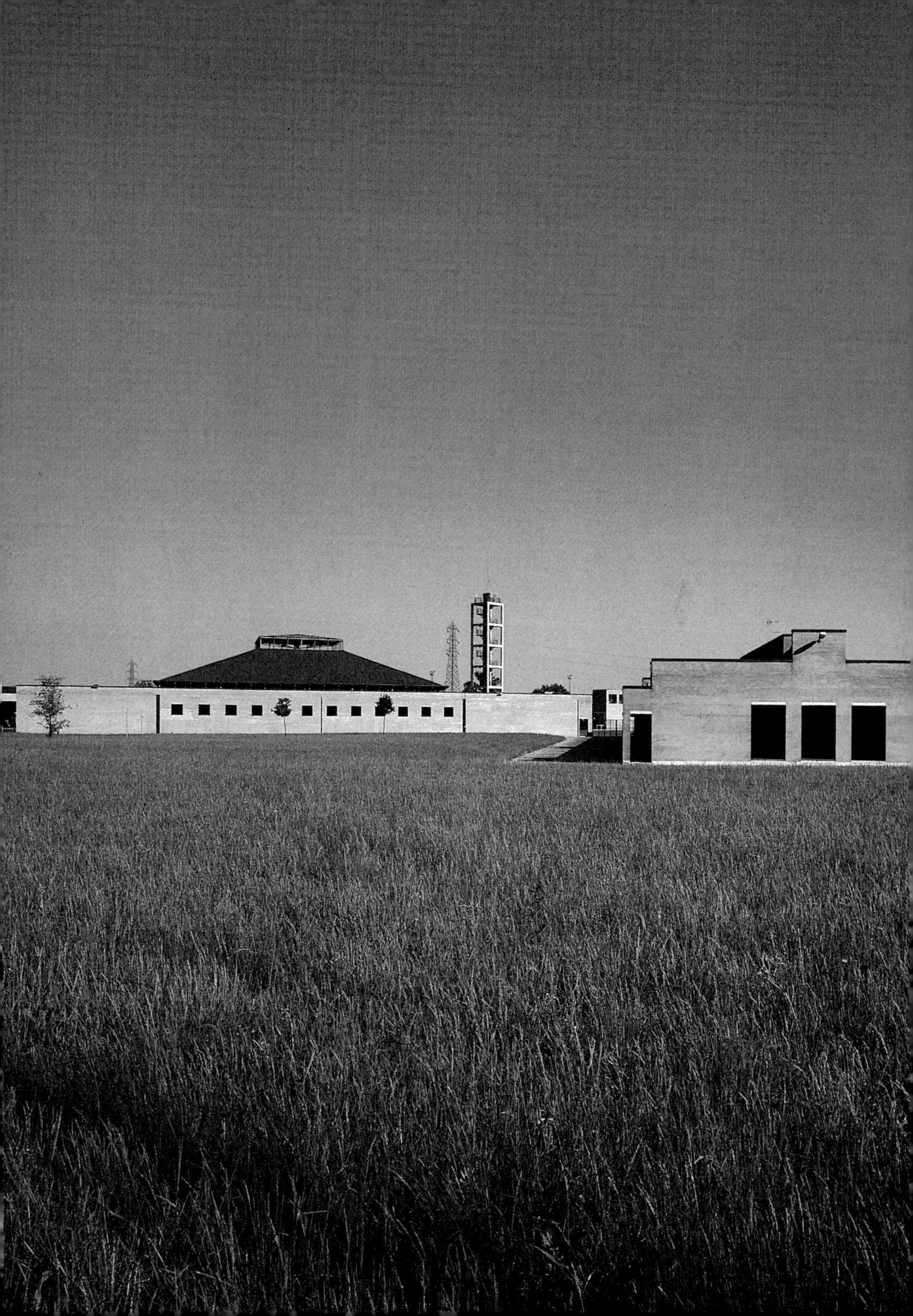

Centro ricerche ENEA ENEA research centre Portici (Napoli) 1984-1986

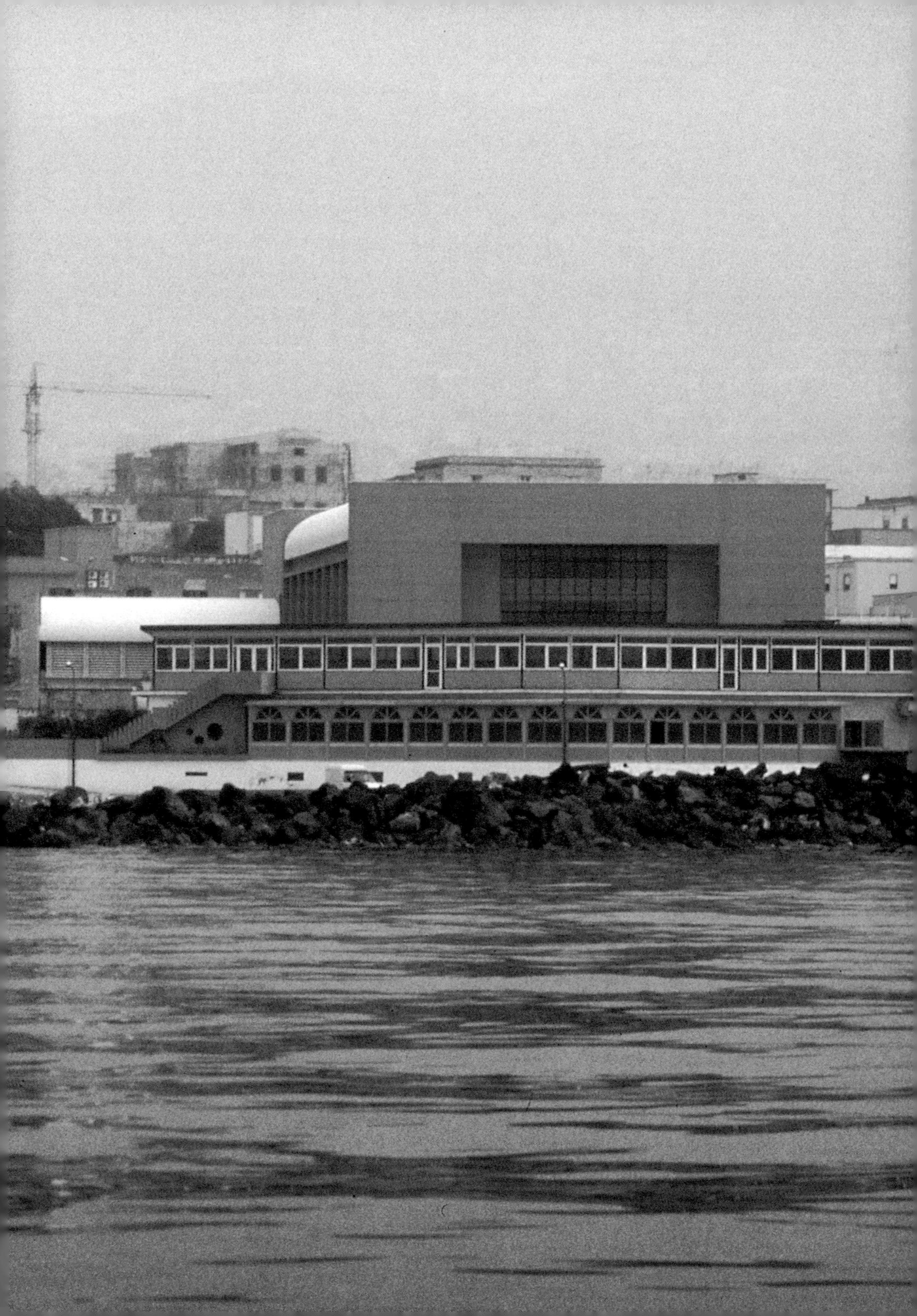

Mostra "L'Idea Ferrari" al Forte di Belvedere   Exhibition: "L'Idea Ferrari" in Forte di Belvedere   Firenze, 1989

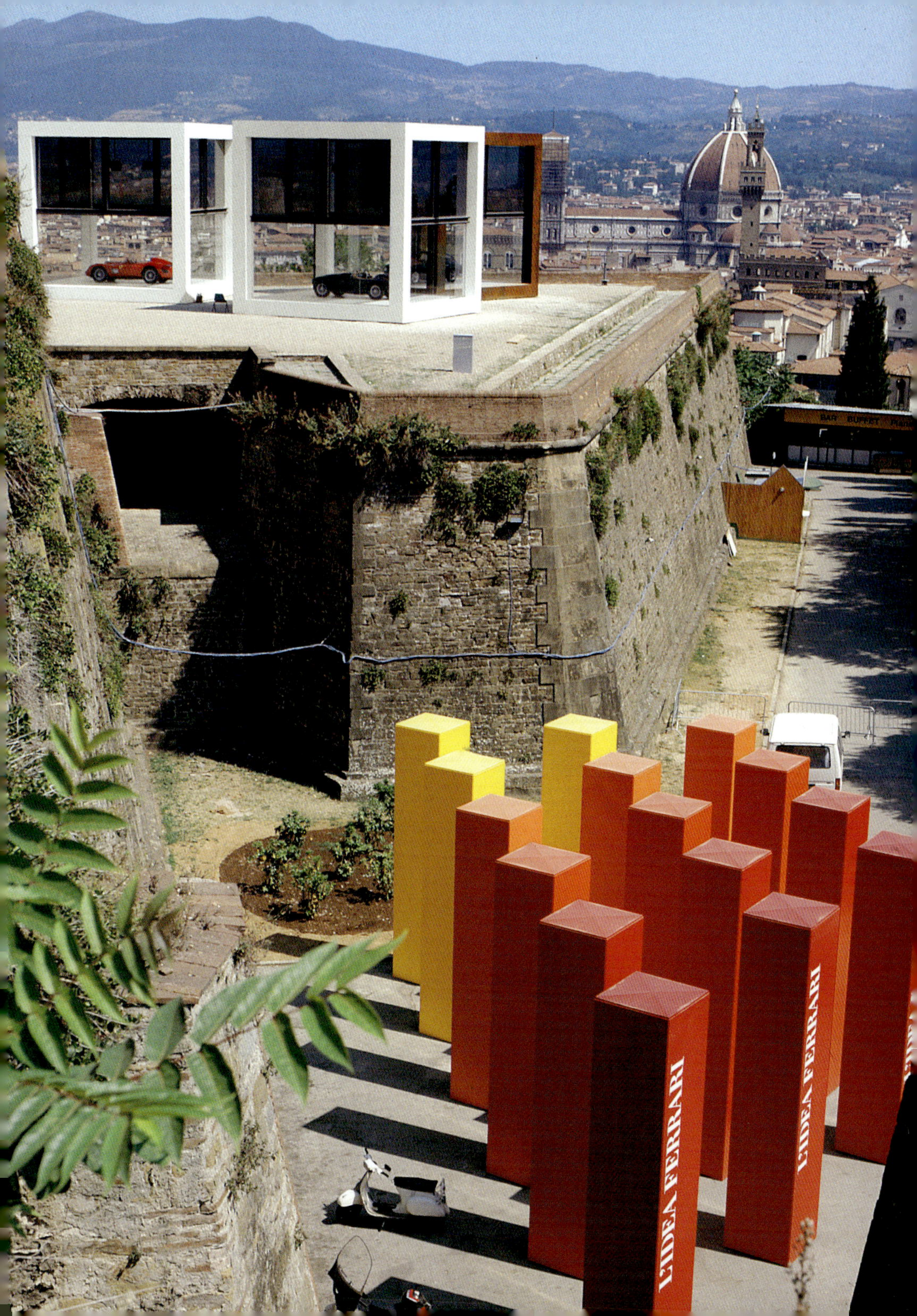
L'IDEA FERRARI
L'IDEA FERRARI

Stadio olimpico / Olympic stadium

Con / with C.O.R.M.A.
(C. Buxadé, F. Correa,
J. Margarit, A. Milà)
e / and S. Zorzi
Barcelona
1986-1988

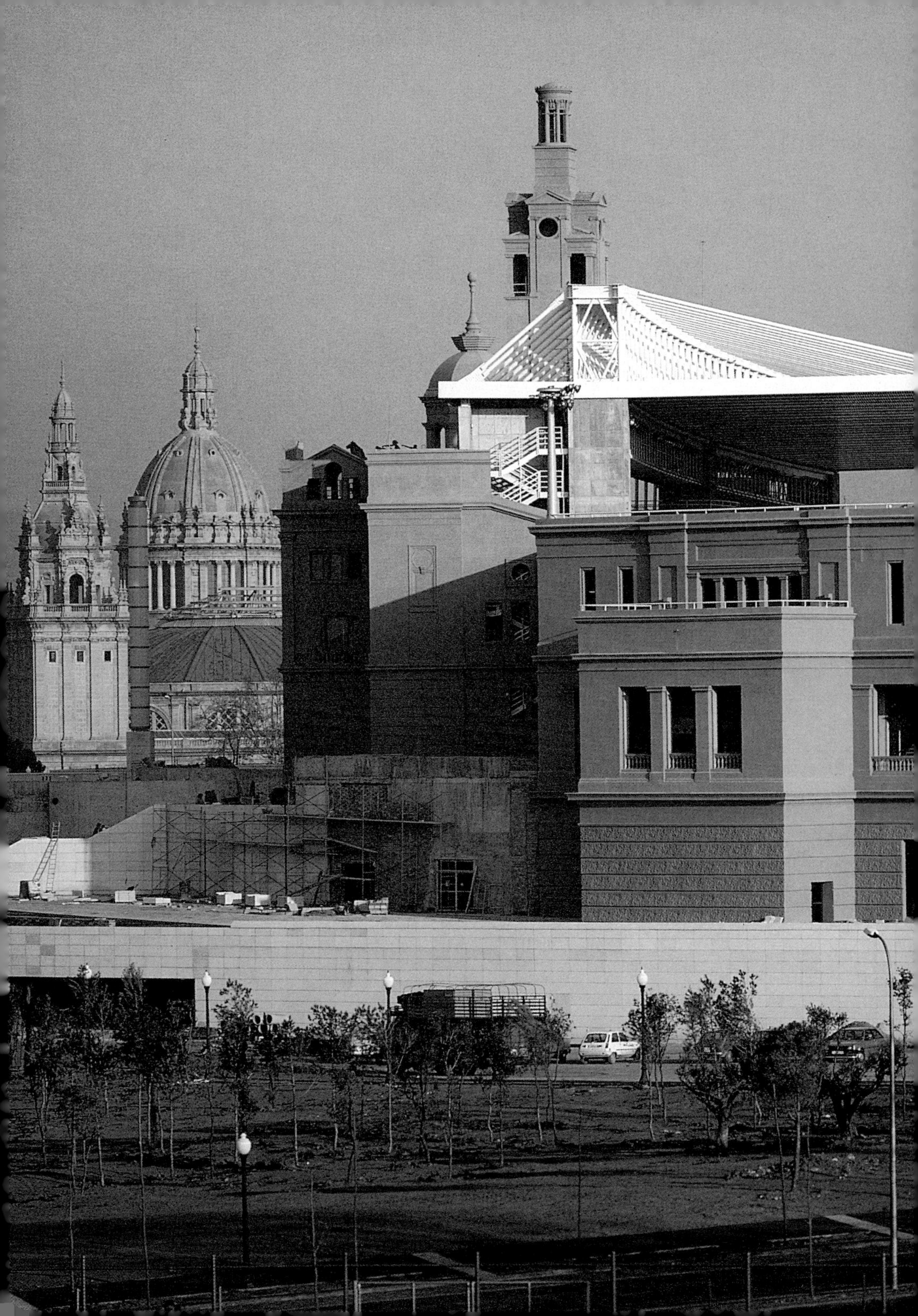

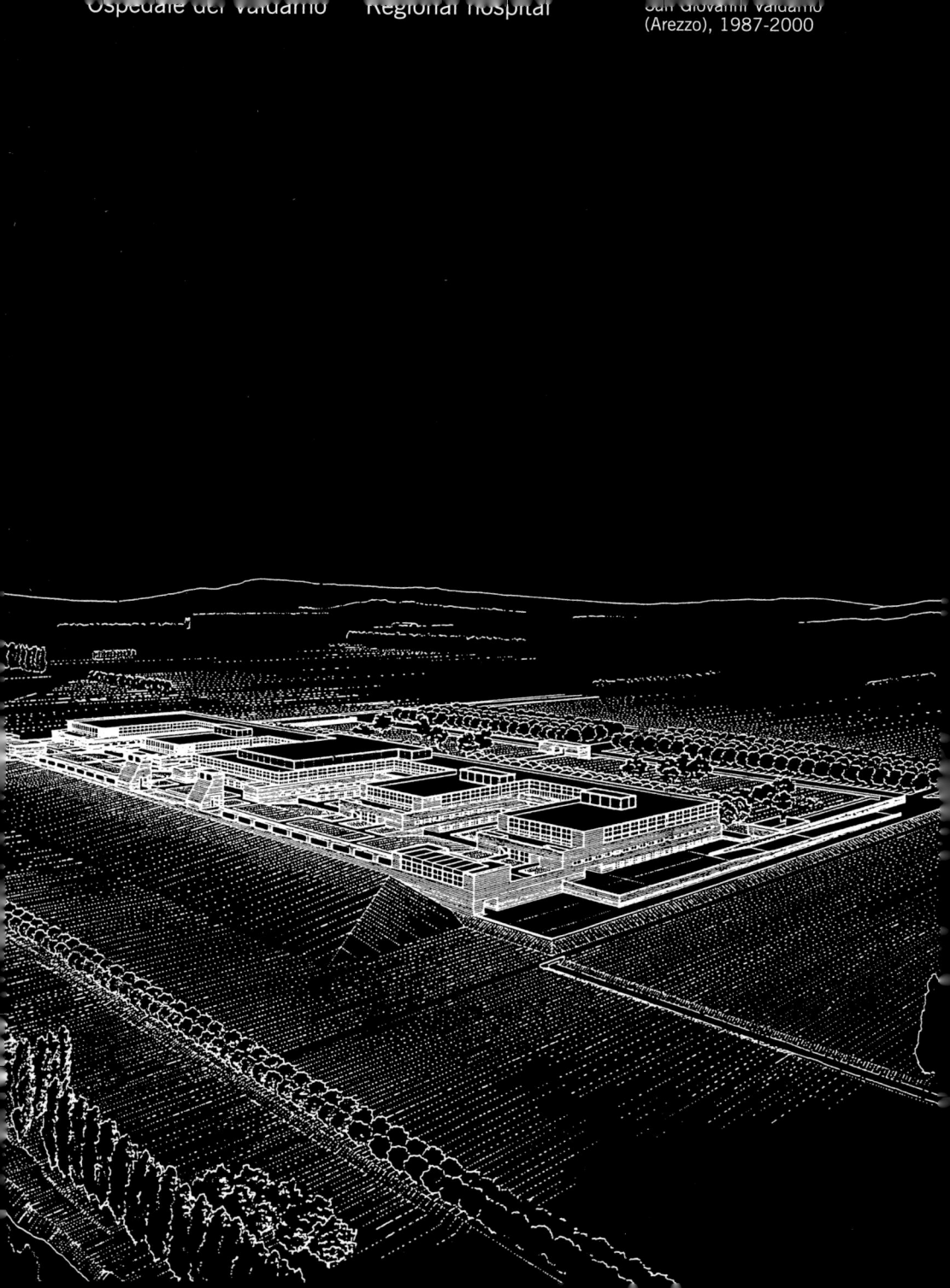

Ospedale del Valdarno Regional hospital San Giovanni Valdarno
(Arezzo), 1987-2000

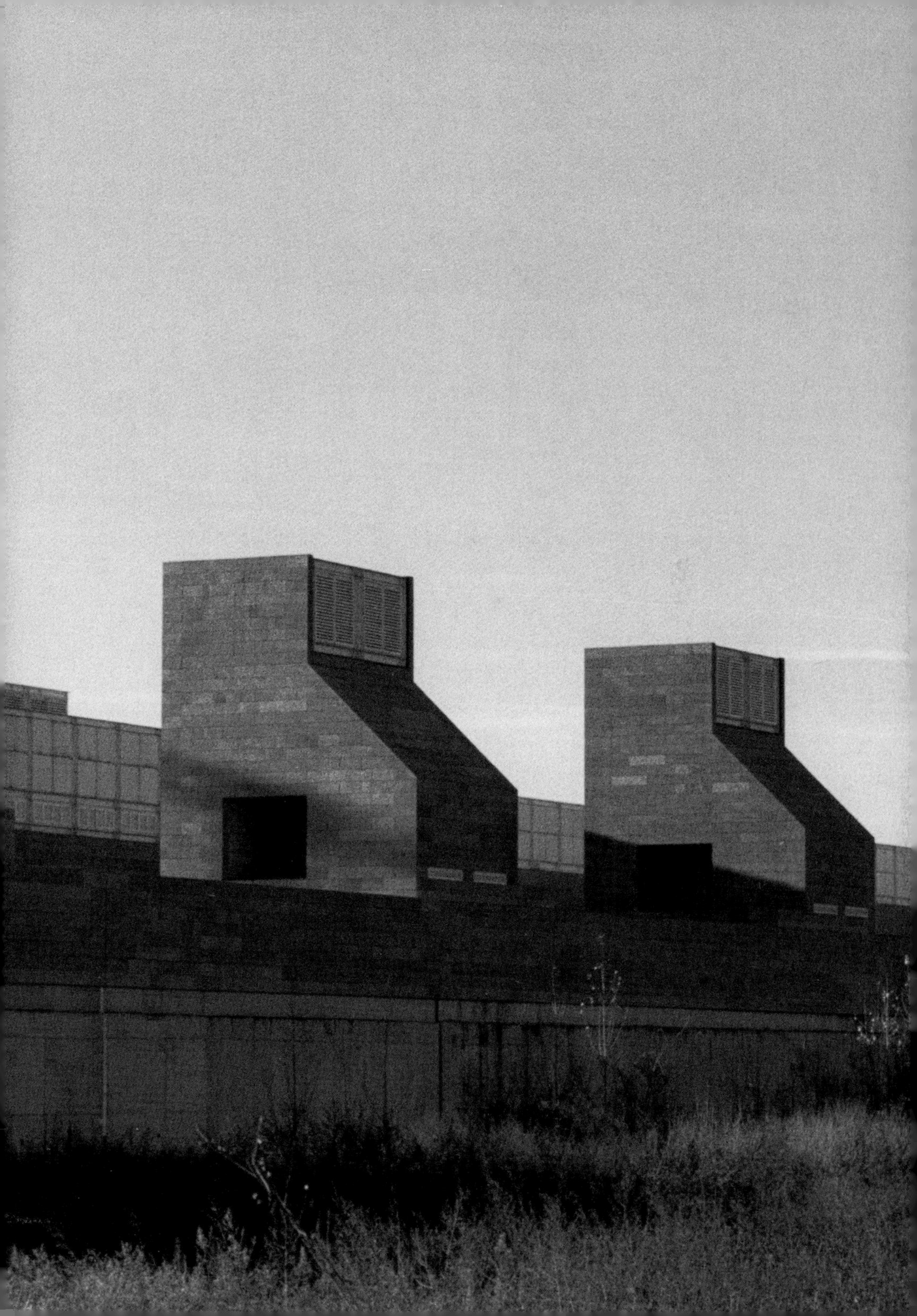

Acquario comunale "D. Cestoni"

D. Cestoni city aquarium

Livorno
1995-2000

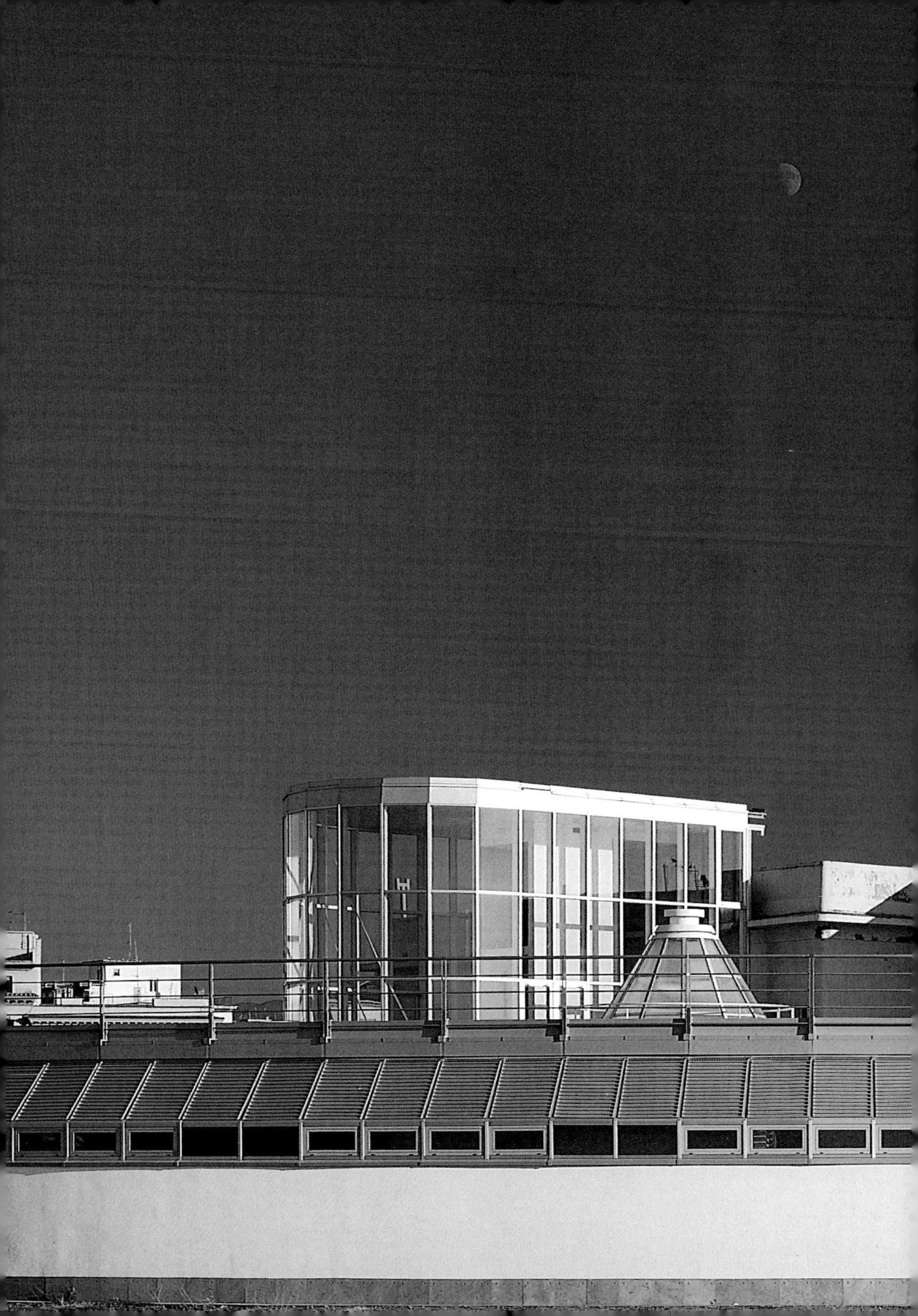

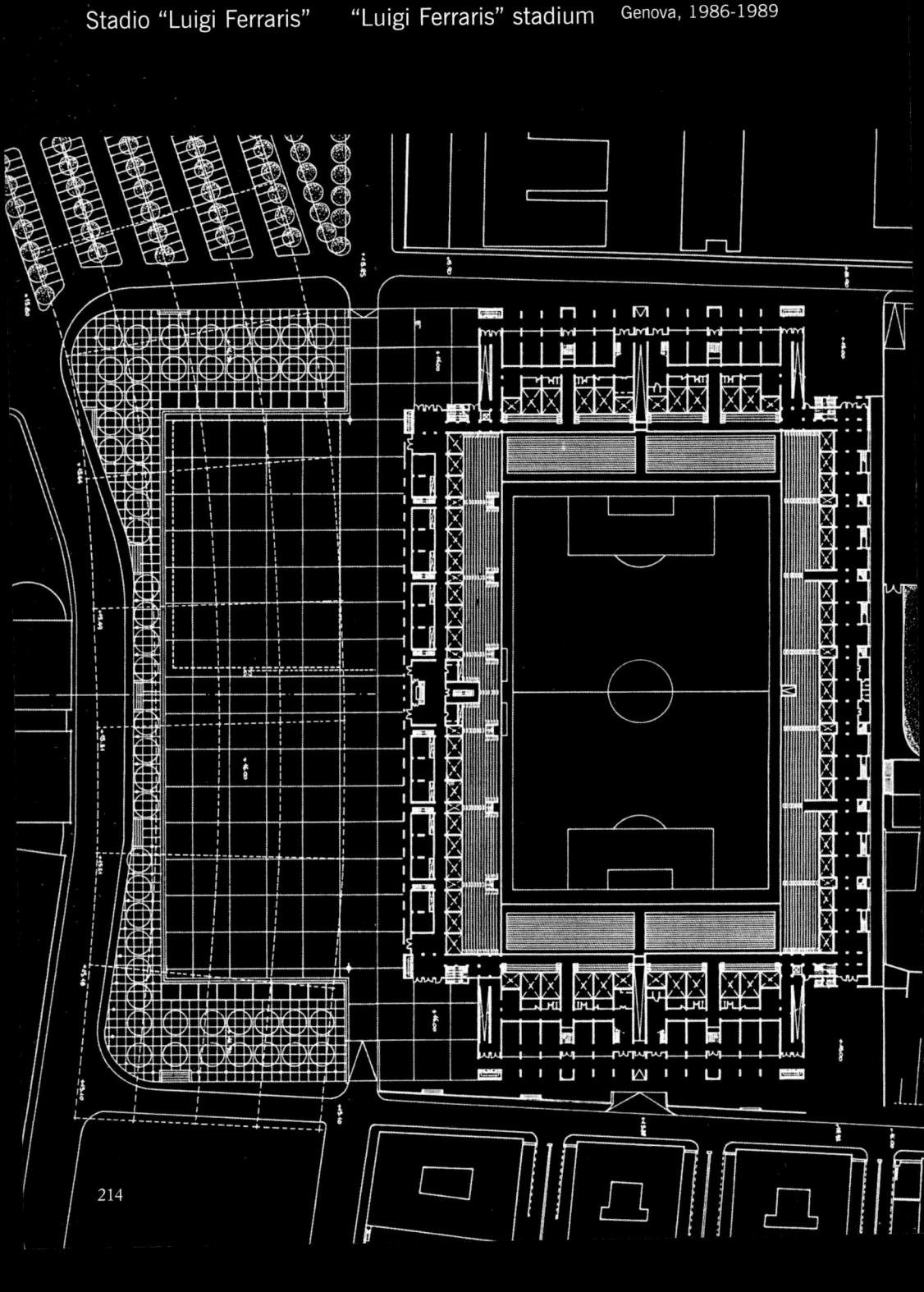

Stadio "Luigi Ferraris"   "Luigi Ferraris" stadium   Genova, 1986-1989

214

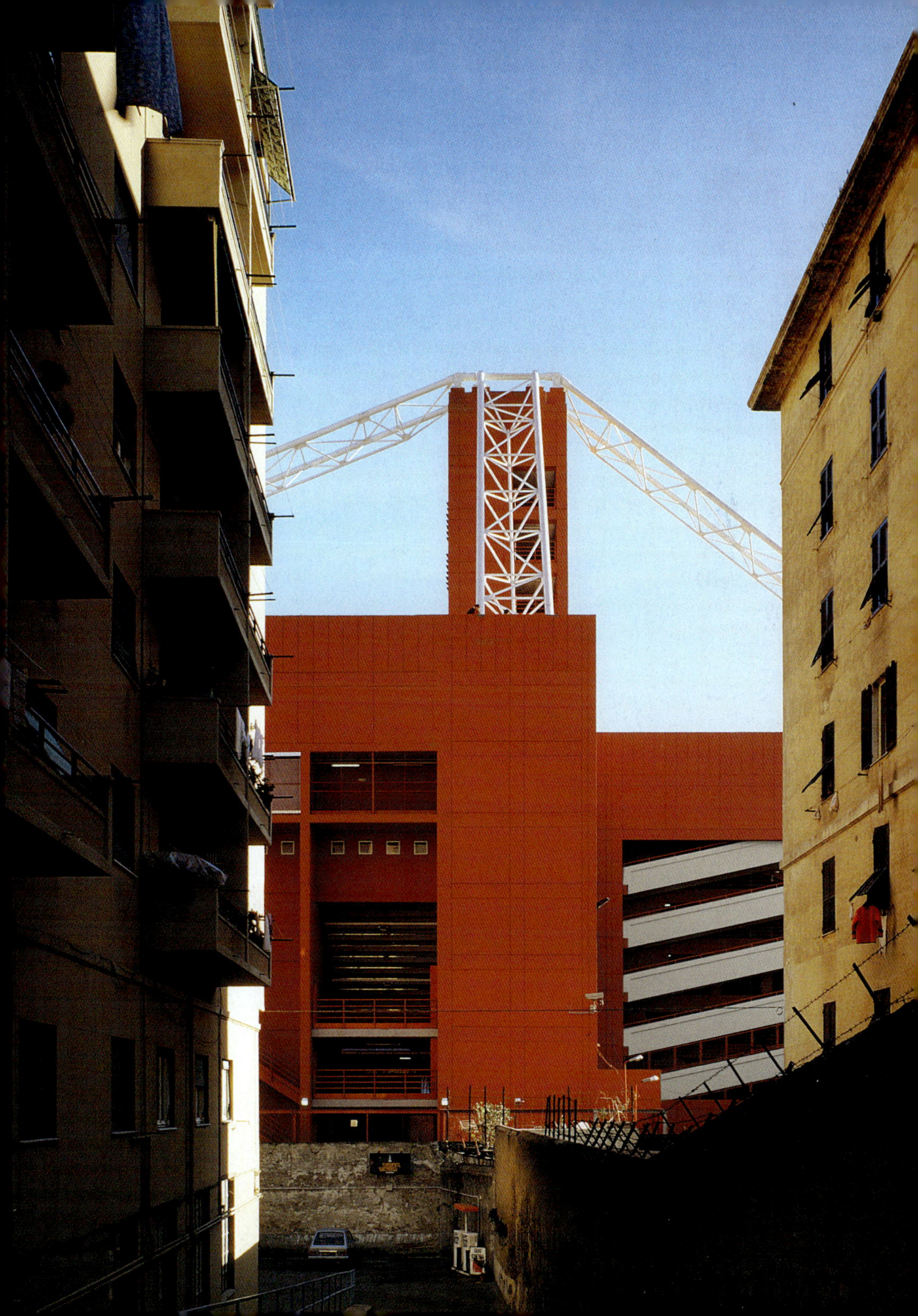

Dipartimenti di Scienze dell'Università degli Studi al Parco d'Orléans

Science departments in Parco d'Orléans

Con / with G. Pollini
Palermo
1969-1988

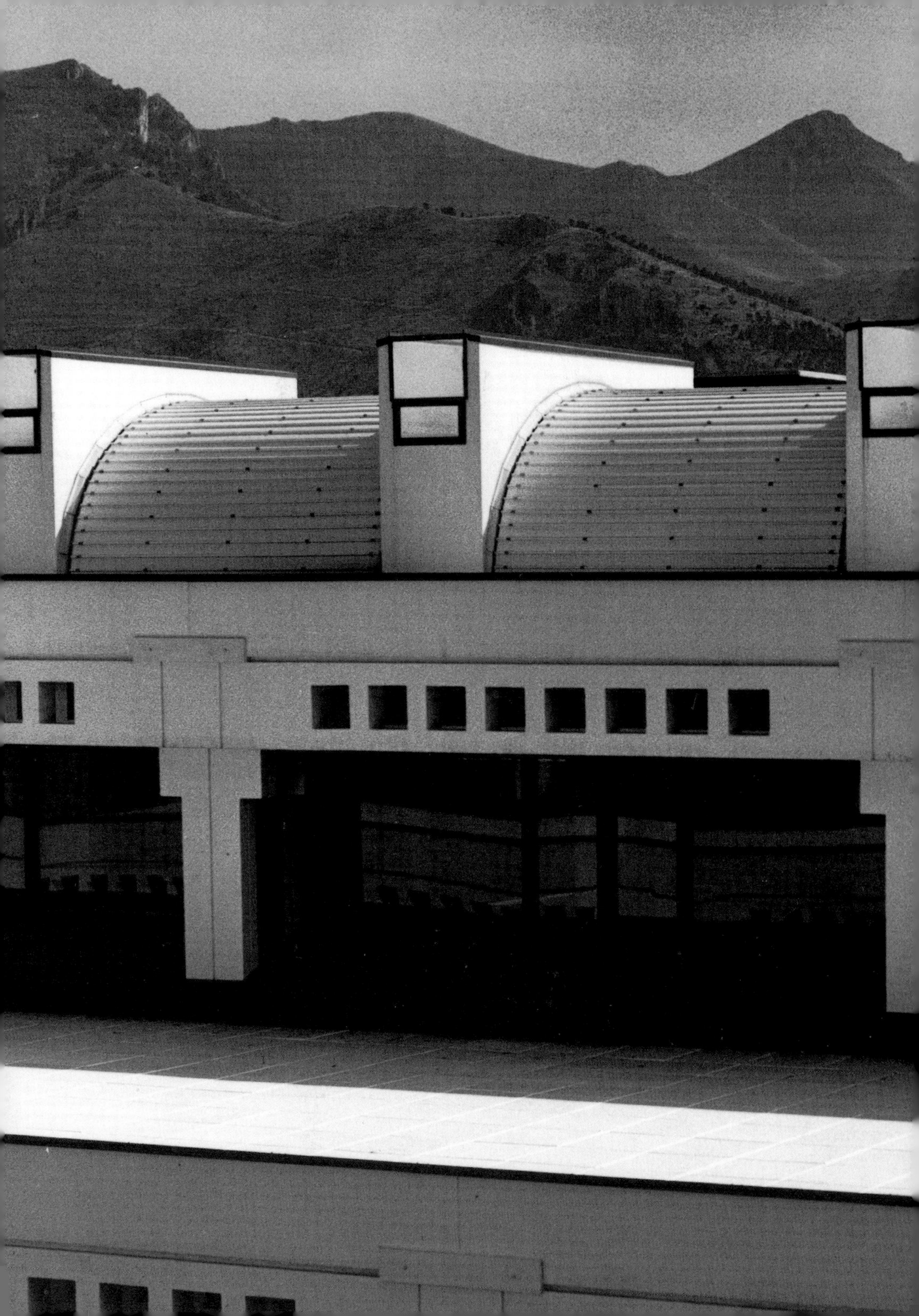

Quartiere residenziale
Quinta da Politeira
Leceia-Barcarena

Quinta da Politeira
Leceia-Barcarena
residential
development

Con / with Risco
Lisboa, 1993-1999

218

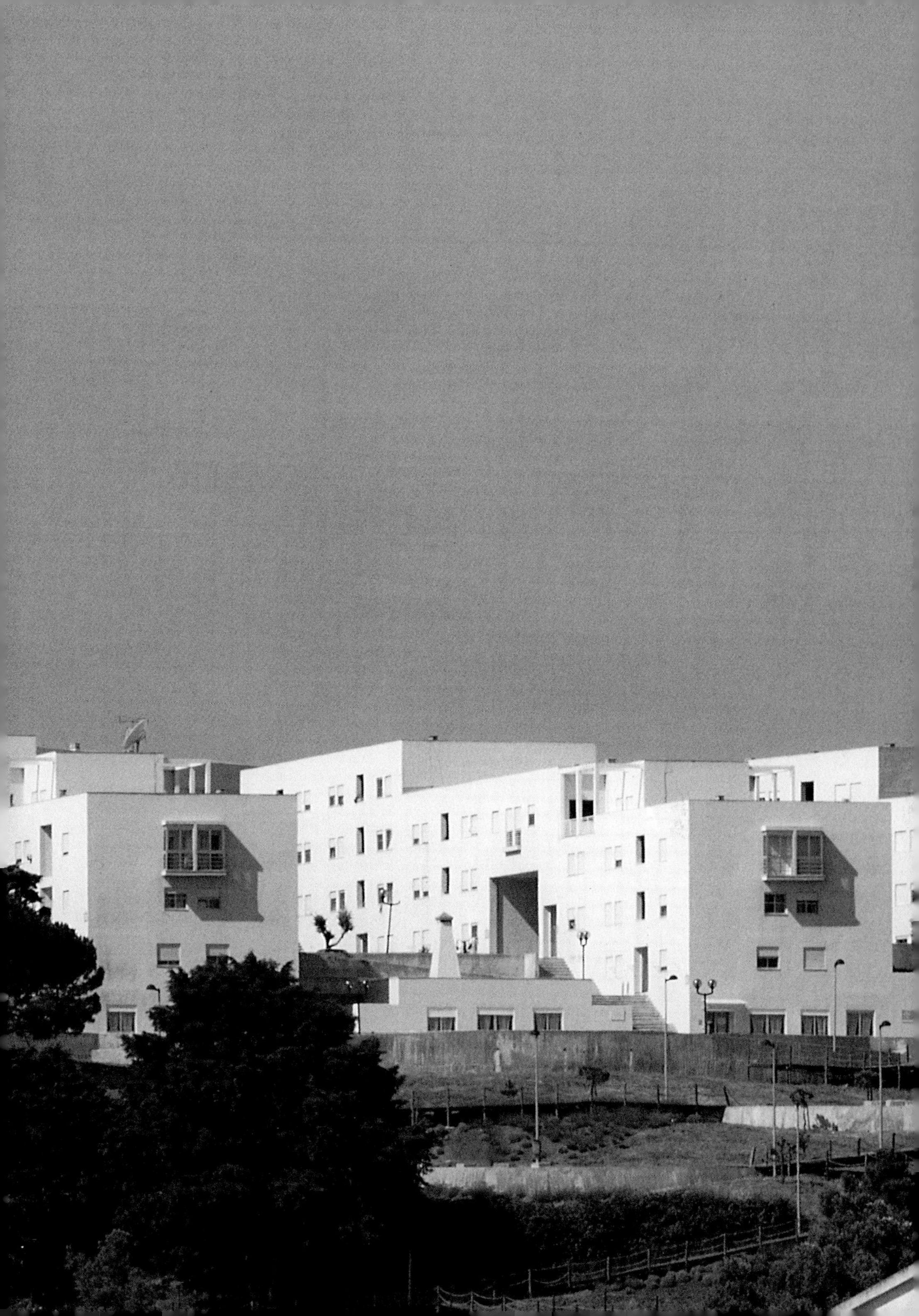

Centro culturale a Belém

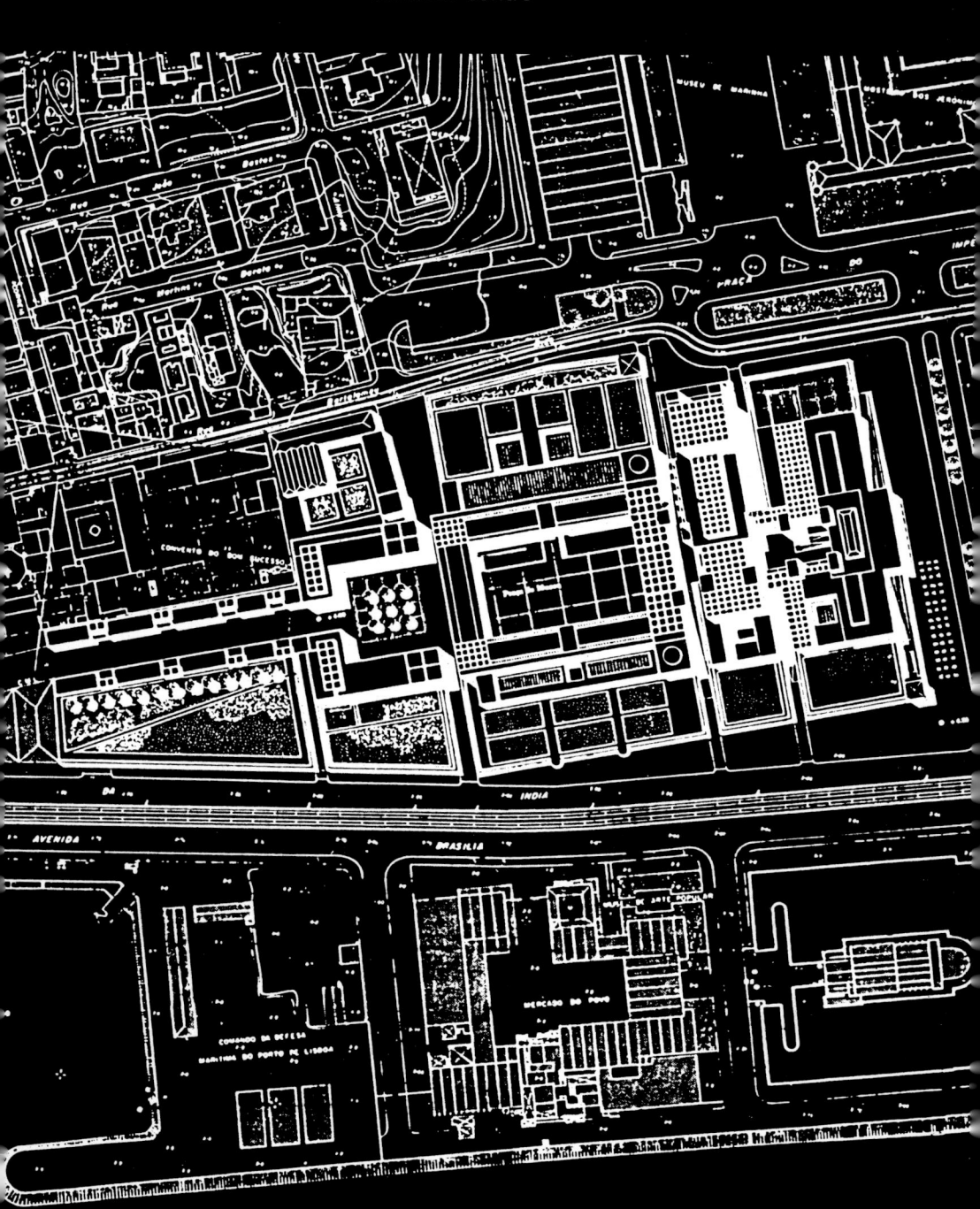

Belém cultural centre

Con / with M. Salgado
Lisboa, 1988-1993

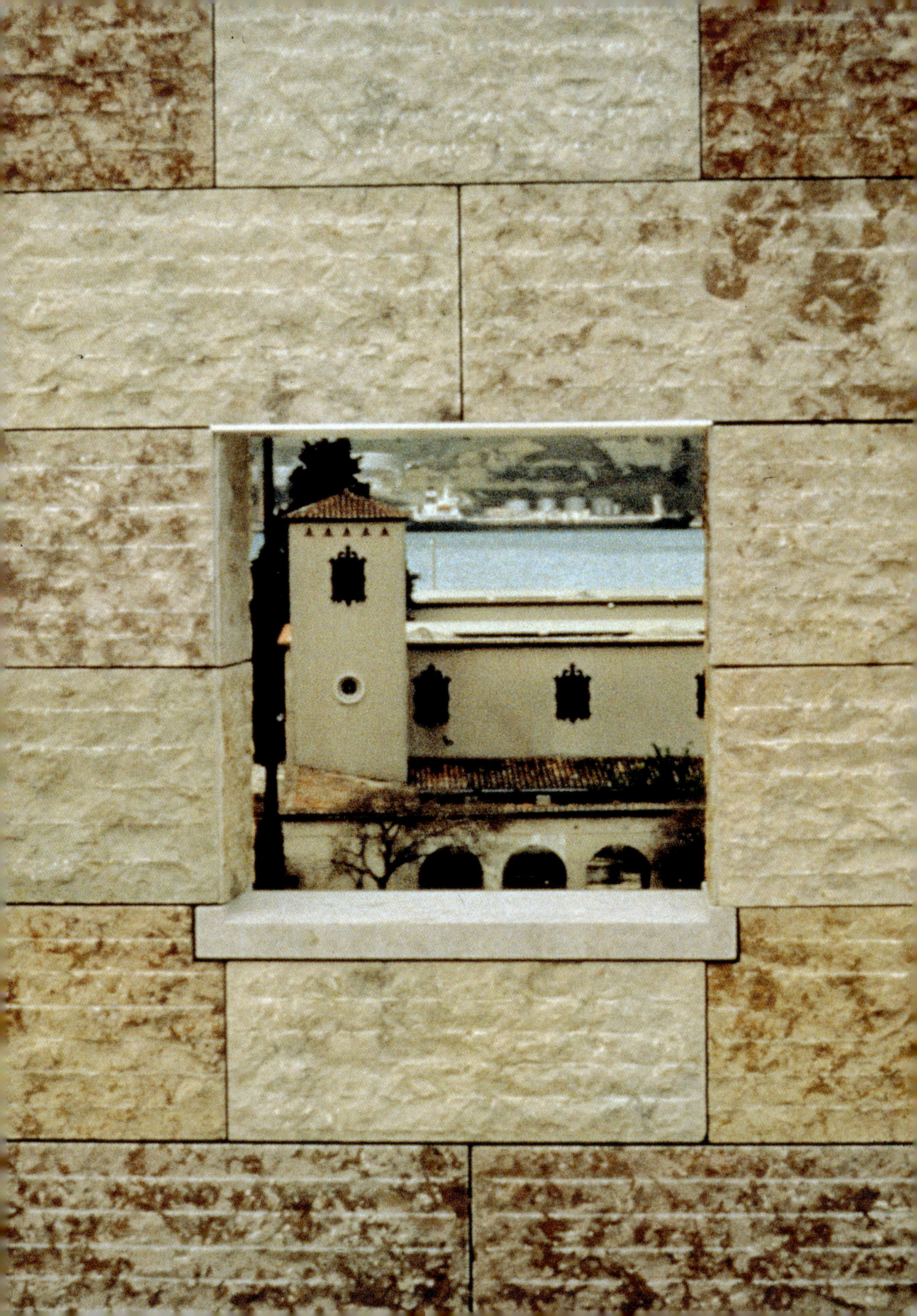

Casa Mira / Mira residence

Con / with L. Meneghetti, G. Stoppino
Romagnano Sesia (Novara)
1959

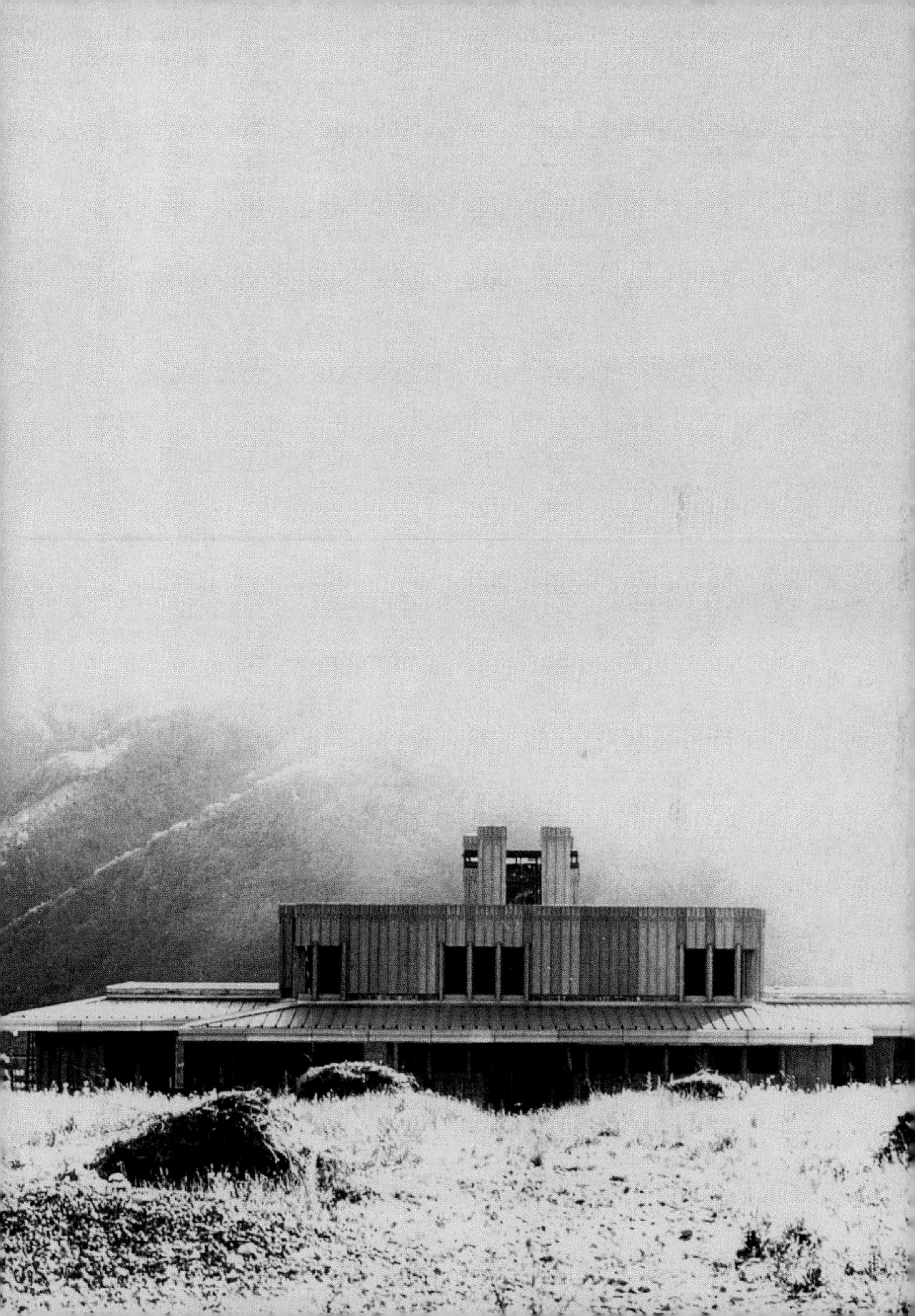

5. Frammento e paesaggio / Fragment and landscape

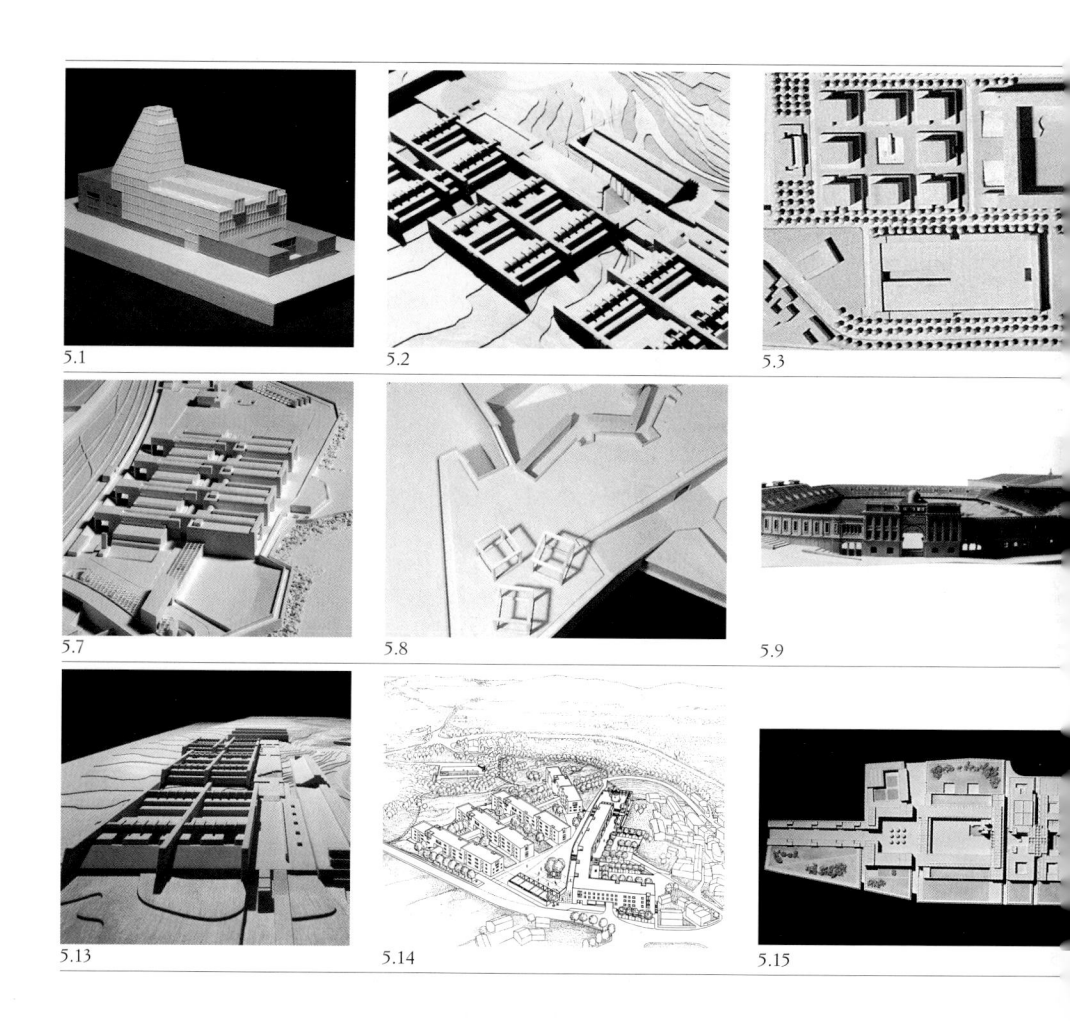

5.1

5.2

5.3

5.7

5.8

5.9

5.13

5.14

5.15

5.4

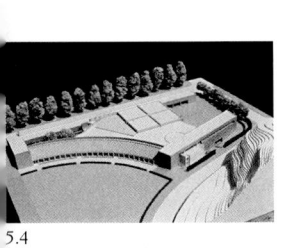

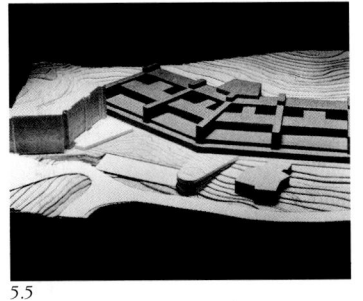

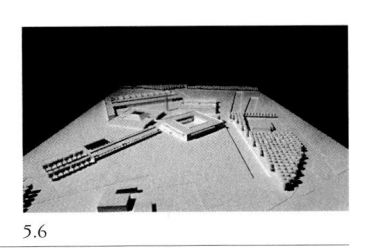

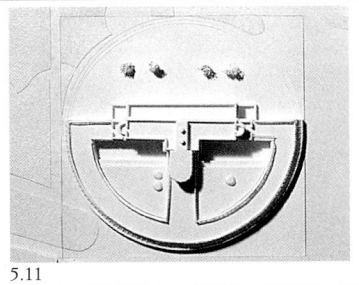

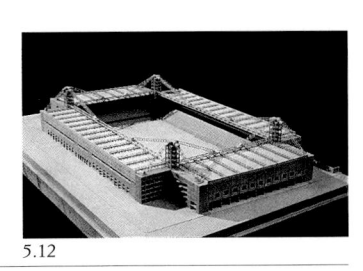

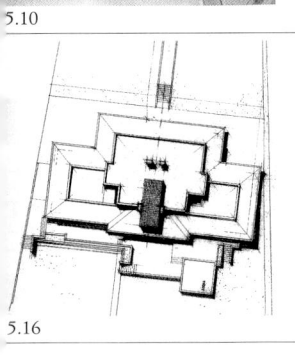

5.5

5.6

5.10

5.11

5.12

5.16

5. Frammento e paesaggio / Fragment and landscape

5.1 Centrale per teleriscaldamento Sampierdarena (Genova), 1988-1990
Power Plant for district heating – Sampierdarena (Genova), 1988-1990

5.2 Dipartimenti di Scienze dell'Università degli Studi al Parco d'Orléans, con G. Pollini
Palermo, 1969-1988
Science departments in Parco d'Orléans, with G. Pollini
Palermo, 1969-1988

5.3 Sede CNR-Consiglio Nazionale delle Ricerche alla Bicocca
Milano, 1991-1993
Headquarters for the CNR- National Research Centre in Bicocca
Milano, 1991-1993

5.4 Centro congressi Darfo Boario Terme (Brescia), 1993-1995
Convention centre Darfo Boario Terme (Brescia), 1993-1995

5.5 Sede della Regione Marche Ancona, 1987-1990
Headquarters for the Marche region Ancona, 1987-1990

5.6 Sede dell'azienda municipalizzata pubblici servizi, con F. Mascellani, M. Felisetti
Parma 1987-1990
Headquarters for the public service agency, with F. Mascellani, M. Felisetti
Parma 1987-1990

5.7 Centro ricerche ENEA Portici (Napoli), 1984-1986
ENEA research centre Portici (Napoli), 1984-1986

5.8 Mostra "L'Idea Ferrari" al Forte di Belvedere Firenze, 1989
Exibition: "L'idea Ferrari" in Forte di Belvedere Firenze, 1989

5.9 Stadio olimpico, con C.O.R.M.A. (C. Buxadé, F. Correa, J. Margarit, A. Milà) e S. Zorzi
Barcelona, 1986-1988
Olympic stadium, with C.O.R.M.A. (C. Buxadé, F. Correa, J. Margarit, A. Milà) and S. Zorzi
Barcelona, 1986-1988

5.10 Ospedale del Valdarno
San Giovanni Valdarno
(Arezzo), 1987-2000
Regional hospital
San Giovanni Valdarno
(Arezzo), 1987-2000

5.11 Acquario comunale
"D. Cestoni"
Livorno, 1995-2000
"D. Cestoni"
city aquarium
Livorno, 1995-2000

5.12 Stadio "Luigi Ferraris"
Genova, 1986-1989
"Luigi Ferraris" stadium
Genova, 1986-1989

5.13 Dipartimenti di Scienze
dell'Università degli Studi
al Parco d'Orléans, con
G. Pollini
Palermo, 1969-1988
Science departments in
Parco d'Orléans,
with G. Pollini
Palermo, 1969-1988

5.14 Quartiere residenziale
Quinta da Politeira
Leceia-Barcarena,
con Risco
Lisboa, 1993-1999
Quinta da Politeira
Leceia-Barcarena
Residential development,
With Risco,
Lisboa, 1993-1999

5.15 Centro culturale a Belém,
con M. Salgado
Lisboa, 1988-1993
Belém cultural centre,
with M. Salgado
Lisboa, 1988-1993

5.16 Casa Mira
con L. Meneghetti,
G. Stoppino
Romagnano Sesia (Novara)
1959
Mira residence
with L. Meneghetti,
G. Stoppino
Romagnano Sesia (Novara)
1959

Collaboratori e staff
della Gregotti Associati tra il 1973 e il 2000

*Collaborators and staff members
of Gregotti Associati between 1973 and 2000*

Nicola Adami
Giuseppe Agata Giannoccari
Mario Agostini
Michele Alinovi
Franco Ancillotti
Antonio Angelillo
Alfonso Angelillo
Corrado Annoni
Valeria Antonuccio
Paolo Armellini
Alberto Aschieri
Paolo Asti
Annalisa Avon
Rocco Azzola
Spartaco Azzola
Mauro Bacchini
Giorgio Baldessieri
Barbara Ballmer
Fabrizio Barbero
Letizia Bassi Randi
Marta Bastianello
Mariella Belli
Stefano Bellinzona
Andrè Sabastiau Behncke
Alessandra Bencich
Maria Benitez
Anna Bettinelli
Alberto Berengo Gardin
Antonella Bergamin
Paola Bergamini
Valérie Bergeron
Pietro Bertelli
Franco Bertossi
Marina Bianchi Michiel
Monica Bianchettin
Alberto Bianda
Paolo Bonazzi
Paolo Bogoni
Roberta Bonomi
Maddalena Borasio
Britta Bossel
Renzo Brandolini
Sebastiano Brandolini
Theo Brenner
Tatiana Brodatch
Donato Buccella
Luciano Bucci
Sergio Butti
Francesca Cadeo
Vela Bianca Cagnardi
Cristina Calligaris
Claudio Calabrese
Patrizia Cammeo
Giorgio Camuffo
Marina Candioli
Agostino Cangemi
Carlo Capovilla
Ginette Caron
Tomaso Carrer
Massimo Carta Mantiglia
Piero Carlucci
Massimo Caruso
Vera Casanova
Elvio Casagrande
Stefano Casagrande
Gaetano Cassini
Cristina Castelli
Cristina Castello
Rita Cattaneo
Maria Teresa Cavagna
di Gualdana
Annamaria Cavazzuti
Raffaello Cecchi
Alfonso Cendron
Emilia Ceribelli
Federica Cescutti
Ilario Chiarel
Andrea Chiari Gaggia
Luciano Claut
Graziella Clerici
Paoloemilio Colao
Aldina Colombo
Alessandro Colombo
Barbara Colombo
Andrea Colonnello
Luisa Conte
Marco Contini
Davide Cornago
Luisa Corridori
Maria Ludovica Costa
Claudio Costalunga
Samantha Cotterell
Luca Cuzzolin
Alessandra Dal Ben
Antonio D'Addario
Filippo De Filippi
Manolo De Giorgi
Stefano Degli Innocenti
Giuseppe Della Giusta
Marco Della Torre
Giulia Depero
Silvio De Ponte
Michela Destefanis
Jacopo Detti
Giuseppe Donato
Carlo Donati
Sylvie Donnadieu
Carlotta Eco
Chiara Enrico
Anselmo Esposito
Silvio Fassi
Marino Fei
Paolo Ferrari
Orietta Ferrero
Felicia Ferrone
Julia Fietz
Simona Franzino
Francesco Fresa
Cinzia Francone
Camilla Fronzoni
German Fuenmayor
Sean Gaherty
Mauro Galantino
Federica Galbusieri
Giacomo Galmarini
Chiara Gamba
Gino Garbellini
Paola Garbuglio
Carlotta Garretti
Claire Gazeau
Concetta Giannangeli
Deidre Gibson
Valeria Girardi
Roberta Giudice
Graziella Giuliani
Michela Ghigliotti
Raffaele Ghillani
Susanne Glade
Attilio Gobbi
Gaetano Gramegna
Federico Graziati
Claudia Groenebaum
Neil Gurry
Firuz Habibi Minelli
Heidi Hansen
Marion Hauff
Paul Honhsbeen
Nobuko Imai
Silvia Icardi
Sylviane Kellenberger
João Lacerda Moreira
Antonio Lambertini
Andrea Lancellotti
Beatrice Lancini
George Latour Heinsen
Jacopo Livio
Ilaria Lombardi
Silvia Loreto
Elvira Losa
Lorenzo Lotti
Luca Lotti
Matteo Lualdi
Tomaso Macchi Cassia
Barbara Macedo
Franco Maffeis
Carlo Magnani
Chiara Majno
Stefano Malobbia
Andrea Mambriani
Giuseppe Mantia
Monica Marchesi
Francesca Marchetti
Lorenzo Marchetto
Stefania Martinelli
Michela Mascia
Laura Massa
Jun Matsui
Olivier Maupas
Cristiana Mazza
Augusta Mazzarolli
Barbara Medini
Costanza Melli
Antoine Menthonnex
Filippo Messina
Elisabetta Michelini
Adria Minguzzi
Mariangela Moiraghi
Emanuela Monarca
Isidoro Montalbano
Luigi Montalbano
Claudia Montevecchi
Fabio Montrasi
Leandro Murialdo
Paolo Musa
Federica Neeff
Francesco Nissardi
Walter Arno Noebel
Sue O'Brien
Lola Ottolini
Federico Pace
Maria Rosa Palmieri
Francesca Papis
Carla Parodi
Stefano Parodi
Marco Parravicini
Sergio Pascolo
Giovanna Passardi
Maurizio Pavani
Claudia Pedacci
Anna Maria Penati
Anna Penco
Laura Peretti
Erica Pesaresi
Laura Pini
Martino Pirella
Carlo Pirola
Renza Pitton
Davide Pizzigoni
Peter Platner
Gianluca Poletti

Giulio Ponti
Ivana Porfiri
Giovanni Porta
Stefano Prina
Emilio Puglielli
Isabella Quinto
Cristiano Ravizzotti
Michele Reginaldi
Salvatore Regio
Patrizia Ronchi
Silvia Ricca Rosellini
Cecilia Ricci
Marcella Ricci
Sara Ricciardi
Franco Rosi
Maria Eleda Rosales Socorro
Martina Rossi
Paolo Rossi
Italo Rota
Gaetano Rubinelli
Gianbruno Ruggeri
Alejandro Ruiz
Umberto Saccardi
Nicola Saibene
Tomas Salgado
Christiane Sattler Zicari
Fortunato Scocco
Chiara Scortecci
Paul Seletsky
Paola Seria
Anna Serra
Donato Severo
Roberto Simoni
Susanna Slossel
Leila Smetana
Brenno Sonego
Frank Spadaro
Roberto Spagnolo
Stefania Spiazzi
Alessandra Spranzi
Elke Stauber
Christoph Stroschein
Matteo Tartufoli
Elena Terni
Ivan Tognazzi
Marcello Tomei
Elisabetta Torossi
Milena Tortorelli
Antonella Torre
Gianfranco Trabucco
Monica Tricario
Vittorio Trombetta
Maurizio Trovatelli
Alessandro Ubertazzi
Emanuela Uboldi

Pier Antonio Val
Monica Valdameri
Renzo Vallebuona
Isabella Vegni
Emanuela Venegoni
Claudio Ventura
Carlo Vedovello
Alessandro Verona
Barbara Veronesi
Bruna Vielmi
Paola Vignelli
Federica Vigo
Chiara Vitali
Giovanni Vragnaz
Massimo Zancan
Dea Zanitoni
Dario Zannier
Flavio Zanon
Maurizio Zanuso
Mirko Zardini

Crediti fotografici / Photo credits

Aaron/Esto
Amendolagine e Barracchia
Graziano Arici
Aldo Ballo
Gabriele Basilico
Dida Biggi
Giorgio Boschetti
Ruggero Boschetti
Giorgio Casali
Mario Carrieri
Vincenzo Castella
Giovanni Chiaramonte
Carla de Benedetti
Donato Di Bello
Daniel Faure
Luigi Ghirri
Mimmo Jodice
Andrea Martiradonna
Rui Morais de Sousa
Alberto Muciaccia
Antonia Mulas
Ugo Mulas
Peter Oszvald
Uwe Rau
Francesco Radino
Vaclav Sedy
Luciano Soave
Onelio Ventura
Paul Warchol
Pozzi & Romeo